JN423516

막스 베버
사회과학방법론 선집

나남
nanam

전성우

서울대학교 독문과 졸업. 독일 괴팅겐대학 사회학 박사
전 한양대학교 정보사회학과 교수

주요 저서 및 논문
Max Webers Stadtkonzeption, 《막스 베버 역사사회학 연구》
《막스 베버 사회학의 쟁점들》(공저), 《탈주술화 과정과 근대》(역)
《막스 베버 사회과학방법론 I 》(역), 《직업으로서의 학문》(역)
《직업으로서의 정치》(역), 《막스 베버 종교사회학 선집》(역)
《막스 베버의 고대 중세 연구》(역)
"막스 베버의 근대사회론", "막스 베버 지배사회학 연구"
"Der Mythos Max Weber" 등 다수

나남신서 1577

막스 베버 사회과학방법론 선집

2011년 10월 31일 발행
2024년 5월 10일 3쇄

지은이 막스 베버
옮긴이 전성우
발행자 趙相浩
발행처 (주) 나남
주소 10881 경기도 파주시 회동길 193
전화 (031) 955-4601 (代)
FAX (031) 955-4555
등록 제 1-71호(1979. 5. 12)
홈페이지 http://www.nanam.net
전자우편 post@nanam.net

ISBN 978-89-300-8577-9
ISBN 978-89-300-8601-9 (세트)

책값은 뒤표지에 있습니다.

나남신서 1577

막스 베버
사회과학방법론 선집

막스 베버 지음 | 전성우 옮김

나남
nanam

Max Webers Methodologische Schriften: Eine Auswahl

Translated by

Song-U Chon

nanam

《막스 베버 전집》 간행작업 소개

총 3부 41권 규모의 《막스 베버 전집》(*Max Weber-Gesamtausgabe*, MWG) 간행작업이 1984년부터 진행되어 왔으며, 2010년 현재 예정규모의 대략 3분의 2 정도가 완료되었다. 따라서 완간까지는 아직 상당한 시간이 걸릴 것으로 보인다. 제 1부 〈저서와 강연〉(*Schriften und Reden*)은 총 23권, 제 2부 〈서한〉(*Briefe*)은 총 11권, 제 3부 〈강의와 강의필사본〉(*Vorlesungen und Vorleungsnachschriften*)은 총 6권으로 구성되어 있다. 최고의 베버 전문가들로 구성된 간행위원회는 그동안 간행작업에서, 베버 급사 후 마리안네 베버(Marianne Weber: 베버 미망인), 요한네스 빙켈만(Johannes Winckelman) 등에 의해 편집-출간된 유고집들(이른바 《논문집》[*Gesammelte Aufsaezte*] 형태의 유고집들)을 주제와 형식에 따라 '해체'-재구성하였다. 그러나 이 작업은 어디까지나 방대한 베버 저술의 주제별-형식별 재조직에 초점이 맞추어져 있으므로, 아직 유통되고 있는 기존의 '구판' 베버 텍스트들은 내용상으로는 여전히 '유효'하다. 본 역자가 번역한 방법론 관련 논문들이 실린 《과학론 논문집》(*Gesammelte Aufsaetze zur Wissenschaftslehre*) 및 《경제와 사회》(*Wirschaft und Gesellschaft*) 역시 상기한 '해체와 재구성' 대상이 되었으며 현재 《막스 베버 전집》 제 1부에 여러 권(제 7권, 12권, 23권)으로 나뉘어 배치되어 있다. 그러나 이 세 권은 아직 미출간 상태인 까닭에 역자는 번역 대본으로 상기한 기존의 《과학론 논문집》 및《경제와 사회》를 사용하였음을 밝혀 둔다.

역자서문

막스 베버(Max Weber, 1864~1920)는 현대 사회과학 발전에 지대한 공헌을 한 독일 사회학자이다. 그의 공헌은 매우 다양한 방면에 걸쳐 있는바, 우리는 이를 크게 세 가지 분야로 나눌 수 있다.

(1) 현대 사회학의 제 분과영역,[1] (2) 사회이론, (3) 사회과학방법론.

이 역서에 수록된 〈객관성 논문〉, 〈가치중립 논문〉[2] 및 〈사회학 기초개념〉은 베버가 사회이론과 사회과학방법론[3] 영역에서 남긴 업적을 대표하고 있다.

주요 고전으로 평가받는 이 논문들에서 베버가 100여 년 전 설정한 의제들은 현대 사회이론 및 사회과학방법론 발전의 중심동력 가운데 하나였으며 오늘날까지도 방법론 담론의 출발점이자 준거점 역할을 하고 있다.

1) 베버는 현대 정치사회학(정당성이론, 지배유형론 등), 종교사회학(〈개신교윤리와 자본주의정신〉, 유교, 도교, 힌두교, 유대교 분석 등), 경제사회학, 조직사회학(관료제론 등)의 정초에 획기적 기여를 했다. 또한 역사사회학(특히 서양 고대-중세사) 분야에서도 중요한 업적을 남겼다.

2) 위 두 논문의 긴 원제를 통상 위와 같이 축약해서 부른다.

3) 여기서 '사회과학방법론'이란 사회과학적 연구의 본질적 속성 등에 대해 체계적으로 성찰하는 분야를 뜻한다. 따라서 이것은 기술적 의미에서의 '사회과학 조사방법론'과는 구분되는, 광의의 '사회과학론'이다.

베버가 던진 화두의 핵심을 그 자신의 말로 표현하자면, “문화생활을 다루는 학문영역에서는 도대체 어떤 의미에서 〈객관적으로 타당한 진리〉가 존재하는가”(본문 중) 라는 질문으로 압축될 수 있다. 다시 말해, 지금 우리는 거리낌 없이 인문 ‘과학’, 사회 ‘과학’ 등의 용어를 사용하고 있지만, 베버는 ‘자연’이 아니라 인문사회적 현상을 다루는 학문들에서 ‘과학성’은 과연 어떤 성격을 가지고 있는가라는 문제를 이 논문들에서 추적하고 있다.

베버가 방법론 관련 저술을 시작할 당시(1903~1904) 이 문제를 놓고 유럽학계(특히 독일)에서는 이른바 〈방법론 논쟁〉(*Methodenstreit*)이 벌어지고 있었다. 이 담론에 적극 참여하였던 베버는 〈방법론 논쟁〉에서 거론되었던 거의 모든 핵심의 제들을 비판적으로 섭렵하면서 자신의 방법론적 틀을 구축해나갔다. 여기 수록된 세 편의 논문은 베버의 방법론적 성찰의 출발점(〈객관성 논문〉: 1904), 중간결산(〈가치중립 논문〉: 1913~1917) 및 최종결산(〈사회학 기초개념〉: 1920)을 담고 있다.[4] 상기한 문제제기의 복합성에 걸맞게 이 논문들에서 베버가 펼치는 논증은 비단 경제학, 사회학, 법학 등의 사회과학적 분야뿐 아니라 인식론, 논리학, 윤리학 등의 철학 분야 그리고 인류학, 역사학 등의 인문 분야에까지 걸쳐 있는 지극히 다차원적 구조를 보여주고 있다. 아래에서는 우선 베버 방법론의 촉발점이 된 독일의 지적 상황을 간략히 살펴보고자 한다.

상기한 〈방법론 논쟁〉의 이론적 대립구도를 그 당시 용어를 사용해 압축하자면 ‘자연주의’(*Naturalisms*)와 ‘역사주의’(*Historismus* 또는 *Historische Schule*) 양대 진영으로 묶을 수 있다. 자연주의의 기본 입장은, 사회문화적 현상에 대한 분석이 ‘과학세계’의 시민권을 얻으려면 자연과학(가령 물리학과 생물학)의 방법론을 택해야 한다는 것이다. 이에 따르면, 경험적 검증이 가능한 객관적 사회적 ‘사실들’(또는 사회현상의 ‘사실적’ 측면)만이 사회과학의 대상이며, 사회과학의 목적은, 자연과학의 경우와 마찬가지로, 이러한 객관적 사실들 간의 일반적, 더 나아가 ‘법칙적’

4) 물론 여기서 ‘최종결산’이라는 말은 적절하지 않을 수 있다. 베버는 1920년 6월 향년 56세에 급사하는바, 따라서 그는 자신의 학문적 성과들을 체계적으로 ‘결산’할 기회를 전혀 갖지 못했기 때문이다.

인과관계를 '설명'(*Erklaeren*)해 내는 것이다. 한마디로, 계량적 입증이 가능한 '인과적합성'의 설명이 사회과학방법론의 요체이다. 실증주의, 경험주의, 법칙정립학,[5] 구조주의 또는 기능주의 등 다양한 이름으로 불렸던 자연주의적 이론과 방법론 모델은, 19세기 초 사회학이 신생학문으로 탄생하였던 시기에 주로 프랑스(콩트, 뒤르케임 등의 실증주의)와 영국(스펜서의 사회적 다윈주의) 등에서 진작부터 단단한 기반을 구축하였다. 이 모델의 급진적 유형에 따르면 궁극적으로 사회과학과 자연과학은 하나의 통일된 과학체계, 이른바 '일원론적 통합과학체계'로 포섭된다. 그리고 이러한 통합과학적 분석방법을 통해 검증될 수 없는 모든 주관적-가치연관적 주장은 과학적 분석의 대상에서 배제된다. 즉, 지식체계는 객관성과 가치중립성에 기초한 '과학적 지식'의 세계와 비과학적 가치판단적 신념('형이상학적 독단'과 신앙)의 세계로 구분되며 이 두 세계 사이에는 명백하고 뛰어넘을 수 없는 인식론적 그리고 원칙적 장벽이 존재한다.

이러한 자연주의적 사회과학 모델에 대한 비판과 저항은 진작부터 있어왔지만, 그 정점은 독일에서 일어난다. 우선 관념론적 전통이 특별히 견고했던 독일철학 쪽에서 반자연주의 운동이 전개되는바, 이 운동은 빌헬름 딜타이(Wilhelm Dilthey)의 그 유명한 '정신과학론'[6]으로 귀결된다. 사회과학 쪽에서는, 앞서 언급했듯이, 경제학 내의 '역사주의'에 의해 이 운동이 점화되었다. 구스타프 슈몰러(Gustav Schmoller)를 중심으로 한 일단의 경제학자들은, 경제현상의 '자연적' 보편적 법칙을 강조하는 칼 멩거(Carl Menger) 중심의 이른바 '이론학파'를 비판하면서 개별경제권의 특수한 역사적 배경과 발전경로의 중요성을 강조하였다. 이론학파와 역사학파의 이러한 공방은 경제학의 범위를 벗어나 점차 인문 사회과학 전반의 자연주의-역사주의 〈방법론 논쟁〉으로 발전해나갔다. 역사주의의 기본 입장은, 사회문화적 -정신적 현상에 대한 학문은 방법론상으로나 인식론상으로

---

5) 신칸트주의 철학자 빌헬름 빈델반트(Wihelm Windelband: 1848~1915)가 제시한 두 가지 과학유형, 즉 '법칙정립학'(*nomothetisch*)과 '개성기술학'(*ideographisch*) 중 하나. 후자에 관해서는 아래 참조.

6) Wilhelm Diltey, *Einleitung in die Geisteswissenschaften*, 1883.

결코 자연과학적 방법론에 함몰되어 버릴 수 없는 독자성을 지니고 있다는 것이다. 역사주의에 따르면 사회문화적 현상의 본질은 그 일반성, 법칙성에 있는 것이 아니라 오히려 그것의 개별적 역사적 특수성에 놓여 있으며, 따라서 사회문화적 현상분석의 궁극적 목적은 이 현상 고유의 '의미'를 포착해내는 것이다. 그리고 이 의미는 앞서 열거한 자연주의적 방법, 즉 단순히 '사실들 간'의 개량적 인과관계의 '설명'을 통해서가 아니라 질적 주관적 '의미'의 '이해'(*Verstehen*)를 통해서만 인식될 수 있다는 것이다. 따라서 역사주의자들의 인식목표는 현상들 간의 인과적합성이 아니라 '의미적합성'의 확인이고, 이들의 방법론은 (실증주의가 아니라) 해석학, (법칙정립학이 아니라) '개성서술학' 또는 '현상학'에 기반한다.

위에서 극히 단순화시켜 소개한 〈방법론 논쟁〉의 두 진영에 대해 베버는 일종의 '양면 전쟁'을 벌이면서 자신의 이론적 방법론적 틀을 구성해나가는데, 베버는 자신의 틀을 행위이론에 바탕한 〈이해(理解)사회학: *Verstehende Soziologie*〉으로 규정짓고 있다. 일견 이 틀은 독일적 역사주의를 계승하고 있다는 인상을 준다. '구조' 또는 '기능'보다는 '행위', '인과적 설명'보다는 해석적 '이해'의 강조, (아래에서 다룰) '가치중립' 명제 등이 이런 인상의 근거들이다. 실제로 베버 사회학은 지금까지 흔히 이른바 '해석적 사회과학'의 전형으로 이해되어왔다. 그러나 여기 실린 세 편의 논문을 정독하는 독자라면, 기실 베버는 양 진영을 공히 비판하면서, 그러나 동시에 이들 간의 중재를 통해 (따라서 일정 정도 독일적 전통과의 단절을 통해) 자신 고유의 '제 3의 길'을 추구하였음을 알 수 있을 것이다. 이런 추구를 과학유형론의 입장에서 풀어본다면, 베버는 행위이론적 '이해사회학'을 '정신과학'과 '자연과학' 사이에 위치한 말하자면 '제 3의 과학'(물론 베버는 이런 애매모호한 개념을 전혀 쓰지 않고 있지만)으로 정립하고자 했다. 베버는 사회(과)학을 한편으로는 자연주의적 실증과학과 구분하여 '문화과학'으로, 즉 의미지향성과 가치선택 및 결단력을 가진 '문화인간'(*Kulturmensch*)을 중심에 둔다는 의미에서 '문화과학'으로 (행위이론적-해석적 측면), 다른 한편으로는 독일적 '정신과학'과 구분하여 '역사적-경험적 현실탐구과학'으로 정립하고자 한다.

그러나 과연 베버가 이러한 제 3의 길을 얼마나 성공적으로 개척했는지 여부에 대해서는 베버 사후 근 90년이 지난 오늘날까지도 활발한 논쟁이 이어지고 있다. 물론 이에 대한 최종판단은 이제 베버의 매우 정교하고 복잡다단한 논증과정을 해독하는 즐거움과 고통의 여정에 들어설 독자 개개인의 몫이다. 역자는 여기서 다만 베버의 중재시도가 지향하는 바를 암시하는 몇 가지 (주로 〈객관성 논문〉에서 따온) 베버-인용문을 제시하는 것으로 서문을 마무리 짓고자 한다. 이 인용문들의 해제를 위해 역자는 '자연주의'와 '역사주의'라는 양 진영을 가른 방법론적 쟁점들의 핵심을 편의상 과감히 두 가지 대립 항으로 압축하고자 한다.[7]

(1) 〈과학〉과 〈신앙〉이라는 대립항.
(2) 〈사실〉과 〈의미〉라는 대립항.

1. '과학'과 '신앙'

이 글이 가진 목적은 단 하나, 즉 과학과 신앙[8]을 가르는 머리카락 하나만큼 가느다란 경계선을 분명히 드러내 보이는 것이다.(〈객관성 논문〉 117쪽 중에서)

---

7) 이 대립구도는 오늘날의 사회이론 및 방법론 담론에서도 온존하고 있음은 두말할 나위도 없다. 물론 그 명칭은 훨씬 더 다양해졌고 내용도 더 엄밀해지기는 했지만 말이다. 이 자리에서 거칠게 진영 가름을 하자면, 논리실증주의 내지 논리경험주의 또는 이른바 '표준과학관' 등은 (신)자연주의에 귀속시킬 수 있을 것이고, 토마스 쿤 유의 신과학관, 포스트모더니즘, 방법론적 개별주의에 기초한 주관주의적 사회이론들(현상학, 민속방법론) 등은 (신)역사주의에 귀속시킬 수 있을 것이다.

8) 원문의 독일어 Glaube는 일반적 '신념'과 종교적 '신앙' 이렇게 두 가지 의미로 쓰인다. 여기서 후자의 역어를 택한 이유는 '과학'과의 대비성을 선명하게 하기 위해서이다. 따라서 여기서 '신앙'이란, 주관적 가치관과 신념 일반을 뜻하지, 이런 신념의 극단적 형태인 종교적 믿음에 한정되는 것은 아니다. 첨언하자면, 베버는 '의사'(擬似) 가치(이데올로기)와 '궁극적 가치이념'을 구분한다: 전자는 적나라한 물질적 또는 권력적 이해관계를 '가치관'으로 위장한 경우를 뜻하며, 후자는 실존적(가령 삶의 의미) 그리고 사회적(가령 정의) 등과 같은 궁극적 문제에 대해 인간이 취하는 윤리적 그리고 종교적 입장을 뜻한다. 베버는 '가치' 개념을 주로 후자의 의미로만 쓰고 있다.

〈객관성 논문〉 말미에 있는 위 인용문은 자연주의자와 역사주의자 양자에 대한 베버의 비판적 입장을 담고 있다. 우선, '과학'과 '신앙' 사이에는 뛰어넘을 수 없는 장벽이 있는 듯 전제하는 자연주의자들에게 베버는 기실 이 경계선은 '머리카락 하나만큼' 가느다랄 뿐임을 〈객관성 논문〉에서 논증했다고 주장한다. 이 논증에 의하면, 경험성, 객관성, 가치중립성 등을 기반으로 하는 자연주의자들의 과학관 자체가 이미 일련의 근본적 가치이념들에 대한 '신앙'을 전제하고 있다:

> 모든 경험지식의 객관적 타당성은 아래와 같은 사실, 그리고 이 사실에만 근거하고 있다. 즉, 주어진 현실은 특정한 의미에서 주관적인 범주들, 다시 말해 우리의 인식의 전제를 이룬다는 의미에서 주관적인 범주들에 의거해서 체계화되며 이 범주들은 다시금 경험지식만이 우리에게 줄 수 있는 그러한 유의 진리가 가치 있다는 전제에 묶여 있다는 사실이 그것이다. … 현상의 무한한 풍부성 가운데서 우리에게 본질적인 것을 적절하게 인식할 수 있기 위해서 우리는 특별히 선정된 관점들을 지속적으로 사용하지 않으면 안 되며, 이 관점들은 종국에는 가치이념들에 연결되어 있다. 이 가치이념들 자체는 다시금 인간의 모든 중요한 유의미한 행위의 구성요소에서 경험적으로 확인될 수 있고 체험될 수는 있지만, 그러나 경험적인 소재로부터 그 타당성이 도출될 수는 없다.(〈객관성 논문〉 117쪽 중에서)

적어도 이런 관점에서는 '가치중립적 사회과학'이란 원천적으로 불가능하다는 것이 베버의 입장인 것으로 보인다. 왜냐하면 앞서 언급한 베버의 '문화인간론'을 풀어보자면, 인간이라는 존재는 호모 사피엔스 특유의 문명화 과정이 시작된 이래 단순히 물리적 '사물과 사실의 그물망'뿐 아니라 '문화적 가치 그물망'에도 원천적으로 얽혀 있는 존재이기 때문이다. 따라서 자연현상의 분석과 달리, 사회문화현상의 분석은 이중적 의미에서 가치연관적이다: 분석 대상인 사회문화현상 발생 자체에 이미 가치가 깊숙이 관여되어 있다는 의미에서 그러하고, 동시에 이 현상을 분석하는 우리 자신 역시, 베버의 표현대로, '궁극적 가치 이념들'에 구속되어 있다는 의미에서 그러하다.[9]

---

9) 더 나아가 가치준거를 사회현상의 핵심으로 볼 때, 사회현상 내지 이 현상에 관여된 인간집단의 분석은, 자연현상의 분석 경우와는 질적으로 달리, 이들의 행동양식과 가치지향 자체를 변

이렇게 볼 때, '과학'과 '신앙'을 가르는 것은 장벽이라기보다는 가치의 그물망에 갇혀 인식을 추구하는 인간이 부지불식간 또는 의도적으로 쉽게 넘나들게 되는 가느다란 선일 뿐이다.

그러나 위 인용문은 동시에 역사주의자들에 대한 경고도 담고 있다. 왜냐하면 역사주의자들은 자칫 자연주의자들과는 역방향의 함정에 빠질 수 있기 때문이다. 역사주의자는 근대 경험주의적 과학이 비로소 확보한 '사실탐구'와 '현실탐구' 방법의 유일무이한 성취를 도외시한 채, 위에서 언급한 바와 같은 베버적 '문화인간론'을 극단으로 몰고 가는 경향이 있다. 그 결과 이들은 '경험과학적' 인식을 단순한 정신적 구성물로 간주하고 '과학'을 종국에는 '신념'(신앙)의 문제로 환치하려고 시도한다. 베버는 역사주의자들에게 말한다:

> 이런 유의 진리, 즉 경험과학적 진리가 무가치하다고 여기는 자에게 ― 그리고 과학적 진리의 가치에 대한 믿음은 특정한 문화의 산물이지 결코 자연적으로 주어진 것이 아니다 ― 우리는 우리의 과학적 수단으로는 아무것도 제공할 수가 없다.(〈객관성 논문〉 117쪽 중에서)

그러면서 베버는 역사주의자들이 경험과학 특유의 현실탐구 방식을 "대체하는 다른 어떤 진리체계도 발견하지 못할 것이다"라고 단언한다.

이렇게 볼 때, '과학'과 '신앙' 사이의 경계선은 머리카락 하나만큼 가느다랗다는 베버의 통찰은 역사주의자들도 겨냥한 것이다.

자연주의와 역사주의 양 진영 모두에 대한 이와 같은 비판적 성찰과 중재 노력의 결과물 중 잘 알려진 것으로, 개념구성 차원에서는 베버의 이른바 '이념형'(*Idealtypus*)론, 분석방법론 차원에서는 '인과적합성'과 '의미적합성'의 상호연결 시도를 들 수 있다. 그러나 지면관계상 이에 관한 논의 대신 여기서는 베버의 또 다른 유명한 명제 하나를 간략히 짚어보고자 하는바, '가치중립성' 명제가 그것이다.

화시킬 수 있는 잠재력이 있다는 점도 가치연관성 명제의 중요한 실천적 함의임은 두말할 나위도 없다.

베버는 근대문명이 비로소 열어젖힌 상기한 '경험과학적 진리'의 확인과 검증 절차에 관한 한[10] 철저한 '가치중립적' 접근을 요구하고 있다. 그런데 이 요구는 일견 자연주의 비판에서 베버가 가치그물망에 얽힌 '문화인간'에 근거하여 제시한 명제, 즉 가치중립적 사회과학의 원천적 불가능성 명제와 상충되는 듯하다. 그러나 그렇지 않다. 왜냐하면 베버가 여기서 상정하는 가치중립성이란 '논리적' 명제라기보다는 (물론 베버는 이에 대해 일부 논리적-인식론적 논증도 하고 있지만) 오히려 '실천적' 명제이기 때문이다. 다시 말해, 베버는 우리가 경험과학적 진리와 가설의 검증과정에 들어서는 순간 일체의 가치구속으로부터 해방되어 '중립적'이 될 수 있다는 것을 전제로 하고 있지 않다. 이 경험적 검증과정에서도 과학자는 여전히 가치그물망에 얽혀 있기 때문이다. 따라서 베버가 의미하는 것은, 가치중립적이 될 수 있다는 '가능성' 명제가 아니라 가치중립적이 되도록 최선을 다해야 한다는 실천적, 과학윤리적 명제이다. 이를 위해 베버는 학자 특유의 엄격한 지적 금욕주의(베버는 니체를 따라 이를 흔히 '지적 성실성'[*Intellektuelle Redlichkeit*]이라고 부른다)를 요구한다. 즉, 가치중립적 자세의 가동과 유지는 단순한 '결단'의 문제가 아니라 엄격한 자기통제(더 나아가 자기극복)를 통해 일상적으로 훈련되고 취득되어야 할 학자-금욕주의의 목표인 것이다.[11] 베버는 자신의 가치중립 명제를 잘못 이해하고 그것의 실현이 지난하다는 이유로 이 원칙의 파기를 주장하는 자들(특히 역사주의자들)을 강력히 비판하고 있는바,[12] 어느 한 서신에서 베버는 상기한 의미에서의 가치중립 원칙을 옹호하는 자신이 마치 '돈키호테'같아 보인다고 한탄한다. 그리고 이 장의 서두에 인용된 "과학과 신앙을 가르는 머리카락 하나만큼 가느다란 경계선"이란 바로 위에서 서술한 베버적 가치중립론의 다른 표현방식

---

10) 이 검증단계는, 베버 사후 과학철학계에서 광범위한 지지를 받은 도식인 이른바 '발견의 맥락'(*context of discovery*)과 '정당화의 맥락'(*context of justification*) 간의 구분도식 중 '정당화의 맥락'에 속한다고 볼 수 있다.

11) 이 맥락에서 베버의 금욕주의 개념은 가령 육체적 금욕주의 또는 도덕적 금욕주의와는 구별되는 지식인 고유의 금욕주의라는 것은 두말할 나위도 없다.

12) 베버의 반박논리는 단순 소박하다. 즉, 만약 '실현 가능성'만을 기준으로 삼는다면, 우리는 수많은 윤리적 원칙들을 폐기시켜야 마땅하다는 것이다.

이라고 볼 수 있다. 이 경계선을 장벽으로 여기고 '과학적 사실' 또는 가치유관적 '의미' 어느 한쪽만을 추구하는 자들을 베버는 다음 인용문에서 다소 냉소적 언어로 묘사하고 있다.

2. 자료수집광과 의미수집광

> 우리 분야에도 … 〈자료수집광〉과 〈의미수집광〉이 있다. 〈자료수집광〉의 사실에 굶주린 목구멍은 서류자료, 통계백서, 그리고 앙케트를 통해서만 채워질 수 있는 반면, 새로운 관점의 섬세함에 대해서는 무감각하다. 〈의미수집광〉은 그의 미식성향으로 인해 사실들에 대한 맛은 잃어버리고 끊임없이 새로운 이념 증류물들을 생산해낸다.(《객관성 논문》 118~119쪽 중에서)

사실수집에만 매달리는 자연주의자 내지 실증주의자는, 만약 한 사회현상에 대한 사실들이 충분히 축적되기만 하면, 이 사실들에게서 해당 현상의 '의미'가 저절로 그 모습을 드러낼 것이라고 가정한다. 이에 대해 베버는, '사실들 스스로는 결코 어떤 말도 하지 않는다'라는 점을 상기시키고 있다. 더 나아가 베버는 '사실이 말하도록 한다'라는 실증주의의 유명한 도식은 마치 가치판단은 배제한 채 '사실 확인'만을 수행하는 듯 보이게 하지만 기실 이 도식은 많은 경우 가치판단을 은폐하는 수단에 지나지 않는다고 질타한다. 즉, '전제 없는' 과학을 주장하는 자들은, 자신의 가치전제를 의식하지 못하고 있거나 아니면 그것을 감추고 있을 뿐이라는 것이다.[13)]

다른 한편 '의미 증류물'에만 매달리는 역사주의자는, 베버에 의하면, "마치 사회과학의 진정한 과업은 새로운 관점과 개념적 구도에 대한 몰이사냥이어야 한다"고 오해하고 있다. 이들은, 위에서 제시한 인용문의 일부를 변용하자면, '가치 이념들'은 "인간의 모든 중요한 유의미한 행위의 구성요소에서 경험적으로 확인

13) 베버의 이러한 입장 역시, 앞서 언급했듯이, 베버를 흔히 '가치중립적 사회과학' 또는 심지어 실증주의를 대변하는 이론가로 보는 일부 학계의 베버 해석이 가진 문제점을 잘 보여준다.

될 수" 있다는 점, 다시 말해, 어떤 '관점', '의미', '가치'도(우리말의 통상적 의미를 벗어나는 용례이지만) '사실무근'일 수 없다는 점을 간과하고 있다.

이런 맥락에서 베버는, 근대 역사학의 길을 연 독일 역사학자 랑케를 예로 삼아, 사회과학적 창의성 또는 창의적 상상력은 흔히 "이미 알려진 사실들을 이미 알려진 관점들에 단지 연관시킬 뿐이지만 그럼에도 바로 이를 통해 새로운 것을 창출해낼 줄 아는 능력"에서 나온다는 점을 상기시키고 있다.

베버는 사실수집광과 의미수집광에게 공히 아래와 같은 평범한 진리를 상기시킨다: 사실의 세계는 "사건들이 이루는 거대하고 혼돈에 찬 강"이고 가치이념 또는 의미의 세계는 "시간과 함께 흘러가는 이 강의 한 유한한 부분(그것도 항상 변화하는 부분)"만을 비출 뿐이다. 다시 말해, 나의 가치이념의 빛이 비추는 것도 이 거대한 강의 한 일시적 단면이고, 나의 사실수집의 손이 퍼 올리는 한 줌의 강물도 이 강의 한 단편일 뿐이다. 어디 그뿐인가? 어느 순간, 그토록 당연한 듯 의지해왔던 나의 관점(가치이념)은 흔들리기 시작하고, 이 관점이 낚아 올린 '사실들'의 의미도 달라진다. 이로써 우리는 이제 마지막 인용문에 도달한다.

3. 우리의 '문화적 문제들의 빛'은 어디로 향하고 있는가?

> 그러나 언젠가는 색채가 변한다. 숙고되지 않은 채 사용된 관점들의 의미가 불확실해지고, 길은 어스름 속으로 사라져간다. 거대한 문화적 문제들의 빛은 이제 자리를 옮긴 것이다. 그러면 이제 과학도 자신의 위치와 개념도구를 바꾸고 착상의 고지에서 사건의 흐름을 내려다볼 채비를 하게 된다. 과학은 자신의 작업에 의미와 방향을 제시할 수 있는 그러한 성좌들을 새로이 찾아 나선다.(〈객관성 논문〉 119쪽 중에서)

역자가 보기에 이 인용문에서 베버는 사회문화과학이 가진 두 가지 근본적 속성을 비유적으로 표현하고 있다: '역사성'과 '문제의존성'이 그것이다. 그런데 역자는 아마도 누구나 수긍할 수 있을 이 두 가지 속성보다는 베버가 여기서 묵시적으로 깔고 있는 하나의 요구 때문에 이 인용문을 늘 되새긴다. 그 요구란 다름 아니라 베버를 대하는 우리 스스로 항상 비판적으로 자문(自問)하라는 것이다: 과연 베버가 직면했던 '거대한 문화적 문제들'은 여전히 '우리'의 문제들인가? 그 '색채'는 바래지 않은 채 그대로 있는가? 만약 그렇지 않다면, 이 '거대한 문제들의 빛'은 어디로 옮겨 갔으며 또 지금은 무엇을 비추고 있는가? 우리는 우리의 문제들을 확인하고 해결하는 데 도움을 줄 새로운 '성좌'를 찾아 나설 채비가 되어 있는가?

베버 사후(1920) 지금까지 축적된 엄청난 양과 질의 경험지식 그리고 지극히 다양하고 풍성해진 이론적, 방법론적 도구들을 기준으로 볼 때, 베버의 방법론과 사회이론은 분명 많은 허점을 안고 있다. 그리고 베버 스스로 자신의, 또는 학문적 연구 일반의 한계를 그 어느 누구보다도 명철히 인식하고 있는 학자였다:

> 학문상의 모든 '성취'는 새로운 질문을 뜻합니다. 그리고 이 성취는 능가되고 낡아버리기를 원합니다. 학문에 헌신하고자 하는 자는 누구나 이것을 감수해야 합니다. … 학문적으로 능가된다는 것은 — 다시 한 번 말합니다만 — 우리 모두의 운명일 뿐만 아니라 우리 모두의 목적이기도 합니다. 우리는 다른 사람들이 우리보다 더 멀리 나아가기를 희망하지 않고서는 연구할 수 없습니다.[14)]

그런데, 앞서 이미 암시되었듯이, 베버에 의하면 특히 사회과학과 같이 역사적 그리고 문제의존적 학문영역들은 '영원한 젊음을 운명으로 하는 학문'에 속하는 바, 왜냐하면 이들에게는 '문화의 영원히 전진하는 흐름이 항상 새로운 문제를 안겨다'주기 때문이다. 그리고 학문적 젊음의 가장 중요한 징표는, '새로운' 문제에 대해서는 과감히 '새로운' 해결도구를 찾아 나설 용기를 발휘한다는 것이다.

역자는, 자신의 문제의식, 개념도구 그리고 성좌를 강요하기는커녕 오히려 이 모든 것들을 '헌신짝'같이 버릴 수 있는 용기, '거대하고 혼돈에 찬 강'에 미련 없이 흘려보내 버릴 수 있는 용기를 요구하는 그런 사상가의 방법론과 이론은, 역설적으로, 바로 그렇기에 여전히 주목할 가치가 있다고 믿는다.

이 역서는, 1997년에 출간되었으나 오래전부터 절판 상태인 〈막스 베버의 사

---

14) 《직업으로서의 학문》, 막스 베버 저, 전성우 역, 2006, 나남출판, 41~42쪽.

회과학방법론〉(막스 베버 저, 전성우 역, 사회비평사)의 개정증보판이다. 이 증보판에는 1997년 판에 수록되어 있던 〈직업으로서의 학문〉의 자리에 〈사회학 기초개념〉이 새로 들어갔다. 〈직업으로서의 학문〉은 2006년에 문고판으로 별도로 출간되었다(《직업으로서의 학문》, 막스 베버 저, 전성우 역, 나남출판).

나남신서 1577

막스 베버
사회과학방법론 선집

차례

사회과학적 그리고 사회정책적 인식의 '객관성'*

1904**

| 원제 |

Die 'Objektivität' sozialwissenschaftlicher
und sozialpolitischer Erkenntnis

| 출처 |

Gesammelte Aufsätze zur Wissenschaftlehre,
제 4판, 1973, J. C. B. Mohr, 146~214쪽

* 원주 1: 이 논문의 제 1장 〈논총의 방법론적 기본입장〉에서 편집자들의 이름 아래 진술한 것이라고 분명히 밝히고 있는 부분 또는 이 논총의 과업으로 제시하고 있는 부분은 필자의 개인적인 견해가 아니라, 다른 편집인들의 명시적인 승인을 얻은 것들임은 두말할 나위도 없다. 그에 반해 제 2장과 제 3장의 형식과 내용에 대해서는 전적으로 **필자만이** 책임을 진다. 이 논총은 결코 어느 특정 학파에 예속되지는 않을 것이다. 이러한 독립성을 보증하는 것은, 이 논총의 기고가들이 가진 입장이 서로 다를 뿐 아니라 편집인들의 입장 역시 — 방법론적인 관점에서도 — 결코 동일하지 않다는 사실이다. 그러나 다른 한편으로는, 공동편집진을 구성하기 위해서는 몇 가지 기본적인 문제에 대한 편집진 구성원들 간의 의견일치가 필요했음은 당연한 일이다. 특히 아래와 같은 점들에 대해 우리 편집진은 견해를 같이하고 있다. 첫째, 우리는 〈일면적〉 관점 아래 획득되는 이론적 인식의 가치를 강조한다. 둘째, 우리는 **명료한 개념구성**을, 그리고 **경험지식과 가치판단의** 엄격한 **구분**을 요구한다. 물론 우리가 이를 통해 무언가 〈새로운 것〉을 요구하고 있다는 뜻은 전혀 아니다.

(제 2장과 제 3장에서는) 서술이 장황하고 동일한 생각을 자주 반복하고 있는데, 이런 서술방식의 유일한 목적은, 여기서 다루는 것과 같은 주제의 논의에 있어서 바랄 수 있는 최대한의 **평이성**을 확보하자는 것이다. 이 목적을 위해 표현의 엄밀성은 많이 — 너무 많지는 않기를 바란다 — 희생되었다. 또한 이 목적을 위해 필자는 몇 가지 방법론적 관점들을 정리하는 데 주력하고 그 대신 체계적 분석은 전적으로 포기하였다. 이런 체계적 분석을 위해서는 (이 논문에서 제시된 것보다는) 훨씬 더 심오한 많은 인식론적 문제에 대한 숙고가 필요했을 것이다. 다시 말하여 필자는 여기서 논리학을 서술하고자 하는 것이 아니라 현대논리학의 잘 알려진 연구 성과를 우리 자신을 위해 활용하고자 하며, 문제들을 해결하고자 하는 것이 아니라 일반인에게 이 문제들의 중요성을 구체적으로 보여주고자 할 뿐이다. 현대논리학자들 — 몇 사람만 지적하자면, 빈델반트[Windelband, 1848~1915, 신칸트주의 서남독일학파의 창시자: 역주], 짐멜[Simmel, 1858~1918, 독일 철학자 및 사회학자: 역주] 그리고 우리의 목적을 위해서 특히 중요한 하인리히 리케르트[Heinrich Rickert, 1863~1936, 신칸트주의 서남독일학파의 대표적 철학자: 역주] — 의 저작을 알고 있는 사람들은 필자가 모든 중요한 관점에서 이들에 접목하고 있음을 당장 간파할 것이다(이하 '원주' 표시 없으면 모두 역주).

** 원주 2: 이 논문은 《사회과학 및 사회정책논총》이 베르너 좀바르트(Werner Sombart), 막스 베버(Max Weber), 그리고 에드가 야페(Edgar Jaffe)로 구성된 새로운 공동편집진에 의해 인수될 때 베버가 발표한 것이다(역주: 위의 원주 2는 베버 사후 《과학론 논문집: *Gesammelte Aufsätze zur Wissenschaftslehre*》을 편집-출간한 마리안네 베버[Marianne Weber: 베버 부인]의 주석이다).

저술배경

베버 방법론 저작들 중 가장 잘 알려진 이 〈객관성 논문〉의 저술 배경을 설명하기 위해서는 약간의 생애사적 고찰이 필요하다. 베버는 원래 법학자, 특히 법제사가로서 학문적 활동을 시작하였으나(그의 박사 및 교수 자격 논문 모두 법제사적 주제를 다루고 있다), 그의 탁월한 경제학적-경제정책적 연구능력을 인정받아 1894년 약관 30세에 프라이부르크대학 경제학과 정교수로 초빙받는다. 1896년 그는 하이델베르크대학으로 자리를 옮겨 경제학자로서의 활동을 계속한다. 그러나 1897년경부터 베버는 극심한 신경쇠약증(그 발병요인은 매우 복합적이다)에 시달리기 시작한다. 베버는 수년간 지속된 극도의 정신적-육체적 무기력증에서 1901~1902년 서서히 회복되기 시작하지만, 그러나 강의를 비롯한 대학업무 부담은 더 이상 감당하기 어렵다고 판단하여 1903년 하이델베르크대학 경제학과 교수직을 사임한다. 이 시점부터 사망 1년 전인 1919년 다시 뮌헨대학 교수로 복귀할 때까지 근 16년간 베버는 '재야학자'로 활동하게 된다.

교수직을 사임한 1903년 아직 병중임에도 베버는 그의 첫 방법론 관련논문인 〈료셔의 역사적 방법〉을 발표한다(베버는 이 논문에서 주로 독일 국민경제학내 역사학파의 기본가정들을 비판적으로 검토하고 있다). 그 이듬해인 1904년에 베버는, 에드가 야페(Edgar Jaffe), 베르너 좀바르트(Werber Sombart) 등과 함께, 새로이 출범하는 학술지인 《사회과학 및 사회정책논총》(*Archiv für Sozialwissenschaft und Sozialpolitik*)[1]의 편집책임을 맡게 된다. 이 논총의 창간호에 여기 번역된 〈객관성 논문〉을 발표한다. 논문의 전반부에서 베버는 상기 논총의 새로운 편집진을 대표하여 이 논총의 학술적 지향점이 무엇인가를 주로 서술하고 있다. 그러나 논문의 후반부는 '문화과학적'[2] 인식의 객관성 문제에 대한 베버 자신의 방법론적 견해들을 담고 있다. 베버는 여기서 모든 문화과학적 인식은 '가치연관적'이며 따라서 '주관적' 전제를 가지고 있다는 명제를 기초로, 역자 서문에서 이미 지적했듯이, 역사주의와 자연주의(실증주의)에 대한 '양면 전쟁'을 벌이면서 자신의 방법론적 프로그램을 구축하기 시작한다. 참고로 베버는 이 시점(1904)까지 스스로를 '경제학자'로 여기고 있었으며 따라서 논문에서 '우리 분야'라는 말은 일차적으로 경제학 그리고 사회과학 일반을 가리키지 반드시 '사회학'만을 의미하는 것은 아니다. 오히려 베버는 이때까지만 해도 '사회학'이라는 새로운 간판하에 대중에게 소개되는 많은 학술서 저자들의 '아마추어리즘'(즉, 엄밀한 개념정의나 경험적 입증의무를 방기한 채 단순히 기발한 '착상'이나 현학적 장광설에 만족하는 태도), 과학으로 위장된 편파적 가치판단들의 난무 등에 매우 비판적 입장을 가지고 있었다. 물론 베버는 서서히 사회학자로 '변신'해가지만(아래 〈가치중립 논문〉 저술배경 참조), 그러나 그가 추구하는 사회학은 그 당시 그가 목도하고 있던 아마추어적 사회학이 아니라 엄격한 전문학술적 사회학이었다. 이의 정립을 위해 우선 가장 시급한 과제로 베버는 명료한 개념체계의 구축, 사실(*Sein*) 판단과 가치(*Sollen*) 판단 간의 분석적 구분 확립, '사회적인 것'의 근본속성에 대한 기초이론적 성찰 등을 강조했다. 〈객관성 논문〉은 베버의 이러한 목표를 향한 지적 여정의 출발점이었다.

---

1) 이 논총은 원래 '사회입법 및 통계학' 전문지였으나, 베버가 편집책임을 맡으면서 이 이름으로 개명하였다. 베버는 후에 이 논총을 독일의 대표적 사회과학 학술지로 발전시켜 나갔다.

2) 당시 '문화과학'이라는 개념은 일반적으로 자연과학에 대비되는 인문-사회과학을 총칭하는 개념으로 쓰였다. 그 외에 '역사적 과학', '정신과학' 등의 개념도 비슷한 용도로 사용되었으며, '사회과학'이라는 용어 역시 이러한 포괄적 개념들에서 아직 엄격히 구분되어 나오지는 않았다. 베버 자신은 이 문제에 대해 아래와 같이 말하고 있다. "만약 인간생활의 제 현상들을 그것이 가진 문화의의의 관점에서 고찰하는 학문분야들을 '문화과학'(*Kulturwissenschaften*)이라고 부르기로 한다면, 우리가 의미하는바 사회과학은 바로 이 범주에 속한다."(본문 참조)

역자 서문에서 지적한 대로 〈객관성 논문〉 및 〈가치중립 논문〉이 수록된 《과학론 논문집》(*Gesammelte Aufsätze zur Wissenschaftslehre*)은, 베버의 다른 모든 '논문집' 형태의 저서와 마찬가지로, 베버 생전에 출간된 것이 아니라 그의 사후 마리안네 베버가 문화과학 및 사회과학의 논리와 방법론에 관한 베버의 유고들을 정리하여 출판한 것이다.

머리말

사회과학학술지, 특히 사회정책학술지가 새로 발간되거나 새로운 편집진의 손에 넘어가게 될 경우, 우리나라에서 흔히 제기되는 첫 번째 질문은 '이 학술지의 〈경향〉은 무엇인가'라는 것이다. 우리 역시 이 질문을 외면할 수 없어, 아래에서는 이 잡지의 〈서문〉[1]에 제시된 견해들에 접목하여 좀더 원칙적 입장에서 위의 질문에 답변해보고자 한다. 이를 통해 우리는 우리가 지향하는 〈사회과학적〉 연구의 특성 전반을 여러 각도에서 조명할 수 있는 기회를 갖게 될 것이다. 이 조명은 전문가들에게는 별 도움이 되지 않겠지만 과학적 연구활동과 친숙하지 않은 많은 독자들에게는 유용할 수 있을 것이다. 물론 여기서 조명되는 문제들은 〈자명한 사실들〉에 불과하다. 그러나 아마도 바로 그렇기 때문에 일반독자들에게는 유용할 수도 있을 것이다.

이 《논총》이 창간 이래 추구해왔던 뚜렷한 목적은, 〈모든 국가의 사회적 상황〉, 즉 사회생활의 사실들에 대한 우리의 인식을 넓히는 것뿐 아니라 사회생활의 실천적[2] 문제들에 대한 우리의 판단력을 훈련하며, 이와 함께 입법영역까지 포함하는 사회정책상의 실제적 작업을 비판적으로 조망하는 것 — 물론 재야 민간연구가들이 이런 목표에 기여할 수 있는 정도는 매우 제한되어 있지만 — 이었다. 그럼에도 불구하고 우리 논총은 처음부터 시종일관 순수하게 학술적인 잡지이고자 했으며, 또 과학적 연구수단만으로 작업하겠다는 입장을 고수해왔다. 여기서 우선 발생하는 문제는 이 논총의 위에서 밝힌 목적, 즉 사회정책에 대한 비판적 평가라는 목적과 방금 언급한 과학적 연구수단만을 사

1) 앞의 주 2에서 언급된 《사회과학 및 사회정책논총》 창간호의 서문을 뜻한다.
2) 'praktisch'는 '실천적'과 '실제적'이라는 두 가지 번역이 가능한데, 역자는 맥락에 따라 이 둘 중 적절한 것을 택했다. 물론 '실제적' 문제란 '실천'을 요구하는 문제들이라고 볼 때 이 두 가지 뜻은 상통한다.

용하겠다는 의도는 어떻게 원칙적 차원에서 서로 합치될 수 있는가 하는 점이다. 이 논총이 입법 및 행정조치 또는 이를 위한 실천적 제안들에 대한 평가를 내린다는 말이 뜻하는 바는 무엇인가? 이러한 평가에 적용되는 규범들은 무엇인가? 평가를 내리는 자가 나름대로 표명하는 가치판단의 타당성은 어떤 성질의 것이며, 또한 실천적 제안을 하는 집필자가 자신의 제안의 근간으로 삼고 있는 가치판단의 타당성은 어떤 성질의 것인가? 연구결과가 가진 진리로서의 〈객관적〉 타당성이 과학적 인식의 특징이라면, 가치판단을 내리는 위의 집필자는 어떤 의미에서 아직도 과학적 분석의 장에 머물러 있다고 볼 수 있는가? 우리는 우선 이 문제에 대한 우리의 입장을 서술하고자 하며, 그 다음 단계로 이 문제에 아래와 같은 문제를 연결시켜 논하고자 한다. 문화생활을 다루는 학문영역에서는 도대체 어떤 의미에서 〈객관적으로 타당한 진리〉가 존재하는가? 이 질문을 제기하지 않을 수 없는 것이, 왜냐하면 우리 분야(경제학)에서는 일견 가장 기초적인 문제들인 연구방법, 개념구성의 성격 및 개념의 타당성 문제 등에 관해서 격렬한 논쟁과 끊임없는 변화가 진행되고 있기 때문이다. 그러나 우리는 여기서 이 질문에 대한 해답을 제시하고자 하는 것이 아니라 단지 문제들을 제기하고자 할 뿐인데 이 문제들은 우리 논총이 현재의, 또 앞으로의 과업을 수행하기 위해서는 반드시 주목해야 할 그런 성질의 문제들이다.

1. 논총의 방법론적 기본입장[3)]

1) 가치판단에 대한 과학적 비판

인류의 문화적 제도와 문화적 변화과정을 다루는 모든 과학—아마도 정치사만은 예외이겠지만—이 그러하듯이, 우리 분야도 역사적으로 볼 때 애초에는 실천적 관점에서 출발했다는 것은 잘 알려진 사실이다. 그래서 국가의 특정한 경제정책적 조치들에 대해 가치판단을 내리는 것이 국민경제학[4)]의 일차적 그리고 우선은 유일한 목적이었다. 의학에서 임상학적 분야들이 기술(技術)인 것과 유사한 의미에서 국민경제학은 〈기술〉이었다. 그런데 주지하다시피 국민경제학의 이러한 성격은 점차 변화되어 갔는데, 이 변화는 〈존재하는 것〉에 대한 인식과 〈당위적으로 존재해야 하는 것〉에 대한 인식 간의 원칙적 구분이 이루어지지 않은 채 진행되었다.[5)] 이러한 구분을 방해한 요소로는 우선 아래와 같은 두 가지 견해가 그 당시 팽배했다는 사실을 들 수 있다. 첫째, 불변의 동일한 자연법칙이 경제현상을 지배한다는 견해, 둘째, 하나의 명확한 발전원칙이 경제현상을 지배한다는 견해. 그래서 당위적으로 존재해야 하는 것이 전자의 경우는 불변으로 존재하는 것과 일치하고,[6)] 후자의 경우에는 당위적으로 존재해야 하는 것이

---

3) 원문은 소제목도 없이 로마자 〈I〉과 〈II〉로만 단락이 구분되어 있다. 따라서 목차에 나와 있는 〈장〉과 〈절〉 구분 및 소제목들은 모두 독자의 편의를 위해 역자가 작성한 것임을 밝혀 둔다.

4) 베버 당시 독일에서는 근대경제학이 '국민경제학'(*Nationalökonomie*, 또는 *Volkswirtschaftslehre*), '정치경제학'(*Politische Ökonomie*) 또는 '사회경제학'(*Sozialökonomie*) 등 다양한 이름으로 불렸다. 베버는 이 논문에서 주로 '국민경제학'과 '사회경제학'이라는 용어를 쓰고 있다.

5) 즉 '사실들'(이것은 '존재'의 세계에 속한다)에 대한 인식과 '가치판단'(이것은 '당위'의 세계에 속한다) 간을 구분하지 않았다는 것이다.

불가피하게 생성되어가는 것과 일치하게 된다.[7] 그런데 역사의식이 깨어남과 함께 우리 국민경제학에서는 윤리적 진화론과 역사적 상대주의의 결합이 지배적 경향이 되었다. 이 경향이 추구하는 것은 윤리적 규범이 가진 형식적 성격을 제거하고 문화가치의 총체를 〈인륜성(人倫性)〉[8]의 영역으로 끌어들임으로써 인륜성을 내용적으로 규정짓고, 이를 통해 국민경제학을 경험적 바탕을 가진 하나의 〈윤리적 과학〉의 경지로 격상시키려는 것이다.[9] 이들은 가능한 모든 문화적 이상들의 총체를 〈인륜적인 것〉으로 낙인찍음으로써, 이 이상들의 타당성의 〈객관성〉은 조금도 증진시키지 못한 채, 단지 윤리적 계율들의 고유한 존엄성만을 희석시켰을 뿐이다. 그러나 여기서는 이 문제에

---

6) 다시 말하여 경제현상을 지배하는 기제와 사회관계는 그 자체로서 당위적 타당성까지 지니게 된다는 의미이다. 아마도 실증주의와 공리주의적 사고가 부분적으로 이 모델에 상응할 것이다. 가령 현재의 제반조건(즉 '존재하는 것')이 인간의 상호관계를 "가장 유익하고 가장 공익적인 것('당위적으로 타당한 것')으로 만들어준다"는 공리주의적 명제가 그 예일 것이다. 이런 발상은 흔히 기존 질서의 옹호론으로 작용하게 된다.

7) 다시 말하여 어떤 보편타당한('불변하는') 발전법칙이 상정되는 한, 이 발전법칙은 곧 '당위적'으로도 타당할 수밖에 없다. 생성되는 것으로부터 당위적으로 존재해야 하는 것을 도출하는 진화주의와 헤겔주의가 아마도 이런 사고의 전형일 것이다.

8) das Sittliche의 역어이다. 베버는 여기서 헤겔의 '인륜성'(*Sittlichkeit*) 개념을 염두에 두고 있는 듯하다. 주지하다시피, 헤겔은 칸트의 추상적이고 형식적인 '도덕성'(*Moralität*) 개념을 구체적-역사적 맥락을 가진 인륜성 개념을 통해 지양하고자 하였다. 예컨대 그는 '법철학'에서 칸트의 추상적 '의무' 개념을 비판하면서, 인간이 행하는 '의무'는 영원하고 보편적인 원리로부터 연역될 수 있는 것이 아니라, 사회적-역사적 관계 즉 현실에 기반한 '인륜적 공동체'에 의해 규정된다고 주장하고 있다.

9) 베버는 여기서 그 당시 국민경제학 내의 역사학파가 가지고 있던 자의식, 즉 국민경제학은 단순히 경제학적 전문지식을 축적할 뿐 아니라 과학적 근거 및 보편적 구속력을 가진 윤리와 규범적 가치를 제시하는 '여론주도적 과학'이라는 자의식을 문제 삼고 있다.

대한 원칙적 논의는 유보될 것이며 또 유보될 수밖에 없다. 단지 이 자리에서는 한 가지 사실만 지적해 두고자 한다. 국민경제학은 하나의 특수한 〈경제적 세계관〉에서 가치판단들을 창출하며 또 창출해야만 한다는 막연한 견해가 오늘날까지도 사라지지 않고 있을 뿐 아니라 특히 경제 실무자들 간에는 — 그리고 이것은 충분히 이해가 가는 일이다 — 매우 일반화되어 있다는 사실이다.

여기서 이 문제에 관한 우리의 입장을 미리 밝히자면, 특정한 경험과학적 전문영역을 대변하는 우리 논총은 앞의 견해를 원칙적으로 거부할 수밖에 없다. 왜냐하면 우리는 경험과학의 과업이, 실천적 처방책을 도출해낼 수 있는 그러한 구속력 있는 규범과 이상을 규명해내는 것은 결코 아니라는 견해를 가지고 있기 때문이다.

그러나 우리의 이러한 견해에서 아래와 같은 주장, 즉 가치판단이 종국에는 어떤 특정한 이상에 바탕하고 있고, 따라서 주관적 뿌리를 가지고 있기 때문에 과학적 논의의 대상에서는 전적으로 배제되어야 한다는 주장이 도출될 수 있는가? 결코 그렇지 않다. 우리 논총의 실제 활동이나 목적은 이러한 주장이 부당함을 거듭해서 밝힐 것이며, 또한 가치판단들이 우리 논총의 비판대상에서 제외되는 일은 없을 것이다. 문제는 오히려 이상과 가치판단에 대한 과학적 비판이 뜻하는 것은 무엇이며, 그리고 이런 비판의 목적은 무엇인가 하는 점이다. 이 문제는 좀더 상세한 고찰을 요한다.

유의미한 인간행위의 핵심적 요소에 대한 모든 성찰은 우선 〈목적〉과 〈수단〉이라는 범주에서 출발하지 않을 수 없다. 우리가 구체적으로 Y를 원할 때, 우리는 이 Y가 가진 〈고유의 가치 그 자체 때문에〉 원할 수도 있고, 아니면 우리가 종국적으로 얻고자 하는 목적 X의 획득에 이 Y가 적절한 수단이기 때문에 Y를 원할 수도 있다. 여기서 우선 의문의 여지 없이 과학적 고찰의 대상이 될 수 있는 것은 주어진 목적에 대한 수단의 적합성 문제이다. 우리는 하나의 상정된 목적을 달성하는 데 어떤 수단이 적합한지 또는 부적합한지를

(우리의 지식이 그 시점에 가진 한계 내에서) 타당성 있게 판단할 수 있기 때문에, 가령 X라는 특수한 목적을 현재 가용한 Y라는 특수한 수단으로 도달할 수 있는 가능성이 얼마나 큰지를 추정해낼 수 있다. 또한 우리는 이런 추정을 통해, 이미 설정된 X라는 목적 그 자체가 그때그때의 역사적 상황에 근거하여 볼 때 실천적으로 유의미한 목적인지 아니면 주어진 여건으로 볼 때 무의미한 목적인지 여부를, 비록 간접적 방식으로나마 비판적으로 평가할 수 있다. 더 나아가, 만약 설정된 X라는 목적의 달성이 가능하다고 판단될 경우, 우리는— 물론 여기서도 우리의 지식의 한도 내에서—모든 과정이 가진 전체적인 상호연관성을 고려해봄으로써 이 목적의 달성에 필요한 Y라는 수단의 사용이 의도된 목적의 달성 이외에 초래할 수 있는 부차적 결과들을 규명해낼 수 있을 것이다. 이를 통해 우리는 행위자에게 자기 행위의 의도된 결과와 의도되지 않은 결과 사이를 저울질할 수 있는 가능성을 제공하게 되며, 동시에 다음과 같은 질문에 대한 답도 제공하게 된다. 즉 내가 의도한 목적을 달성함으로써 나는 아마도 이 목적에 깔린 가치 이외의 다른 가치들을 훼손하게 될 것인데, 이 훼손으로 인해 내가 치러야 할 '대가'(代價)는 무엇인가? 대부분의 경우, 내가 추구하는 목적의 실현은 위에서 말한 의미에서의 어떤 〈대가〉를 요구하거나 또는 요구할 수도 있기 때문에 책임 있는 행위자들은 자기성찰을 통해 자신의 행위의 목적과 결과에 대한 상호 비교검토의 과정을 반드시 거쳐야만 하는 것이다. 바로 이러한 자기성찰을 가능하게 하는 것이 지금까지 논의된 기술적(技術的) 비판, 즉 수단의 적절성에 대한 평가가 가진 중요한 기능 중의 하나인 것이다. 그러나 위에서 설명한 비교검토의 결과를 바탕으로 어떤 특정한 결정을 내리도록 하는 것 그 자체는 이미 과학이 할 수 있는 것이 아니라 욕구하는 인간 그 자신의 과제인 것이다. 욕구하는 인간 스스로가 숙고하여 자신의 양심과 개인적인 세계관에 따라 여러 가지 고려대상이 된 가치들 가운데 하나를 선택하게 되는 것이

다. 과학이 할 수 있는 일은 그에게 아래와 같은 의식, 즉 모든 행위는 —그리고 물론 경우에 따라서는 행위의 포기도—그 결과에 있어서는 어떤 특정한 가치에 대한 편듦이며, 이 편듦은(이 점은 오늘날 매우 자주 간과되지만) 대개의 경우 자신이 선택한 가치 이외의 다른 가치들을 배제하는 것이라는 의식을 심어주는 일이다. 그러나 가치를 선택하는 것 자체는 행위자 자신의 일이다.

또한 우리는 행위자가 이렇게 가치를 선택하는 데 있어서 그가 의욕 하는 것 그 자체의 의미를 인식하도록 도와줄 수 있다. 우리가 그에게 자신이 원하고 또 선택해야 할 목적들의 의미와 이 목적들 간의 상관관계를 인식할 수 있도록 가르치는 방법은, 우선 그의 구체적 목적의 근저에 깔려있거나 또는 깔려있을 수 있는 〈이념들〉을 지적하고 이 이념들을 그에게 논리적-체계적으로 전개하여 보여주는 것이다. 왜냐하면 인간의 문화생활을 다루는 모든 과학의 가장 중요한 과업 가운데 하나는 두말할 나위도 없이 이러한 〈이념들〉을—이 이념들을 위해 인간들은 때로는 진정으로 투쟁해왔고, 때로는 단지 투쟁을 위장해왔으며, 또 지금도 투쟁하고 있다—정신적으로 이해할 수 있게 해주는 것이기 때문이다. 이 과업은 경제학같이 〈경험적 현실에 사유적(思惟的)으로 질서를 부여하는 것〉을 목적으로 하는 경험과학의 한계를 벗어나는 일은 아니다. 설사 정신적 가치의 이러한 해석에 사용되는 수단이 흔히 쓰는 의미에서의 〈귀납〉은 아니라고 할지라도 말이다. 물론 이 과업은 통상적인 노동분업적 전문화 차원에서 보면 경제학적 전문영역의 범위를 적어도 부분적으로는 벗어나는 것이기는 하다. 왜냐하면 이러한 과업은 사실 사회철학의 영역에 속하는 것이기 때문이다. 그러나 이념의 역사적 힘은 사회생활의 발전에서 너무나 막대한 것이었고 또 여전히 막대하기 때문에 우리 논총은 위의 과업 즉, '이념들'의 해석이라는 과업을 결코 회피하지 않을 뿐 아니라, 오히려 이 과업의 수행을 우리 잡지의 가장 중요한 임무 중의 하나로 간주할 것이다.

그러나 가치판단의 과학적 분석이 지향하는 바는, 비단 원하는 목적과 그 밑에 깔린 이상을 이해하고 추체험하도록 하는 것일 뿐 아니라 더 나아가 무엇보다도 이 이상과 목적을 비판적으로 〈평가하도록〉 가르치는 것이다. 물론 이러한 비판은 단지 변증법적[10] 성격을 지닐 수 있을 뿐이다. 다시 말하여, 이런 비판은 역사 속에서 발견되는 가치판단과 이념들이 내포하고 있는 자료를 단지 형식논리적으로 평가하고, 이 이상들을 행위자가 원하는 목적이 가져야 할 내적 무모순성의 원칙에 비추어 검토하는 작업일 뿐이다. 이런 의도를 지닌 비판은 행위자로 하여금 자신의 욕구에 깔려있는 궁극적 공리에 대해, 즉 그가 무의식적으로 행위의 출발점으로 삼고 있거나 또는—일관성 있게 행동하기 위해서는—출발점으로 삼아야 할 궁극적 가치기준에 대해 자기성찰을 할 수 있도록 도와준다. 하나의 구체적인 가치판단에서 표출되는 이러한 궁극적 가치기준을 의식하도록 하는 것, 이것이 위에서 언급한 비판이 할 수 있는 마지막 과업이며 이 선을 넘어설 경우 이 비판은 이미 사변(思辨)의 영역에 들어가게 된다. 가치판단을 내리는 주체가 이러한 궁극적 가치기준을 당위적으로 수용해야 할지 여부는 이 주체 자신의 가장 사적(私的)인 결정사항이며 그의 욕구와 양심의 문제이지 경험적 지식의 문제가 아닌 것이다.

---

10) 여기서 '변증법적'이란 물론 헤겔의 관념론적 변증법, 또는 맑스의 유물론적 변증법을 의미하는 것이 아니라 단순히 변증법의 원래의 의미, 즉 '서로 모순되는 견해들을 대질시켜 놓고 대화를 통해 모순을 극복'해가는 개념분석 기술을 뜻한다. 즉 이념들 간의 '상호관계를 확정하여 주는 논리적 조작' 절차를 뜻한다.

2) 경험과학과 가치

경험과학은 그 누구에게도 결코 그가 당위적으로, 도덕적-규범적으로 무엇을 해야만 하는지는 가르칠 수 없으며 단지 그가 무엇을 할 수 있는지 그리고 경우에 따라서는 그가 무엇을 원하는지를 가르쳐 줄 수 있을 뿐이다. 물론, 우리 분야에서도 개인적 세계관이 과학적 논증에까지 끊임없이 개입하여 과학적 논증의 순수성을 해치는 경향이 있다. 또한 사실들 간의 단순한 인과관계를 규명하는 영역에서마저 개인적 세계관이 개입하여, 이 인과관계 규명의 결과가 자신의 사적 이상의 실현가능성 또는 자신의 특정한 욕구의 충족가능성을 증진시키는지 아니면 감소시키는지를 살펴본 후 이에 따라 동일한 과학적 논증의 중요성을 그때그때 달리 평가하는 경향이 있는 것도 사실이다. 그리고 이 점에서는 본 논총의 편집인과 기고가들도 마찬가지다. 즉 이들도 사적 욕구를 과학적 논증에 개입시키는 그러한 〈인간적 약점에서 벗어나 있다고 믿는 것〉은 아니다. 그러나 이러한 인간적 약점의 고백과 다음과 같은 믿음은 전혀 별개의 것이다. 즉 국민경제학은 하나의 〈윤리적〉 과학으로서, 자신의 소재에서 이상들을 도출해내야 한다는 믿음 또는 일반적인 윤리적 계율을 경제학적 소재에 적용하여 구체적 규범들을 창출해내야만 한다는 믿음.

물론, 사람들이 자신의 〈인격〉[11]의 바로 가장 내면적 요소들, 다시 말하여 우리의 행위를 규정하고 우리의 삶에 의미와 의의를 부여하는 최고의 그리고 궁극적인 가치판단들을 〈객관적〉으로도 가치 있는 것으로 느낀다는 사실을 부인할 수는 없다. 사람들이 이런 가치판단을 견지하는 이유는 다름이 아니라, 그들이 바로 이 가치판단을 타

11) 원어인 Persönlichkeit라는 개념은 '인격' 또는 '개성'으로 번역될 수 있다. 물론 의미상으로 이 두 가지 뜻은 밀접히 연관되어 있는데, 역자는 맥락에 따라 이 중 하나를 선택했다(가령 〈직업으로서의 학문〉에서 베버는 이 개념을 거의 전적으로 '개성'이라는 뜻으로 사용하고 있다).

당한 것으로, 즉 그들의 삶을 인도하는 지고의 가치들에서 흘러나오는 것으로 이해하기 때문이며, 또 그들은 이 가치판단을 삶의 역경들을 헤쳐 나오면서 형성해왔기 때문이다. 한 인격체의 존엄성은 이 인격체가 자신의 삶의 준거점으로 삼는 가치들을 보유하고 있다는 사실에 놓여 있음은 분명하다. 이 사실은 설사 이 가치들이 경우에 따라서 순전히 그의 개별성의 영역 내에만 존재한다고 하더라도, 즉 그 자신에게만 유효한 가치이더라도 변함없이 옳은 것이다. 한 인격체가 이러한 가치들을 가지고 있을 경우, 그는 자신의 관심사안 가운데 자신이 가치로서의 타당성을 주장하는 그러한 관심사안 내에서 〈자기 자신을 마음껏 실현하는 것〉을 스스로의 행위준거이념으로 삼게 되는 것이다. 아무튼 가치에 대한 믿음이 전제되어야 비로소 가치판단을 대외적으로 주장하려는 시도가 의미를 갖게 된다. 그러나 이러한 가치의 타당성에 대해 평가를 내리는 것은 믿음의 문제이다. 또 이런 평가는 부차적으로, 아마도, 삶과 세계의 의미를 사변적으로 고찰하고 해석하는 사람들의 과업은 되겠지만, 우리 논총이 추구하는 의미에서의 경험과학의 대상은 결코 될 수가 없다. 그런데 이렇게 가치 또는 궁극적 목적에 대한 평가가 경험과학의 대상이 될 수 없는 결정적 이유는, 흔히 주장되는 바와는 달리 위에서 말한 궁극적 목적들이 역사적으로 변화하며 또 논쟁의 여지가 있다는 경험적 사실에 놓여 있는 것은 아니다. 왜냐하면, 심지어 우리의 이론적 — 가령 엄밀한 자연과학적 또는 수학적 — 지식 가운데서 가장 확실한 공리(公理)들의 인식마저도, 양심의 강화와 순화가 문화의 산물이듯, 단지 문화의 산물이기 때문이다.

하지만 특히 (흔히 쓰이는 의미에서의) 경제 및 사회정책의 실제적 문제들을 살펴보면, 특정한 목적이 이론(異論)의 여지없이 자명하게 주어져 있다는 전반적 합의를 전제로 하고 수많은, 아니 무수한 실제적인 개별문제들이 논의되고 있다는 사실을 우리는 확인할 수 있다. 가령 긴급융자, 사회위생, 빈민구호의 제반 구체적 조치들, 공장감독,

산업재판소, 노동증명, 근로자보호법의 많은 부분 등과 같은 개별적 문제들이 그러한 예이다. 이러한 조치들에서 우리는, 최소한 외견상으로는, 목적의 달성에 필요한 수단만을 문제로 삼고 있는 것이다. 그러나 설사 우리가 여기서 목적의 자명성이라는 허상을 사실로 인정하고—물론 이런 짓을 하는 학문은 벌을 받게 마련이지만—이 목적을 실현하는 과정에서 생겨나는 갈등을 순전히 (목적에) 적합한 기술상의 문제로만 간주한다고 치더라도—이런 간주는 대부분 오류일 테지만—우리는 다음과 같은 사실을 인정하지 않을 수 없을 것이다. 즉 우리가 가령 자선과 치안에 관련하여 당면하는 복지 및 경제구호책의 구체적 문제들의 차원을 떠나 경제정책(정치) 및 사회정책(정치)[12]의 차원으로 옮아갈 경우, 위에서 예를 든 규제들의 가치기준의 자명성이라는 허상마저도 즉각 사라진다는 사실이 그것이다. 왜냐하면 어떤 문제가 사회정책적(정치적) 성격을 가진다는 말이 의미하는 바는, 바로 우리가 이 문제를 정해져 있는 목적 아래 단순히 기술적 고려만을 통해 해결할 수는 없다는 것이기 때문이다. 다시 말하여, 단순한 구호책의 경우와는 달리 '정책'의 경우에서는 규제의 가치기준들 그 자체가 논쟁의 대상이 될 수 있고 또 되어야만 하는데, 왜냐하면 정책적인 문제는 일반적인 문화문제와 연관되어 있기 때문이다. 그리고 오늘날 흔히들 믿는 바와는 달리, 갈등은 단순히 〈계급이해〉들 간에만 일어나는 것이 아니라, 세계관들 간에도 일어나는 것이다. 물론 특정 〈계급이해〉—이 개념은 일견 명백해 보이지만 사실은 전혀 그렇지 않다— 와 특정 〈세계관〉 사이에는 일정 정도의 선택적 친화력이 존

12) 원어인 Politik은 독일어에서 ① 광의의 '정치', ② 구체적 '정책' 이 두 가지 의미로 쓰이고 있다. 물론 '정치'는 많은 경우 '정책'을 통해서 비로소 실현되므로 이 두 가지 의미는 서로 연계되어 있다. 따라서 우리는 Politik이라는 개념이 쓰이는 맥락이 명백하지 않을 경우—가령 베버의 강연 〈직업으로서의 정치〉에서는 분명 전자의 의미이다—Politik 개념의 두 가지 함의를 함께 감안해야 한다. 위의 맥락이 바로 그런 경우 중의 하나이다.

재하며, 개개인이 어떠한 세계관을 견지하는가에는, 다른 많은 요인들도 작용하지만, 특히 상기한 친화력의 정도가 매우 결정적인 작용을 하는 것이 일반적이라는 것은 분명한 사실이긴 하지만 말이다.

어떠한 경우든 한 가지 사실만은 확실하다. 다루어야 할 문제가 〈일반적이면 일반적일수록〉, 다시 말하여 그것의 문화의의가 포괄적이면 포괄적일수록, 경험적 지식의 자료를 바탕으로 이 문제에 명백한 답을 찾을 수 있는 가능성은 그에 비례해 줄어들며, 신조와 가치이념이 가진 궁극적이고 지극히 사적인 공리들의 역할은 점점 더 증대하는 것이다. 심지어 전문가들마저 아직까지 간혹 표명하는 견해, 즉 실천적 사회과학을 위해 우리는 무엇보다도 〈단 하나의 원리〉를 정립하고 이것을 과학적으로 타당한 것으로 증명해야 하며 이 원리에서 실제적인 개별문제들의 해결을 위한 규범을 명백히 연역해낼 수 있어야 한다는 견해는 참으로 순진한 견해이다. 물론 사회과학은 실제적 문제에 대한 〈원칙적 논의〉를 필요로 하는바, 여기서 〈원칙적 논의〉란 성찰되지 않은 채 이 실제적 문제들에 은연중 깔려 나타나는 가치판단들의 이념적 내용을 밝히는 작업을 뜻한다. 그래서 우리 논총도 각별히 바로 이런 원칙적 문제들을 다룰 작정이다. 그러나 다른 한편으로, 우리의 문제들에 관련해서 보편타당한 궁극적 이상이라는 형태의 하나의 실천적인 공통분모를 창출한다는 것은 사회과학의 과업이 아닐 뿐 아니라 어떤 경험과학의 과업도 될 수가 없다. 이 과업은 단순히 현실적으로 해결 불가능한 과업일 뿐 아니라 그 자체로서 부조리한 것이다. 그리고 윤리적 계율이 가진 구속성의 근거와 이 구속성의 성격을 우리가 어떻게 해석하든 간에 한 가지 확실한 것은, 개별인간의 구체적 행위에 대한 규범으로 작용하는 이러한 윤리적 계율들이 행위자가 당위적으로 추구해야 할 특정한 문화내용까지 명백히 규정할 수 있는 것은 아니라는 사실이다. 이런 규정력은 다루어지는 내용이 포괄적이면 포괄적일수록 그에 비례해 더욱더 줄어드는 것이다. 단지 계시종교 — 더 엄밀히 표현하자면, 교리에 예속된 종파들 — 만이, 절대적으로 타당한 윤리적 계율이 가진 존엄성에 비견할 만한 존엄성을 문화가치의 내용에 부여할 수 있다. 이런 종교적 영역 밖에서는 개개인이 실현하고자 하는 문화적 이상과 그가 당위적으로 실천해야 할 윤리적 의무는 원칙적으로 상이한 존엄성을 지니고 있는 것이다.[13] 선악과를 먹은[14] 문화시대에 사는 우리는 아래와 같은 사실을 인식하지 않을 수 없다. 즉 우리가 현실의 제 현상들에 대해 제아무리 철저히 연구하고 또 그 연구결과가 제아무리 완벽하더라도 우리는 이런 연구를 통해서는 이 현상들의 의미를 읽어낼 수가 없으며, 이 의미는 우리 스스로 창출할 수 있어야만 한다는 사실, 그리고 〈세계관〉은 결코 계속 발전하는 경험적 지식의 산물일 수는 없다는 사실, 그래서 우리를 가장 강력히 움직이는 최고의 이상들은 항상 다른 이상들과의 투쟁 가운데서

---

13) 베버는 여기서 칸트를 따라 '윤리적' 가치영역과 '문화적' 가치영역을 구분하고 있다. 윤리적 가치는 순수하게 '의무감'에서 실천되어야 할 절대가치인 반면, 문화적 가치는 형성되고 선별되는 상대적 가치이다.

14) 잘 알려져 있다시피, 《구약성서》 〈창세기〉 2~3장에 의하면 역사적·문화적 조건하에서 개별적 또는 집단적으로 '에덴동산'이라는 낙원에 살고 있던 아담과 이브는 뱀의 유혹에 빠져 금단의 '선악과'(지혜의 나무의 열매, *Baum der Erkenntnis*)를 먹게 되고 이를 통해 선악에 대한 지식을 얻게 된다. 하나님의 명령을 어기는 이 '원죄'로 인해 두 사람은 낙원에서 영구히 추방된다. 이 낙원 추방 비유는 인류가 '무지(無知)에서 지(知)로, 무구(無垢)에서 경험'으로 이행하는 과정을 신화적으로 형상화하고 있다고 볼 수 있다. 그런데 베버가 여기서 성서 비유를 빌려 표현하고자 하는 바는, 이러한 원초적 또는 일차적 '원죄'라기보다는 오히려 근대의 탄생과 함께 저질러지는 '이차적' 원죄이다. '사실'과 '의미'(가치), '존재'와 '당위'를 구분하지 않았던 전근대적 정신이 근대의 지적 혁명(계몽주의와 경험과학의 탄생 등)이라는 '이차적 원죄'를 통해 극복되면서 이제 '사실'과 '의미', '존재'와 '당위' 사이에는 뛰어넘을 수 없는 심연이 생겨나게 된다. 근대정신의 이러한 '분열'은 마치 '선'과 '악'의 분열이 일어나기 전의 낙원에서 아담과 이브가 선악과를 먹는 원죄를 통해 추방되는 과정에 비유될 수 있을 것이다. 참고로, 독일어에서는 '선악과를 먹다'(*vom Baum der Erkenntnis essen*)는 '경험을 통해 알게 되다'라는 뜻의 숙어로도 쓰인다.

만 실현되며, 우리의 이상이 우리에게 성스럽듯이 다른 이상은 또 다른 사람들에게 우리에게와 똑같이 성스럽다는 사실. 우리는 이런 사실들을 인식하지 않을 수 없는 문화시대에 살고 있는 것이다.

단지 낙관적인 혼합주의—이것은 흔히 발전사적 상대주의의 산물이지만—만이 이런 문제상황의 엄청난 심각성을 이론적으로 호도하거나 아니면 이 문제상황의 결과들을 현실적으로 회피할 수 있다. 물론 실천적 정치가에게는 서로 대립되는 입장들 간을 중재하거나 또는 그 입장들 중 어느 하나를 편드는 행위, 이 두 가지 모두가 경우에 따라서는 주관적으로 똑같이 그의 의무에 합당한 행위일 수 있다. 그러나 과학적 〈객관성〉의 경우에는 사정이 전혀 다르다. 과학에서 〈중간노선〉은 좌파 또는 우파의 극단적인 당파적 이상보다 머리카락 하나만큼이라도 더 과학적 진리를 내포하고 있는 것은 아니다. 과학이 가진 목적이 길게 볼 때 가장 크게 침해받는 경우란, 삶의 제반 현상들 중 자신에게 불리한 사실과 현실을 그것이 가진 냉혹함 그대로 직시하지 않으려고 하는 바로 그런 자세가 우리를 지배하는 경우이다. 우리 논총은, 여러 개의 당파적 견해들의 절충을 통해 또는 이 당파적 견해들 간의 대각선적 연결을 통해 과학적 타당성을 지닌 실천적 규범들을 얻을 수 있으리라고 믿는 그러한 중대한 자기기만은 철저히 배격할 것이다. 왜냐하면 이렇게 스스로를 기만하는 자는 자신의 가치기준을 상대주의적으로 은폐하기를 즐겨하며, 이런 유의 자기기만은 과학적 연구의 공정성을 위해서는, 가령 정당들이 정당교조의 과학적 증명가능성에 대해 품어온 오래된 순진한 믿음보다도 오히려 더 위험한 것이다. 인식과 가치판단 간을 구별할 수 있는 능력, 그리고 사실들의 진리 여부를 인식해야 하는 과학적 의무를 수행할 뿐 아니라, 자신의 이상을 옹호하는 실천적 의무도 수행하는 것—이런 것들이 우리가 좀더 철저히 익히고자 하는 것들이다. 이제 〈인식〉과 〈가치판단〉 간의 구별 문제를 좀더 자세히 살펴보기로 하자.

3) 감성적, 인지적 그리고 규범적 영역의 원칙적 이질성

다음 세 가지 논증, 즉 ① 우리의 감정에 호소하는 논증, ② 우리의 양심에 호소하는 논증, 그리고 ③ 우리의 인지적 능력에 호소하는 논증 사이에는 메울 수 없는 괴리가 존재한다는 것은 불변의 진리이다. 이 관점은 우리에게 매우 중요하다. 좀더 상세히 설명하자면: 우선, 논증 중에는 우리의 감정에 호소하거나 또는 구체적 실천목표나 문화형식 또는 문화적 내용 등에 대해 열광할 수 있는 우리의 능력에 호소하는 논증이 있다. 이렇게 우리의 감정이나 열정에 호소하는 경우와는 전혀 다르고, 그래서 이것과는 메울 수 없는 괴리가 있는 경우는, 한 논증이 우리의 양심에 호소하는 경우이다. 가령 윤리적 규범의 타당성이 도전을 받게 된 상황에 대한 논증의 경우가 그러할 것이다. 이 두 가지 경우와는 또다시 전적으로 구분되는 세 번째 경우는, 한 논증이 우리의 인지적 능력과 인지적 욕구에 호소하는 경우이다. 여기서 인지적 능력이란 경험적 진리로서의 타당성을 담보하는 방법을 사용하여 경험적 현실에 사유적으로 질서를 부여할 수 있는 능력을 뜻한다. 위 세 가지 논증 유형 사이에는 메울 수 없는 괴리가 있다. 물론, 나중에 서술하겠지만, 현실적 이해관계에 내재하는 궁극적 〈가치들〉은 문화과학자들의 머릿속에서 진행되는 질서창조 작업, 즉 위에서 세 번째 유형으로 지적된 바와 같은 '경험적-인지적' 작업이 어떠한 방향으로 진행되는가 하는 것에 결정적으로 중요한 영향을 끼치며, 또 앞으로도 항상 그러할 것이다. 그럼에도 불구하고, 위에서 언급한 세 종류의 논증 간에는 근본적 차이가 존재한다는 명제는 여전히 타당하다. 왜냐하면 사회과학의 영역에서 방법상으로 정확한 과학적 증명은, 만약 이 증명이 설득력이 있으려면, 중국 사람에 의해서도, 즉 어느 누구에 의해서도 옳은 것으로 인정받아야 한다는 사실은 변함없는 진리로 남아있을 것이기 때문이다. 또는 더 정확히 표현하자면, 과학적 증명은 보편적 인정이라는 이런 목표를 최소한 지향하지 않을 수 없다는 사실은 항상 진리로 남아 있을 것이기 때문이다. 설사 이것이 아마도 자료부족으로 완전히 도달하기는 어려운 목표라고 하더라도 말이다. 그리고 더 나아가 하나의 이상이 가진 내용과 그것의 궁극적 공리에 대한 논리적 분석 및 이 이상의 추구로 인해 논리적으로 그리고 실질적으로 야기될 수 있는 결과의 예시는, 만약 이러한 분석과 예시가 성공적이라면, 중국인에게도 타당한 것이라야 한다는 사실 역시 진리로 남아 있을 것이다. 그에 반해 이 중국인은 우리가 가진 윤리적인 계율에 대해서는 '이해심'이 없을 수 있으며, 또한 그는 위의 사유적 분석의 과학적 가치는 전적으로 수용하면서도, 우리의 윤리적 이상 자체 및 여기서 도출되는 구체적인 가치평가들은 거부할 수도 있고, 또 실지로 흔히 거부할 것이다.

우리 논총은 문화생활의 의미를 명백히 규명하려는 시도를 — 이런 시도는 끊임없이 그리고 불가피하게 반복된다 — 결코 무시하지 않을 것이다. 오히려 정반대이다. 이런 시도들은 바로 우리 문화생활의 가장 중요한 창조물 중의 하나로, 경우에 따라서는 문화생활의 가장 중요한 추동력이 될 수 있는 것이며, 따라서 우리는 이러한 의미에서의 〈사회철학적〉 논의의 진행과정도 항상 면밀히 추적할 것이다. 아니 추적 정도가 아니라 그 이상이다. 왜냐하면 흔히 발견할 수 있는 편견, 즉 경험적 사실들의 사유적 체계화를 넘어서 세계를 형이상학적으로 해석하려는 의도에서 문화생활을 고찰하는 것은 바로 이런 의도, 즉 비경험적이고 형이상학적인 의도 때문에 우리의 인식지평의 확대에 아무런 기여도 할 수 없다는 편견을 우리는 전혀 가지고 있지 않기 때문이다.[15] 그러나 세계를 형이상학적으로 해석하려는 시도가 우리의 인식에 기여할 수 있는 것이 무엇인가 하는 문제

15) 여기서 베버는 실증주의자들의 편견, 즉 경험적으로 검증될 수 없는 모든 논증은 '형이상학'이며 과학적으로 무의미하고 비생산적이라는 편견에 명백히 반론을 펴고 있다.

는 일차적으로 인식론의 문제이고, 이 문제에 대한 답은 지금의 우리의 목적을 위해서는 일단 유예시켜야만 하고, 또 유예시켜도 좋은 것이다. 왜냐하면 우리의 아래 서술을 위해서는 다음과 같은 한 가지 사실만을 확실히 해두면 되기 때문이다. 즉, 우리가 의도하는 사회과학적 논총은 그것이 과학을 지향하는 한 진리를 추구하는 장이 되어야 하는데, 이 진리는 — 위의 예를 계속 원용한다면 — 중국인에 대해서도 경험적 현실의 사유적 체계화로서의 타당성을 주장할 수 있어야 한다는 사실이 그것이다.

물론 우리는 이 잡지의 편집인들 스스로가 또는 다른 집필자들이 자신의 마음을 움직이는 이상을 가치판단의 형태로도 표현하는 것을 전적으로 금지할 수는 없다. 그러나 이렇게 가치판단을 할 경우에는 아래와 같은 두 가지 중요한 의무가 따른다. 첫째, 지극히 상이한 가치들을 부정확하게 서로 혼합시킴으로써 이상들 간에 존재하는 갈등관계를 은폐하여 〈모두를 만족시키려고〉 하지 말고(이런 혼합과 은폐 시도는 매우 흔한 일이다), 자신이 현실을 가늠하고 또 가치판단을 도출하는 기준이 어떠한 것인지를 항상 독자와 스스로에게 명확히 인식할 수 있도록 하는 것이다. 만약 우리가 이 의무를 엄격히 준수한다면, 순수하게 과학적 관심에서 내리는 실천적 가치판단은 무해할 뿐 아니라 오히려 유용하고, 더 나아가 반드시 해야 할 일인 것이다. 가령 우리가 입법 제안 또는 다른 실천적 제안에 대해 과학적 비판을 가하려고 할 경우 우리는 입법자의 동기와 또한 우리가 비판하고자 하는 다른 집필자의 이상이 초래할 수 있는 결과를 명백하고 평이하게 서술하기 위해서 많은 경우 아래와 같은 방법, 즉 이들이 근간으로 삼고 있는 가치기준을 다른 가치기준들과 대비시키고 그 다음에는 — 이것이 물론 가장 최선의 길이지만 — 우리 자신의 가치기준과 대비시키는 방법을 취하지 않을 수 없다. 타인의 의지에 대한 어떠한 적절한 가치평가도 자신의 〈세계관〉을 기준으로 한 평가일 수밖에 없으며, 타인의 이상의 배척 역시 자기 자신의 이상을 기준으로 해서만 수행될 수 있는 것이다. 따라서 특정한 실천적 의지에 깔린 궁극적 가치공리를 단순히 확인하고 과학적으로 분석할 뿐 아니라 이 공리가 다른 가치공리들에 대해 가진 관계까지도 명백히 규명해야 할 경우, 이 다른 가치공리들의 체계적인 서술을 통한 〈적극적〉 비판은 불가피한 것이다.

그러므로 우리 논총은 사실들의 사유적 체계화라는 뜻에서의 사회과학을 다룰 뿐 아니라—특히 법률의 논의에서는—이상들의 서술이라는 뜻에서의 **사회정책**[16] 도 불가피하게 다루게 될 것이다. 그러나 우리는 그러한 사회정책적 논쟁, 즉 이상에 관한 논쟁들을 〈과학〉이라고 사칭할 의도는 추호도 없으며, 이런 논쟁을 과학과 혼합하거나 또는 그것과 혼동하지 않도록 최선을 다할 것이다. 이러한 논쟁은 이미 과학이 아니다. 따라서 과학적 공정성의 두 번째 기본계명은 가치판단을 내릴 경우 독자에게(그리고—다시 한번 말하지만—무엇보다도 자기 자신에게) 어디에서 집필자가 사유하는 연구자이기를 그치고 욕구하는 인간으로서 말하기 시작하는지를, 그리고 그의 논증이 어디서는 이성에 호소하고 어디서는 감정에 호소하는지를 항상 명백히 밝히는 일이다. 사실들에 대한 과학적 논의와 가치판단적 고찰들을 끊임없이 혼합시키는 것이 우리의 연구분야에 매우 널리 퍼진, 그러나 동시에 우리 분야의 가장 해로운 특성 중의 하나이다. 지금까지의 논의가 문제 삼고 있는 것은 바로 이러한 혼합이지 결코 자신의 이상을 주장하는 것 자체가 아니다. 무신념과 과학적 〈객관성〉은 서로 전혀 내적인 연관성이 없는 별개의 사안들이다.

우리 논총은, 최소한 그 기본의도로 볼 때는, 특정한 정치적 또는 사회정책적 당파에 반대하는 논조를 전개한 적은 결코 없었으며 또 앞으로도 없을 것이고, 또한 특정한 정치적 또는 사회정책적 이상을

16) 역주 12에서 밝혔듯이, 〈사회과학〉(*Sozialwissenschaft*) 과 〈사회정책〉(*Sozialpolitik*) 을 대비시키는 이 맥락에서 'Politik'은 우리말의 '정책' 개념을 넘어서서 정치현상 일반을 함의하고 있음은 자명하다.

배척하거나 또는 선전하는 일도 없을 것이다. 이런 것을 위해서는 다른 발표기관들이 있다. 오히려 애초부터 우리 논총의 특징은 첨예한 대립관계의 정치적 적수들이 과학적 연구를 위해 이 잡지에서 서로 만난다는 사실 그 자체에 있었으며, 또 이 점에서는 앞으로도, 우리 편집자들에 관한 한, 변화가 없을 것이다. 우리 논총은 지금까지 〈사회주의적〉 잡지였던 것도 아니며, 또 앞으로 〈부르주아적〉 잡지가 되지도 않을 것이다. 우리는 과학적 담론의 원칙을 준수하고자 하는 어떤 사람도 우리의 집필진에서 배제하지 않을 것이다. 이 논총이 〈반론〉과 재반론, 재재반론 등의 난장판이 될 수는 없지만, 그러나 우리 논총은 집필자와 편집자를 포함해서 어느 누구건 간에 상상할 수 있는 가장 날카로운 객관적-과학적 비판에 노출시킬 것이다. 이것을 견디어낼 수 없는 사람, 또는 자신과는 다른 이상을 위해 노력하는 사람과는 과학적 인식의 장에서도 함께 일하지 않겠다는 사람, 이런 사람들은 우리 논총을 멀리하는 것이 좋을 것이다.

그러나 위의 마지막 문장들은, 언뜻 보기와는 달리 지금의 현실적 조건하에서는 유감스럽게도 아직 충족시키기 어려운 요구를 담고 있으며, 우리는 이 점을 잘 알고 있다. 우선, 이미 암시한 바와 같이, 정치적 적수와 중립적 입장에서—사교적으로든 이념적으로든—허심탄회하게 서로 어울릴 수 있는 가능성은 경험적으로 볼 때 어디서나 그리고 특히 독일의 상황하에서는[17] 심리적 한계를 지니고 있다. 당파주의적 편협성과 미숙한 정치문화의 표출인 이런 사정은 어떻게든 반드시 극복되어야 할 것이지만, 우리 잡지 같은 경우에는 아래와 같은 상황으로 인해 이런 사정이 훨씬 더 악화될 수밖에 없다. 즉 사회과학의 영역에서 학문적 문제제기는 경험적으로 볼 때 대개 실제적 〈문제들〉에 의해 촉발되며 따라서 특정한 학문적 문제의 존

17) 아마도 베버는 이념정당들 간(사회민주주의당, 가톨릭정당 등)의 첨예한 대립을 그 특징으로 하는 독일의 정치적 구조와 독일 대학 지성계의 전반적 권위주의적 · 전통주의적 분위기를 염두에 둔 듯하다.

재를 인정하는 행위 그 자체부터가 곧 살아있는 인간의 특정한 욕구와 불가분하게 연계되어 있다는 상황이 그것이다. 이렇게 볼 때, 특정한 실제적 문제[18]에 대한 관심이 전반적으로 고조되는 가운데 태어난 우리 잡지에 집필자로 참여하는 사람들은 대개 이 문제에 대해 개인적인 관심을 쏟는 사람들이 될 것이다. 이들이 이 문제에 대해 관심을 갖게 되는 계기는 특정한 현실적 여건들이 이들 스스로가 신봉하고 있는 이상적 가치와 모순관계를 이루며 이 가치를 위협하는 것같이 보이기 때문이다. 그래서 비슷한 이상들 간의 선택적 친화력은 이 집필자들을 서로 연결시키는 끈이 될 것이고, 또 새로운 집필자 충원의 근거가 될 것이다. 그리고 이것은 우리 잡지에게, 최소한 실제적-사회정책적 문제를 다룸에 있어서는, 하나의 특정한 성격을 부여할 것인데, 이러한 특정한 성격은 생생한 감수성을 가진 인간들의 공동작업에서는 불가피하게 형성되는 부수적 현상이다. 왜냐하면 논의대상인 문제에 대해 이들이 가지는 가치판단적 입장은 순수하게 이론적인 분석에서도 완전히 배제될 수는 없으며, 또한 실천적 제안 및 조치들에 대한 비판에서 — 물론 위에서 서술한 조건하에서 — 이런 입장이 표현되는 것은 지극히 당연하기 때문이기도 하다.

우리 잡지는[19] 전통적인 의미에서의 〈노동자 문제〉가 안고 있는 일련의 실제적 문제들이 사회과학적 논의의 전면에 부각되었던 시기에 창간되었다. 우리 잡지에 매우 자주 기고했던 사람들은 이 잡지가 다루려고 했던 문제들이 자신의 가장 중요한 가치이념과 연결되어 있다고 믿었던 사람들이며, 바로 그렇기 때문에 이 기고가들은 이 가치이념과 같거나 또는 유사한 성격을 지닌 문화관을 옹호하였다. 물론, 이 잡지의 대상은 명백히 〈과학적〉 논의에 한정되어 있었고, 또 명백히 〈모든 정치적 진영〉에 대해 참여의 문을 열어놓고 있

18) 여기서는 '노동자 문제', 아래 참조.

19) 아래 서술은 베버가 인수한 《사회과학 및 사회정책논총》의 전신인 《사회입법 및 통계학지》에 관한 서술이다.

었고 그 결과 하나의 특정한 〈경향〉을 추종한다는 생각은 분명히 거부하는 입장이었지만, 그럼에도 불구하고 이 잡지가 위에서 말한 의미에서 하나의 〈개성〉을 지니고 있었음은 누구나 알고 있다. 이 개성은 정기적인 기고가 집단에 의해 창출되었다. 이 기고가들은 일반적으로 다른 모든 면에서는 견해를 서로 달리할 수 있지만 아래와 같은 점에 대해서는 일치된 입장을 가진 사람들이었다. 즉, 이들은 노동자대중의 신체적 건강을 보호하고 우리 문화의 물질적·정신적 재화에 노동자들이 점차 더 많이 참여할 수 있도록 하자는 목적에 합의를 보고 있었고, 또 이 목적의 달성을 위해서는 물질적 이해관계 영역에서의 국가개입과 기존의 국가 및 법질서의 자유로운 발전을 결합시켜야 한다는 점에 대해서도 의견의 일치를 보고 있었다. 또한 이 기고가들은 — 먼 장래의 독일의 사회체제 형태 문제에 관해서는 서로 다른 견해를 가졌을지라도 — 현재로서는 자본주의적 발전을 긍정하였다. 그러나 이러한 긍정적 입장의 이유는 지난날의 사회구조에 비해 자본주의적 구조가 이들에게 더 좋아 보이기 때문이 아니라, 단지 자본주의적 발전이 현실적으로 불가피하며 이 발전에 대해 근본적으로 저항하려고 할 경우, 이것은 노동자계급이 문화의 광명으로 상승하는 것을 촉진하기보다는 오히려 저해한다고 믿었기 때문이다. 독일의 현 상황[20]을 두고 볼 때 — 이 상황은 여기서 부연 설명할 필요가 없을 것이다 — 이런 입장은 불가피했고 또 현재로서도 그러하다. 더 나아가 이런 입장은 결과적으로 볼 때, 과학적 논의에 다양한 사람들이 참여하는 데 크게 기여했고, 오히려 이 잡지의 강점이 되었으며 — 그 당시의 상황을 고려할 때 — 이 잡지의 존재를 정당화하는 근거 중의 하나였을 것이다.

한 학술잡지가 위에서 말한 의미에서의 〈개성〉을 발전시킨다는 것

20) 근대화의 후발국이었던 독일은 이 시기에(즉 19세기 말에서 20세기 초) 자본주의적 근대화의 선발국이었던 영국, 프랑스와의 치열한 경쟁 속에서 점차 주도적 산업국가로서의 위치를 굳혀가고 있는 중이었다.

은 과학적 작업의 공정성을 저해할 위험을 내포할 수 있으며, 실지로, 만약 기고자의 선정이 의도적으로 편파적인 경우에는, 과학적 연구의 공정성을 저해할 수밖에 없을 것이라는 점은 분명하다. 이럴 경우 위에서 언급한 〈개성〉의 조장은 실질적으로 이 잡지가 하나의 특정한 〈경향〉을 추종하고 있다는 것을 뜻한다. 우리 편집인들은 이런 상황이 부과하는 책임을 충분히 의식하고 있다. 우리는 이 잡지의 성격을 계획적으로 변경할 의도는 없으며, 그렇다고 집필진을 고의로 특정한 당파적 견해를 가진 학자들에 한정함으로써 위에서 말한 잡지의 성격을 인위적으로 보존할 의도도 없다. 우리는 이 성격을 주어진 사실로 수용하고 앞으로의 〈발전〉을 관망하고자 한다. 이 성격이 앞으로 어떻게 전개될 것인지 그리고 집필진의 불가피한 확대의 결과로 이 성격이 어떻게 전환될 것인지에 대한 답은, 과학적 연구에 기여할 의도로 집필진에 참여하여 우리 잡지와 친교를 맺게 될 인물들의 특성에 달려 있다. 또한 그 답은 우리 잡지가 개발하고자 하는 문제들의 확대에 의해서도 영향을 받을 것이다.

이와 함께 우리는 지금까지 논의되지 않았던 문제, 즉 우리 잡지의 연구영역을 어떻게 내용적으로 한정지을 수 있는가 하는 문제에 도달하게 된다. 그러나 이 문제에 답하기 위해서는 사회과학적 인식 일반이 지향하는 목적의 성격에 대한 문제를 고찰하지 않을 수 없다. 우리는 지금까지 〈가치판단〉과 〈경험지식〉을 원칙적으로 구분하는 과정에서 사회과학의 영역에서도 경험적 현실을 사유를 통해 체계화하는 절대적으로 타당한 방식이 실제로 존재한다고 전제해왔다. 그러나 이 전제는 경제학에서 우리가 지향하는 진리의 객관적 〈타당성〉이 무엇을 뜻할 수 있는지를 논의하고자 함에 따라 이제 하나의 문제로 부각된다. 이 문제가 여기서 억지로 만들어진 것이 아니라 그 자체로 이미 존재하고 있다는 사실은 아래와 같은 상황을 숙지하는 사람이면 누구나 인정할 것이다. 즉, 방법, 〈기초 개념〉 그리고 전제들에 대한 논쟁, 변화하는 〈관점들〉 그리고 사용되는 〈개념들〉에 대한 끊임없는 재규정, 또 이론적 고찰방식과 역사적 고찰방식이 아직까지도 겉보기에는 뛰어넘을 수 없는 심연을 사이에 두고 서로 분리되어 있는 상황, 즉, 비엔나의 어느 절망한 수험생이 그 당시 원망조로 한탄하지 않을 수 없었듯이, 〈두 개의 국민경제학〉이 존재하는 상황이 그것이다. 이런 상황하에서 객관성이란 무엇을 뜻하는가? 아래에서는 단지 이 문제만을 논하고자 한다.

2. 문화과학적 인식의 객관성과 주관성

1) 경제적 요인의 현실규정방식: 세 가지 유형

우리 논총은 우리가 다루는 대상을 애초부터 사회-경제적인 것으로 간주해왔다. 이 자리에서 학문분야들에 대한 개념 정의와 이 분야들의 상호구분을 시도한다는 것은 별 의미가 없는 일이지만, 최소한 '사회경제적'이라는 개념이 무엇을 뜻하는지는 개괄적으로나마 고찰할 필요가 있다.

우리가 가장 넓은 의미에서 '사회경제적'이라고 부르는 모든 현상의 근저에는 아래와 같은 기본상황('기본상황'이라는 용어는 매우 막연한 표현이긴 하지만)이 깔려 있다. 즉, 우리의 물리적 생존에 필요한 외적 수단은 물론이고, 우리의 매우 고매한 정신적 욕구의 충족에 필요한 외적 수단도 양적으로 제한되어 있고 또 질적으로 부족하다는 상황, 그리고 이 물질적, 정신적 욕구의 충족을 위해서는 계획적 사전준비와 노동, 자연과의 투쟁 및 사람들과의 사회적 연대가 필요하다는 상황이 그것이다.

그런데 한 현상이 가지고 있는 '사회경제적' 속성은 이 현상 자체에 '객관적'으로 내재하는 것이 아니다. 오히려 이 속성은 우리의 인식-관심의 방향에 의해 규정되는데, 이 인식관심은 다시금 우리가 해당 현상에 부여하는 특별한 문화의의에서 도출되는 것이다. 만약 하나의 문화적 현상이 가지고 있는 특성 가운데 우리에게 특정한 의의를 지니고 있는 부분이 직접적으로 아니면 매우 간접적으로라도 위에서 말한 '기본상황'과 연관되어 있을 경우, 이 현상은 하나의 사회과학적 문제를 내포하고 있는 것이다. 또는 이 현상은, 이러한 연관성이 확인되는 한도 내에서, 적어도 사회과학적 문제를 내포하고 있을 수 있다. 따라서 이 현상은 위의 '기본상황'이 끼치는 영향의 규명을 목적으로 하고 있는 학문분야인 사회과학의 과제가 되는 것이다.

우리는 사회경제적 현상과 문제들을 크게 세 가지 유형으로 세분할 수 있다. 즉, ①'경제적' 현상, ②'경제적으로 중요한' 현상, ③'경제적으로 규정된' 현상 등이 그 세 가지 유형이다. 우선 첫 번째 유형('경제적' 현상)을 살펴보자. 가령 증권거래 혹은 은행 등과 같이 그 문화의의가 본질적으로 경제적 영역에 놓여 있으며, 따라서 일차적으로 이러한 경제적 관점에서만 우리의 관심의 대상이 되는 현상 또는 현상군, 규범 그리고 제도가 이에 속한다. 이 첫 번째 유형은 일반적으로 한 제도가 의도적으로 경제적 목적을 위해 창출되거나 혹은 사용될 경우에 성립된다(물론, 이 경우에만 전적으로 한정되는 것은 아니다). 이러한 인식대상을 우리는 좁은 의미에서 '경제적' 현상 또는 제도라고 부를 수 있다. 이제 두 번째 유형('경제적으로 중요한' 현상)을 살펴보자. 이 유형에 속하는 현상은, 가령 종교적 생활의 제 현상들과 같이 최소한 일차적으로는 그것이 가진 경제적 의의라는 관점에서 또는 이 경제적 의의 때문에 우리의 관심을 끄는 것은 아니다. 그러나 이런 유형의 현상은 경우에 따라서 경제적 관점에서도 중요성을 획득할 수 있는데, 왜냐하면 이 현상은 경제적 관점에서 주목할 만한 결과들을 야기할 수도 있기 때문이다. 이 두 번째 유형의 현상을 우리는 '경제적으로 중요한' 현상이라고 부를 수 있다. 마지막으로 세 번째 유형인 '경제적으로 규정된' 현상들을 살펴보면, 위에서 정의한 의미에서의 '경제적' 현상이 아닌 현상들 중에, 가령 한 시대의 예술적 취향의 방향 등과 같이 이 현상이 행사하는 경제적 영향은 우리의 관심의 대상이 아니지만 그러나 이 현상 자체의 특성의 중요한 부분들이 경제적 동기 또는 경제적 조건에 의해서도 다소간 강하게 영향을 받을 경우, 이런 현상은 경제적으로 규정된 현상이다—가령 위의 예에서, 예술적 취향의 방향이 예술에 관심을 가진 대중의 사회계층적 성격에 의해 규정될 경우, 이 예술적 취향은 '경제적으로 규정된' 것이다.

예컨대 우리가 '국가'라고 부르는 복합체, 즉 사회관계, 규범 및 규범에 의해 규정된 상황들의 복합체로서의 국가라는 것은 국가재정의 관점에서 보면 하나의 '경제적' 현상이다. 그러나 국가가 입법활동 혹은 다른 방법을 통해 경제생활에 영향을 미칠 경우 국가는 하나의 '경제적으로 중요한' 현상이다(이 경우 설사 명시적 의도의 차원에서는 전적으로 경제외적인 관점이 국가행위를 규정한다고 하더라도 그러하다). 마지막으로, 국가행위 및 국가의 특성이 '경제적' 영역 이외의 영역에서도 경제적 동기에 의해 영향을 받을 경우, 국가는 '경제적으로 규정된' 현상이다. 지금까지의 서술에서 다음과 같은 자명한 사실을 도출해낼 수 있다. 첫째, '경제적' 현상의 경계선은 매우 유동적이며 엄격히 그어질 수 없는 것이다. 둘째, 뿐만 아니라 한 현상의 '경제적' 측면이 전적으로 '경제적으로 규정되었거나' 혹은 전적으로 '경제적으로만 작용하는' 것은 아니다. 셋째, 한 현상은, 우리가 이 현상이 물질적 생존경쟁에 대해 가지는 의의에만 우리의 인식관심을 전적으로 집중하는 한에서만 '경제적' 현상이라는 속성을 획득하고 또 유지하게 된다.

맑스와 로셔 이래의 사회경제학이 그러하듯이 우리 잡지 역시 단순히 '경제적' 현상만이 아니라 '경제적으로 중요한' 그리고 '경제적으로 규정된' 현상들도 다루고 있다. 이 세 가지 유형의 현상들을—물론 우리의 관심방향에 따라 유동적이지만—우리는 분명히 모든 문화적 과정 전반에 걸쳐 발견할 수 있다. 가령 각별히 경제적인 동기, 다시 말하여 그 동기의 (우리에게) 중요한 측면이 이미 언급한 '기본상황'에 근거하고 있는 동기는 아래와 같은 상황에서는 어디서나 작동한다. 즉 어떤 욕구가 —이 욕구가 제아무리 정신적인 성질의 것이라 하더라도—한정된 외적 수단의 사용을 통해서만 충족될 수 있는 상황이 그것이다. 그래서 이 경제적 동기의 막중한 힘은 어디서나 단순히 욕구충족의 방식을 규정하고 변화시킬 뿐 아니라 고도의 정신적 문화적 욕구의 내용까지도 규정하고 변화시켰다. '물질적' 이해에 얽혀 있는 사회관계와 제도 및 집단들은—예외 없이—비물질적 문화현상 전반에 대해 간접적 영향을 (많은 경우 무의식적으로) 행사한다. 이 영향은 심미적 그리고 종교적 감흥의 가장 섬세한 뉘앙스의 차이에 이르기까지 나타난다. 일상적 현상이든 혹은 고도의 정치적 차원에서 일어나는 '역사적' 사건이든, 집단현상이든 혹은 대정치가들의 '단독'행위이든 아니면 개성적인 문학적 혹은 예술적 업적이든 간에, 이 모든 현상은 위에서 언급한 물질적 이해관계에 따라 행동하는 인간집단 혹은 제도에 의해 함께 규정받는 것이다. 즉 '경제적으로 규정된' 현상들인 것이다.

다른 한편으로 역사상의 한 특정한 비물질적 문화가 내포하고 있는 삶의 현상 전반 및 제 조건들은 역으로 물질적 욕구의 생성, 이 욕구의 충족방식, 물질적 이익집단의 구성, 이 이익집단들의 권력수단의 성격에 영향을 미치며, 따라서 '경제적 발전'의 방향에 영향을 미친다. 그래서 이 삶의 현상 및 조건의 총체는, 즉 비물질적 문화적 요소의 총체는 '경제적으로 중요한' 현상인 것이다. 사회경제학자가 경제적 현상을 인과적으로 역추적하여 개별적인 원인들—이 원인들은 경제적 성격의 것일 수도 있고 또 아닐 수도 있다—을 규명할 경우, 그가 이러한 인과규명 작업을 통해 지향하는 바는 '역사적' 인식의 획득이다. 그러나 만약 우리가 문화현상의 한 특수한 요소인 경제적 요소가 가진 문화의의만을 염두에 두고 지극히 다양한 문화적 맥락들을 일관되게 분석한다면, 이 경우 사회경제학은 한 특수한 관점, 즉 경제적 관점하에서 역사-해석을 시도하는 것이며, 이를 통해 사회경제학은 역사의 한 특정한 단면을 제시하는바, 이것은 완전한 역사적 문화인식에 도달하는 데 필요한 하나의 예비작업에 속한다.

경제적 요인이—그것이 원인으로서든 결과로서든—개입되어 있는 모든 곳에 곧바로 사회경제적인 문제가 제기되는 것은 아니다. 왜냐하면 사회경제적 문제는 경제적 요인의 의의가 확실하지 않고, 그래서 이 의의가 사회경제학적 방법을 통해서만 규명될 수 있을 때 비로소 생겨나기 때문이다. 그럼에도 불구하고 사회경제적인 고찰의 대상영역은 엄청난 범위를 가지고 있다.

이런 광범위성을 고려하여 우리 잡지는 처음부터 잘 숙고된 자기절제를 통해 사회경제학의 일련의 중요한 특수분야—가령 서술적 경제지(經濟誌), 협의의 경제사 및 통계학—는 취급대상에서 제외해왔다. 뿐만 아니라 우리는 재정기술적 문제와 현대 교환경제에서의 시장형성 및 가격형성과 연관된 기술적-경제적 문제들은 다른 발표기관들의 몫으로 여긴다. 우리 잡지의 전문분야는 근대문화국가의 경제적 틀 안에서 가치증식을 추구하는 자본의 지배적 역할로 인해 발생하는 특정한 이해관계구도 및 이해갈등과, 이것이 가진 현재적 의미와 역사적 발전과정이다. 그러나 이 분야를 다루는 데에 있어서 우리는 우리의 시각을 가장 좁은 의미에서 '사회적 문제'라고 불리는 영역의 실제적 그리고 발전사적인 관점들—즉, 현대 임금노동자 계급의 기존 사회체제에 대한 관계라는 관점들—에 한정시키지는 않았다. 물론, 1880년대에 와서 바로 이 특수문제, 즉 노동자 문제에 대해 독일에서 급격히 증가하기 시작한 관심을 학문적으로 심도 있게 다루는 것이 우선은 우리 잡지의 중요한 과업 중의 하나가 될 수밖에 없었음은 사실이다. 그러나 다른 한편으로는 노동자상황에 대한 구체적이고 현실적인 대처가 독일에서도 입법활동의 대상으로, 그리고 공개적 논의의 지속적 대상으로 정착해가면 갈수록 학문적 연구의 중점은 이에 반비례하여 불가피하게 이 실제적 문제의 근저에 놓인 더 보편적인 맥락의 규명 쪽으로 옮아갈 수밖에 없었다. 이런 과정을 통해 우리는 서구문명의 경제적 기초가 가진 특이성으로 인해 발생했고 따라서 근대사회의 특유한 모든 문화적 문제에 대한 분석을 우리의 학문적 과업의 중심으로 삼게 되었다. 그래서 우리 잡지는 곧 (비단 노동자계급뿐 아니라) 근대문화국가의 다른 중요계급들의 지극히 다양한, '경제적으로 중요한' 혹은 '경제적으로 규정된' 존재상황 및 이 계급들 간의 상호관계를 역사적으로, 통계적으로 그리고 이론적으로 분석하기 시작했다. 이러한 중점이동의 당연한 귀결로, 우리는 우리 잡지 고유의 핵심적 연구영역을 오늘에 와서는 인간의 공동체생활의 사회경제적 구조가 가진 일반적 문화의의 및 이 공동체생활의 역사적 조직형태들이 가진 일반적 문화의의에 대한 학문적 탐구라고 규정하게 된 것이다. 그리고 바로 이것이 우리 잡지의 이름, 《사회과학논총》이 의미하는 바이다. '사회과학'이라는 개념은 여기서 가장 광의의 '사회정책'이 실제적 차원에서 해결의 대상으로 삼고 있는 문제들과 동일한 문제들을 역사적 그리고 이론적 관점에서 탐구하는 학문이라는 뜻이다. 이 경우 '사회과학' 및 '사회정책'에서 '사회적'이라는 표현을 우리는 현대의 구체적인 문제들에 의해 각인된 의미에서 사용하고 있다. 만약 인간생활의 제현상들을 그것이 가진 문화의의의 관점에서 고찰하는 학문분야들을 '문화과학'이라고 부르기로 한다면, 우리가 의미하는 사회과학은 바로 이 범주에 속한다. 이 명제가 내포하는 근본적인 함의들을 우리는 곧 논의하게 될 것이다.

2) 경제주의적 일원론(一元論): 그 의의와 한계

문화생활이 가지고 있는 사회경제적인 측면을 부각시키겠다는 우리의 의도가 이 잡지의 주제를 매우 한정시키는 것은 두말할 나위도 없다. 혹자는 문화생활에 대한 우리의 고찰기준인 경제적 관점 — 혹은 흔히들 부정확하게 표현하고 있듯이, 유물론적 관점 — 은 '일면적'이라고 비판할 것이다. 물론 일면적이다. 그러나 이 일면성은 의도된 것이다. 그런데 경제적 고찰방식이 가지고 있는 '일면성'을 극복하는 것이 지속적으로 발전하는 학문연구의 과업이며, 이 일면성을 극복하기 위해서는 경제적 고찰방식을 하나의 보편적 사회과학으로 확대해야 한다고 믿는 사람들이 있다. 이런 믿음이 우선 간과하고 있는 것은, '사회적'이라는 관점, 다시 말하여 인간들 간의 관계라는 관점은 하나의 특정한 내용을 통해 규정될 때 한하여 학문적 문제들의 분류기준이 필요로 하는 명확성을 얻을 수 있다는 사실이다. 이러한 내용적 규정 없이는 한 학문분야의 대상으로서의 '사회적'이라는 개념은, 가령 문헌학과 교회사도 포괄하며, 그리고 특히 모든 문화생활의 가장 중요한 구성요소인 국가와 이 국가의 규범적 규제의 가장 중요한 형태인 법을 다루는 전 분야를 포괄하는 결과를 낳게 될 것이다. 사회경제학이 '사회적' 관계를 대상으로 하고 있다고 해서 우리가 이 학문을 하나의 '보편적 사회과학'의 필수적인 전단계로 간주해야 할 이유는 없다. 이것은 가령 사회경제학이 생명의 제 현상들을 다루기 때문에 이 학문은 생물학의 일부분으로 간주되어야 한다거나 혹은 사회경제학이 하나의 천체, 즉 지구에서의 제 과정을 대상으로 하기 때문에 장래의 더 확대되고 개선된 천문학의 일부분으로 간주되어야 한다고 주장하는 것과 유사하다. 그러나 〈사물들〉의 〈객관적〉 연관성이 아니라 문제들의 사유적 연관성이 제 학문들의 연구영역의 기초를 이루는 것이다. 그래서 새로운 방법으로 새로운 문제를 추적하여 새로운 중요한 관점들을 제공하는 진리들이 발견될 경우 하나의 새로운 '학문'이 탄생하는 것이다.

〈사회적〉이라는 개념은 매우 일반적 의미를 지니고 있는 듯이 보이지만 막상 우리가 그 사용되는 의미를 정확히 검토해보면, 이 개념은 항상 하나의 특별한, 독특하게 각색된, 그러나 대부분의 경우 명확히 규정되지 않은 의미를 지니고 있음을 확인하게 되는데, 이것은 결코 우연이 아니다. '사회적'이라는 개념이 가진 '일반성'은 사실 바로 이 무규정성에 놓여 있기 때문이다. 만약 그것이 가진 '일반적' 의미를 중심으로 본다면, 이 개념은 우리가 특정한 문화요소들의 의의를 조명하는 기준으로 삼을 수 있는 어떠한 특수한 관점도 제공해주지 않는 것이다.

우리는 모든 문화현상이 〈물질적〉 이해상황의 산물 또는 그것의 함수로 연역될 수 있다는 고루한 관념에서는 해방되어 있다. 그러나 다른 한편으로 우리는, 사회적 현상과 문화적 제 과정을 그것이 가진 경제적 규정성 및 경제적 영향이라는 특수한 관점에서 분석하는 것은 창조적 결실을 낳은 학문적 원칙이었으며, 그리고 만약 신중히 적용되고 교조적 편견에서만 해방되어 있다면 앞으로도 계속 그러할 것이라는 신조를 지니고 있다. 〈세계관〉으로서의 이른바 〈유물론적 역사관〉 또는 역사적 현실에 대한 인과적 설명의 공통분모로서의 〈유물론적 역사관〉은 단호히 거부되어야 할 것이다. 그러나 경제적 역사해석을 도모하는 것은 우리 잡지가 가진 가장 중요한 목적 중의 하나이다. 이 점에 대해서는 좀더 상세한 부연설명이 필요하다.

가령 '공산당선언'에서 보는 바와 같은 천재적이긴 하지만 그러나 소박한, 원래적 의미에서의 이른바 〈유물론적 역사관〉은 오늘날 단지 비전문가와 아마추어들의 머리를 지배하고 있을 뿐이다. 이들 사이에 아직까지 퍼져 있는 기묘한 현상은, 역사적 현상의 설명에서 어떻게 해서든 그리고 어느 구석에서든 경제적 요인의 작용이 증명되지 않는 한(혹은 증명되었다고 보이지 않는 한) 이들의 인과적 욕구는 충족되지 않는다는 점이다. 그러나 일단 이 증거만 제시된다면, 이들은 제아무리 속 보이는 가설에도 또 제아무리 실속 없는 언변에도 만족하는데, 왜냐하면 위의 증명을 통해 이제 이들의 아래와 같은 교조적 욕구, 즉 경제적 〈추동력〉이 〈원래적〉, 〈유일한〉, 〈종국적으로 항상 결정적인〉 인과요인이라고 믿고 싶어 하는 교조적 욕구가 충족되었기 때문이다. 그런데 유물론자들의 이러한 성향은 결코 특이한 현상이 아니다. 문헌학에서 생물학에 이르기까지 거의 모든 학문은 간혹 자기 분야가 단순히 전문지식만이 아니라 〈세계관〉도 창출하고 있다고 주장하곤 했던 것이다. 그리고 자기 자신에게 무비판적인 모든 인식행위가 가진 근절할 수 없는 일원론적 성향은 근대에 와서는 자연스럽게 위에서 지적한 경제결정론의 길을 걷게 되었는데, 왜냐하면 이런 일원론적 성향을 가진 이들은 근대사회의 경제적 변혁과정이 지닌 엄청난 문화의의와, 특히 〈노동자 문제〉의 지대한 영향에 압도되었기 때문이다. 세계제패를 두고 국가 간의 정치적 그리고 국제무역적 갈등이 점차 더 심화되어가고 있는 지금, 위에서 언급한 일원론적 성향은 인류학에서도 활성화되고 있다. 가령, 모든 역사적 과정은 〈종국적으로〉 유전적 〈인종적 질〉들 간의 투쟁의 결과라는 믿음이 지금 널리 퍼지고 있는 것이 그 증거이다. 즉, 인류학자들은 〈민족성〉에 대한 과거의 무비판적인 단순한 서술들을 이제 이보다 더 무비판적이며 〈자연과학〉에 기초한 자신들 고유의 〈사회이론들〉로 대체하고 있는 것이다. 물론 우리 잡지는 우리의 관점에 유용한 한도 내에서 인류학적 연구를 면밀히 추적할 것이다. 그러나 문화현상을 인과적으로 〈인종〉의 문제로 환원시키는 경향은 — 가령 〈환경〉 혹은 더 오래전에는 〈시대상황〉의 문제로 환원시키던 경향과 같이 — 단순히 우리의 무지를 증명하는 것에 불과함이 밝혀질 것이고, 이 경향은 점차 방법론적으로 잘 훈련된 연구작업에 의해 극복될 것이라고 본다. 이런 훈련된 인류학적 연구에 해를 끼친 것이 있다면, 그것은 열성적인 아마추어들의 아래와 같은 생각이다. 즉, 인류학의 과업은 특정한 관점하에서 수집된 정확한 관찰자료의 확보에 기초하여 역사 속의 구체적인 개별 문화현상을 구체적이며 역사적인 원인에 인과적으로 확실하게 귀속시킬 수 있는 가능성을 증대시키고, 이를 통해 우리의 문화인식에 기여하는 것에 그치지 않고 이 과업과는 다른, 그리고 더 중요한 과업을 성취할 수 있다는 생각[21]이 그것이다. 그러나 인류학이 전자, 즉 문화현상을 구체적-역사적으로 인과귀속시킬 수 있는 가능성을 확대해줄 때에 한해서만 그 연구결과가 우리의 관심의 대상이 될 수 있고, 또 이럴 때만 〈인종생물학〉은 단순히 현대의 학문적 창업열기[22]의 산물에 불과한 것이 아니라 그 이상의 학문적 자격을 지니고 있음을 보여줄 것이다.

역사과정의 경제적 해석이 가진 의의가 무엇인가라는 문제에서도 사정은 유사하다. 경제적 해석이 한동안 엄청난 과대평가를 받다가

21) 가령 인종주의적 환원론 및 인종주의적 세계관은 이런 생각에 기초하고 있다.
22) 19세기 이래 유럽에서는 온갖 신종학문이 우후죽순처럼 생겨났는데, 이 현상을 베버는 '창업열기'라고 부르고 있다.

지금 와서는 역으로 그것의 학문적 분석역량이 오히려 과소평가될 위험에 직면하고 있다. 이것은 현실의 경제적 해석을 하나의 보편적인 방법으로 보고 이 방법을 너무나 무비판적으로 적용해왔던 경향에 대한 반작용이다. 경제적 해석방법을 보편적 방법으로 보는 사람들의 견해에 의하면, 경제적 해석방법은 모든 문화현상(또는 모든 문화현상에서 우리에게 중요한 요소들)을 종국적으로는 경제적으로 규정되어 있는 것으로 연역해낼 수 있기 때문에 하나의 보편적 방법이라는 것이다. 오늘날 이러한 경제적 해석방식은 여러 가지 논리적 형태를 띠고 등장한다. 다시 말하여, 순수하게 경제적인 해석이 여의치 않음에도 경제적 요인이 여전히 결정적인 인과요인이라는 명제의 보편타당성을 유지하기 위해 다양한 수단이 동원되고 있다는 말이다. 그 한 가지 수단은 역사적 현실에서 경제적 동기로부터 연역될 수 없는 모든 요인들을 바로 이런 이유에서 학문적으로도 무의미한 〈우연〉으로 취급하는 것이다. 다른 하나의 방법은 경제적인 것이라는 개념을 그 형태를 알아볼 수 없을 정도로 확대해석하여, 어떤 식으로든 외적 수단에 구속되어 있는 모든 인간행위를 이 개념에 포함시키는 것이다. 가령 두 가지 상황이 경제적 관점에서는 동일함에도 불구하고 이 상황에 대한 대처방식은—예를 들어 정치적, 종교적, 기후적 그리고 다른 수많은 경제외적인 결정요인들의 차이로 인해—서로 달랐다는 것이 역사적으로 확인될 경우, 사람들은 이 경제외적 요인들이란 경제적 동기들이 〈원인〉으로 작용하는 데 배경을 이룰 뿐인, 따라서 역사적으로는 우연적인 〈조건들〉에 불과한 것으로 격하시키고 이런 논리를 통해 경제적 요인의 우위성을 견지한다.

그러나 자명한 것은 경제적 해석의 입장에서 볼 때는 〈우연적인〉 위의 모든 경제외적 요인들도, 경제적 요인들이 그 고유의 법칙을 따르는 것과 똑같은 의미에서, 각각 자신들의 고유한 법칙을 따르고 있다는 점이다. 따라서 이들 경제외적 요인들 자체의 특유한 의미를 추적하고자 하는 고찰방식의 입장에서 볼 때는 역으로 바로 그때그때의 경제적 〈조건들〉이야말로 위에서 본 바와 동일한 의미에서 〈역사적으로 우연적인〉 조건들인 것이다. 경제적 요인의 압도적인 중요성을 구제하기 위해 흔히 쓰이는 또 하나의 방법을 마지막으로 들자면, 문화생활의 개별적 요소들의 지속적 상호작용 관계를 한 요소의 다른 요소에 대한 인과적 혹은 기능적 종속성의 관계로 해석하거나, 혹은 심지어 다른 모든 요소들이 단 하나의 요소, 즉 경제적 요소에 인과적으로 혹은 기능적으로 종속되어 있는 것으로 해석하는 것이다. 그래서 어느 한 경제외적 제도가—가령 특정한 종교적 조직이 〈비밀경찰〉로 이용당한다든지 혹은 종교계 스스로가 그렇게 이용하는 경우와 같이—역사적으로 경제적 계급이해의 실현에 도움이 되는 특정한 〈기능〉을 수행했으면, 다시 말하여 원래의 경제외적인 의도와는 달리 이 기능을 수행하게 되었으면, 이 제도 전체를 이 기능을 위해 설립된 것으로 간주하거나 아니면 매우 형이상학적으로 이 제도는 경제적 요소에 의해 주도되는 〈발전경향〉에 의해 각인된 것으로 간주한다.

오늘날 전문가들에게는 아래와 같은 점은 더 이상 부연설명도 필요없이 자명한 것이다. 첫째, 경제적 관점에서의 문화 분석이 가진 목적을 위에서 제시한 바와 같이 경제주의적으로 해석하는 것은 두 가지 상황의 산물이다. 즉, 한편으로는 특정한, 경제적으로 규정된 문화문제에 대해 학문적 관심이 집중되도록 한 특수한 역사적 상황, 즉 자본주의의 발전이라는 상황의 산물이며, 다른 한편으로는 광적인 학문적 영역고수주의의 산물이다. 둘째, 상기한 경제주의적 해석은 오늘날 최소한 매우 진부하다. 다시 말해 경제적 요인으로만 환원시키는 방식은 문화현상의 어느 영역에서도(심지어는 〈경제적〉 현상의 영역에서마저도), 어떤 의미에서든 완벽하지 못한 것이다. 예를 들어 어느 한 국가의 은행의 역사를 순전히 경제적인 동기만을 바탕으로 설명하려고 한다면, 이것은 마치 시스티나 성당의 마돈나 상을 이것이 창작될 당시의 문화생활의 사회경제적 기초만으로 〈설명〉하려는 것과 똑같이 원칙적으로 불가능한 것이다. 또한 경제적 요인만을 고려하는 은행사는, 가령 자본주의의 기원을 자본주의적 정신의 발생과정에서 일익을 담당한 특정한 종교이념적 변화[23]에서 도출하는 것보다 원칙적으로 더 나은 방법인 것은 아니며, 혹은 어떤 정치제도의 기원을 지리적 조건에서 도출하는 것보다 원칙적으로 더 나은 방법도 아니다. 이 모든 경우에서 우리가 경제적 조건에 부여해야 할 의의의 정도는 고찰대상인 현상 가운데 우리가 중요하다고 여겨 의의를 부여하는 특정한 요소가 어떤 층의 원인군에 귀속될 수 있는가에 달려 있는 것이다.

그러나 순수하게 방법론적 차원에서 볼 때, 특정한 〈관점〉하에서 — 우리의 경우 문화의 경제적 규정성이라는 관점하에서 — 이루어지는 일면적 문화-분석은 정당하다. 왜냐하면 이러한 일면적 분석은 우리의 시각을 질적으로 동일한 범주에 속하는 원인들의 영향을 관찰하도록 훈련하고 또한 동일한 개념적-방법론적 장치를 지속적으로 사용하도록 훈련하며, 이것은 노동분업이 가진 모든 장점을 제공해주기 때문이다. 일면적 분석은, 그 성과가 이 분석의 유용성을 증명하는 한, 다시 말하여 이 분석이 구체적-역사적 현상의 인과적 귀속에 유용하다고 판명되는 연관성들에 대한 인식을 제공해주는 한, 결코 〈자의적〉이라고 할 수는 없는 것이다. 그러나 역사에 대한 순수한 경제적 해석이 가진 일면성과 비현실성은 문화현상의 학문적 인식 일반에 적용되는 원칙의 한 특수한 경우에 불과하다. 아래 서술의 주된 목적은 이 원칙의 논리적 기초와 그것의 일반적 방법론적 함의를 명료히 하는 것이다.

문화생활에 관한 절대적으로 〈객관적인〉 학문적 분석이란 없다. 혹은 달리 표현하면 — 이것은 아마도 의미의 폭을 좁히기는 하겠지만, 우리의 서술목적을 위해서는 위의 표현과 본질적으로 다를 바가 없다 — 어떤 특정하고 〈일면적〉 관점에 근거하지 않은, 절대적으로 객관적인 학문적 〈사회현상〉 분석은 없다. 즉, 우리는 — 명시적이든 묵시적이든, 의식적이든 무의식적이든 — 바로 이런 특정하고 일면적

23) 예컨대 종교개혁 같은 현상.

인 관점에 의거하지 않고는 사회현상을 연구대상으로 선택할 수도, 분석할 수도 그리고 서술적으로 분류할 수도 없는 것이다. 그 이유는 사회적 공동생활의 규범들—그것이 법적인 것이든 관습적인 것이든—에 대한 순수한 형식적인 고찰을 넘어서는 모든 사회과학적 연구의 인식목표가 가진 특이성에 놓여 있다.

3) 현상의 특수성과 보편성

우리가 수행하려는 사회과학은 하나의 현실과학이다. 우리는 우리가 속해있는 삶의 현실—우리 주위를 감싸고 있는 현실—을 그 특수성의 관점에서 이해하고자 하는 것이다. 다시 말하여, 한편으로는 이 현실의 현재 모습을 구성하고 있는 개별적 현상들 간의 연관관계와 그것의 문화의의를 이해하고, 다른 한편으로는 이 현실이 역사적으로 다른 모습이 아니라 바로 현재와 같은 모습을 취하게 된 과정을 이해하고자 하는 것이다. 그런데 삶이 우리에게 직접적으로 나타나는 방식에 대해 성찰하고자 할 경우 우리가 직면하게 되는 것은, 차례차례로 혹은 동시에 일어났다가 사라지는 제 과정들—우리 〈내면〉에서 그리고 〈외부〉에서 일어나는 제 과정들—이 가진 절대적으로 무한한 다양성이다. 이러한 다양성이 가진 절대적 무한함은 설사 우리가 단 하나의 대상—가령 하나의 구체적인 교환행위—만을 유리시켜 고찰하려 할 경우에도 질적으로 조금도 감소하지 않는다. 즉, 우리가 만약 이 하나의 대상을 두고 그것의 인과적 규정성의 규명은 고사하고 단지 그것의 개별적 구성요소 전부를 완벽하게 서술만 하려고 진지하게 시도할 경우에도 우리는 여전히 절대적 무한성을 접하게 되는 것이다. 그래서 유한한 인간정신이 사유를 통해 무한한 현실을 인식할 때는 항상 아래와 같은 묵시적인 전제가 그 밑에 깔려 있는 것이다. 즉, 이 무한한 현실 중 그때그때마다 단지 유한한 일부분만이 과학적 포착의 대상이 될 수 있으며, 이 부분만이 〈알 가치가 있다〉는 의미에서 〈본질적〉이라는 전제가 그것이다. 그러나 과연 어떤 원칙에 의해 바로 이 본질적인 부분이 분리될 수 있는가? 흔히 주장되는 바에 의하면, 이 본질적 부분의 결정적 특성은 자연과학의 경우와 마찬가지로 문화과학에서도 결국에는 특정한 인과적 연관관계가 〈법칙적〉으로 반복된다는 점에 놓여 있다는 것이다. 이 입장에 의하면, 현상들의 개괄할 수 없이 다양한 진행과정 중에서 우리가 인식해낼 수 있는 〈법칙들〉이 내포하고 있는 것, 바로 그것이 이 현상들에서 유일하게 과학적으로 〈본질적〉 요소라는 것이다. 어떤 인과적 연관관계의 〈법칙성〉이 즉각 이해될 수 있는 명증성을 갖게 된다면 모든 유사한 성격의 사례들은, 그 수가 얼마나 많든 상관없이 바로 이 법칙적 공식 아래 귀속될 수 있는 것이다(여기서 이 명증성이, 포괄적인 역사적 귀납의 수단을 통해 위의 인과적 연관성이 예외 없이 타당하다고 증명된 결과로 얻어진 것이든 아니면 우리의 내면적 경험의 눈에 그러한 듯이 보이는 것이든 그것은 상관없다). 그리고 개별적 현실 가운데 이러한 〈법칙적〉 요소를 분리해내고 나서 아직 이해되지 않는 부분으로 남는 것은, 과학적으로 아직 소화되지 않는 잔재로서, 〈법칙〉 체계의 앞으로의 완벽화를 통해 이 체계 속으로 편입될 수 있는 요소로 간주된다. 아니면 이 부분은 〈우연적〉인 것으로, 그리고 바로 이런 이유에서, 즉 그것은 〈법칙적으로 이해될 수〉 없고, 따라서 이 현상의 〈전형〉에 속하지 않으며 단지 〈한가한 호기심〉의 대상이 될 수 있을 뿐이기 때문에 과학적으로 비본질적 요소라고 아예 치부되어 버린다. 이와 관련하여 우리는 흔히—심지어 역사학파의 신봉자들에게서마저도—다음과 같은 발상, 즉 모든 인식이, 그러니까 문화인식마저도 지향하고 있고, 비록 먼 장래의 일이긴 하지만 도달하기를 바랄 수 있는 이상은 현실을 〈연역〉해낼 수 있는 하나의 명제-체계라는 발상을 접하게 된다. 주지하다시피, 자연과학의 한 대가는 문화현실을 이러한 시각에서 분석할 경우 우리가 품을 수 있는 (물론 실제적으로는 도달할 수 없는) 이상적 목표는 삶의 제 과정에 대한 일종의 〈천문학적〉 인식이라고 말할 수 있지 않을까 라는 견해를 표명한 바 있다. 이런 문제들이 지금까지 매우 자주 논의되긴 했지만 우리는 우리 나름대로 여기서 이 문제들을 좀더 상세히 고찰하는 노력을 아끼지 않도록 하자.

우선 주목할 것은 위의 자연과학자가 구상하고 있는 〈천문학적〉 인식은 법칙들의 인식이 아니라는 점이다. 천문학은 오히려 자신의 인식작업의 수단인 〈법칙들〉을, 가령 역학과 같은 다른 학문분야들에서 차용하여 자신의 연구의 전제들로 삼고 있는 것이다. 이런 천문학적 인식유형 자체가 관심을 가지는 문제는 어느 특정한 개별적인 성좌에 위의 법칙을 적용할 경우 어떠한 개별적인 결과가 생겨나는가 하는 문제인데, 왜냐하면 바로 이러한 개별적 성좌가 우리에게 의의를 지니기 때문이다. 천문학자들이 우리에게 〈설명하는〉 또는 예측하는 모든 개별적 성좌는 이 성좌에 선행하고 또 이 성좌와 마찬가지로 개별적인 다른 한 성좌의 결과로서만 인과적으로 설명될 수 있다. 그리고 우리가 아무리 아득한 과거의 성운 속으로 그 인과적 족적을 추적한다고 하더라도, 법칙이 적용되는 현실 그 자체는 항상 처음 성좌와 다름없이 개별적이고, 또 법칙으로부터 연역될 수 없기는 이 성좌와 마찬가지이다. 전혀 개별적 성격을 지니지 않은, 또는 가령 현재의 우주적 현실보다 덜 개별적인 하나의 우주적 〈원초상태〉를 상정하는 것은 물론 무의미한 발상이다. 그러나 바로 이러한 발상의 잔재가 우리의 분야에서도 유령처럼 출몰하고 있는 것은 아닌가? 가령 〈원시적 농업공산주의〉, 난혼제 등과 같이 역사적 〈우연성〉이 배제된 경제-사회적 〈원초상태〉에 대한 제 가정들이 그러한 예일 것이다. 이 가정들은 자연법적 추론을 통해 설정되기도 하고, 아니면 〈원시민족들〉의 관찰을 통해 검증되기도 한다. 이러한 원초상태들에서 말하자면 일종의 구체적인 것으로의 원죄적 타락을 통해 개별적인 역사적 발전이 시작된다는 것이다.

사회과학적인 인식관심의 출발점은 두말할 나위도 없이 우리의 사회문화적 생활을 에워싸고 있는 실재적인, 다시 말하여 개별적 형상이다. 그러나 우리는 이 형상을 두 가지 축을 중심으로 하여 사회과학적 인식의 출발점으로 삼는다. 첫째, 문화생활이 가진 보편적인, 그렇다고 물론 조금도 덜 개별적이지 않은 연관맥락이라는 축, 둘째, 이 문화생활이 다른 사회적 문화조건들로부터 (이것들도 물론 다시금 개별적인 성격을 가졌다) 생성되어 온 과정이라는 축이다. 분명히 이것은 우리가 방금 천문학을 하나의 특수경우로 삼아 (논리학자들도 흔히 똑같은 목적에서 이런 특수경우를 설정한다) 논의했던 사안과 동일한 것으로, 단지 그 정도가 사회과학에서는 특유하게 더 심화되었을 뿐이다. 다시 말하여, 천문학에서는 천체가 단순히 그것의 양적인 관계, 즉 정밀한 측정이 가능한 관계에서만 관심의 대상이 되지만, 사회과학에서 중요한 것은 제 과정들의 질적인 색채이다. 거기다 추가되는 것은 사회과학에서는 정신적 과정도 함께 작용한다는 점인데, 이 정신적 과정을 추체험적으로 〈이해한다〉는 것은 엄밀한 자연인식의 공식들이 해결할 수 있거나 또는 해결하고자 하는 과제와는 전혀 다른 성격의 과제인 것이다. 물론 언뜻 보기와는 달리 이 차이점들은 그렇게 원칙적 차이점들은 아니다. 왜냐하면, 순수역학을 제외한다면 엄밀한 자연과학에서도 질의 고려 없이는 연구를 수행할 수 없기 때문이다. 더 나아가 우리는 우리 분야에서도 아래와 같은 — 물론 잘못된 — 견해를 접하게 된다. 즉, 최소한 우리 문화의 핵심적 현상인 화폐경제적 유통만은 계량화가 가능하고, 바로 그렇기 때문에 〈법칙적〉으로 포착될 수 있다는 견해가 그것이다, 그런데 계량화될 수 없고 수량적 측정의 대상이 될 수 없는 규칙성도 법칙으로 이해할 것인지 여부는 우리가 〈법칙〉개념을 넓게 잡느냐 아니면 좁게 잡느냐에 달려 있다.

〈정신적〉 동기의 개입문제를 특별히 고찰해본다면, 이 개입이 적어도 합리적 행위의 제 규칙들의 정립을 배제하는 것은 아니다. 그리고 오늘날까지도 특히 아래와 같은 견해, 즉 심리학의 과제는 다름 아니라 바로 (자연과학에서의) 수학에 비교할 만한 역할을 〈정신과학〉을 위해서 수행하는 것이라는 견해가 완전히 사라진 것은 아니다. 이 견해에 의하면 심리학의 역할은 사회생활의 복잡한 제 현상들을 그것이 가진 심리적 원인과 결과의 관점에서 분석하고 이 원인과 결과를 가능한 한 단순한 심리적 요인들로 환원시키며, 이 요인들을 다시 유(類)개념적으로 분류하고 그들이 가진 기능적 연관성을 분석하는 것이다. 이로써—상기한 견해에 의하면—비록 사회생활의 〈역학〉은 아닐지라도, 사회생활의 심리적인 기초에 대한 일종의 사회생활의 〈화학〉은 창출될 것이라는 것이다. 이런 연구가 언젠가 충분한 가치가 있고—이 가치 유무와는 다른 문제로서—문화과학에 유용한 결과들을 제공할 수 있을지 여부는 우리가 여기서 판단할 수 있는 문제가 아니다. 그러나 우리가 의미하는 바의 사회경제학적 인식의 목적, 즉 현실을 그것이 가진 문화의의와 인과적 연관성의 관점에서 인식하고자 하는 목적이, 법칙적으로 반복되는 것의 확인을 통해 도달될 수 있는 것인지 라는 문제를 해결하는 데는 상기한 〈사회생활의 화학〉의 결과들은 아무런 기여도 하지 못할 것이다. 언젠가 다음과 같은 작업이 성공한다고 가정해보자. 즉, 심리학을 통해서든 또는 다른 방법을 통해서든 인간의 공동생활의 제 현상들 간에 존재하는, 지금까지 관찰되고 또 앞으로 예상될 수 있는 모든 인과적 연관관계들을 어떤 간단한 궁극적 〈요인들〉을 중심으로 분석하고, 이 연관관계들을 개념들과 엄격한 법칙적 타당성을 지닌 규칙들로 이루어진 하나의 거대한 결의론(決疑論)(형식적 규율 또는 규범체계)의 형태로 완벽하게 포착하는 작업이 성공한다고 가정해보자. 이 작업의 결과가 역사적으로 주어진 문화세계 또는 이 문화세계 중의 어느 한 개별적 현상—가령 자본주의의 형성과정 및 그 문화적 의의—에 대해 가지는 의미는 무엇이겠는가? 그것은 유기화학적 결합에 관한 사전이 동-식물계의 생물유전학적 인식을 위한 수단으로서 가지는 의미보다 적지도 많지도 않을 것이다. 심리학 사전이나 유기화학 사전의 작성은 둘 다 매우 중요하고 유용한 예비작업인 것은 분명하다. 그러나 심리학 사전이나 유기화학 사전이 제공하는 상기한 〈법칙들〉과 〈요인들〉로부터 삶의 현실을 연역해낼 수는 없다. 그 이유는 가령 어떤 더 고차원적이고 신비스러운 〈힘들〉(〈우성들〉, 〈엔테레케이아〉[24] 또는 사람들이 그것을 무엇이라고 불렀든 간에)이 삶의 현상들 가운데 숨어 있기 때문이 아니라—이것은 하나의 독자적 문제영역이다—우선 단순히 아래와 같은 이유에서이다. 즉, 현실의 인식에서 우리에게 핵심적인 것은 위의 (가설적!) 〈요인들〉이 몸담고 있는 상황구도인바, 이 상황구도 내에서 위의 요인들은 역사적으로 우리에게 중요한 문화현상으로 조합되어 있는 것이다. 그리고 만약 우리가 이러한 개별적 조합을 〈인과적으로 설명〉하려고 한다면, 우리는 항상 다른, 그와 똑같이 개별적 조합들을 고려할 수밖에 없고, 이들을 바탕으로, 물론 위의 (가설적!) 〈법칙〉개념들을 사용하면서 문제대상인 상황을 설명하게 될 것이다. 따라서 이러한 (가설적) 〈법칙〉과 〈요인〉을 확인하는 것은 우리가 지향하는 인식목표에 도달하는 데 필요한 일련의 작업 중 단지 첫 번째 작업일 뿐이다. 그 다음 작업은 예의 그 〈요인들〉이 역사적으로 이루어내는 개별적 조합 및 이 조합으로 인해 개개요인들 간에 이루어지는 그들대로의 중요한 구체적인 상호작용을 분석하고 체계적으로 서술하며, 특히 이 중요성의 원인과 성격을 이해할 수 있도록 하는 것이다. 이 과업 역시 앞에서 설명한 예비작업의 결과를 활용하여 해결해야 하지만, 이 예비작업과는 전혀 다르고 또 독립적인 과업인 것이다. 세 번째 작업은 앞서 말한 조합 가운데 현재의 관점에서 중요한 개별적 특이성을 가능한 한 먼 과거의 시점까지 소급하여 그것의 역사적 형성과정을 추적하고 그것을 선행하는, 역시 개별적인 상황구도들로부터 역사적으로 설명하는 것이다. 가능한 미래의 상황구도들을 예측하는 것이 우리가 생각할 수 있는 마지막 네 번째 과업이 될 것이다.

24) 아리스토텔레스 철학의 기본개념으로서, 모든 발전 특히 생명체의 발전을 지배하는 기본활동 또는 힘을 뜻한다.

4) 현상의 특수성과 '가치이념'

앞에서 언급한 모든 인식목적을 달성하기 위해서는 명료한 개념과 위의 (가설적) 〈법칙들〉에 대한 지식이 인식수단으로서 — 그러나 단지 수단으로서만 — 분명히 높은 가치를 지니고 있다. 아니, 법칙들에 대한 지식은 이 목적을 위해서는 필수불가결한 것이다. 그러나 이 수단적 기능에서마저도 법칙지식이 가진 한계가 한 가지 결정적인 관점에서 즉시 드러나는바, 이 문제의 확인을 통해 우리는 이제 문화과학적 고찰방식이 가진 핵심적 특성에 도달하게 된다. 우리는 삶의 현상들이 가진 문화의의를 인식하고자 노력하는 분야들을 〈문화과학〉이라고 지칭했다. 그러나 우리는 한 문화현상의 형성이 가진 의의와 이 의의의 근거를 법칙개념의 제아무리 완벽한 체계에서도 도출해낼 수 없으며, 규명할 수도 없으며 또 이해시킬 수도 없다. 왜냐하면 이 의의는 문화현상이 가치이념들에 연계됨으로써 비로소 생겨나는 것이기 때문이다. 문화개념은 하나의 가치개념이다. 경험적 현실은 우리가 그것을 가치이념과 연관 짓기 때문에, 그리고 연관 짓는 한에서 우리에게 〈문화〉인 것이다. 문화는 현실 가운데 이 가치연관을 통해 우리에게 의의를 가지게 되는 요소들을, 그리고 단지 이 요소들만을 내포하고 있는 것이다. 그때그때 우리가 고찰하는 개별적인 현실 가운데 지극히 작은 부분만이 위의 가치이념에 근거하는 우리의 관심에 의해 채색되며, 이 부분만이 우리에게 의의를 가진다. 이 부분이 우리에게 의의를 가지는 이유는, 그것이 가치이념과의 연계로 인해 우리 스스로에게 중요한 관계들을 내포하고 있기 때문이다. 이 관계들을 내포하고 있기 때문에, 그리고 그런 한도 내에서 이 부분은 그 개별적 특수성 면에서 우리에게 알 가치가 있는 것이다. 그러나 우리에게 의의를 가지는 것이 무엇인지는, 경험적 현실에 대한 어떠한 〈무전제적〉 연구를 통해서도 규명될 수 없음은 물론이며, 오히려 우리에게 무엇이 의의를 가지는지가 확정되어야 비로소 어떤 한 현상을 연구의 대상으로 삼을 수 있게 되는 것이다. 물론 의의 있는 것이 그 자체로서 법칙 그 자체와 일치하지는 않으며, 법칙이 보편타당하면 할수록 이 둘은 더욱더 일치하지 않는다. 왜냐하면 현실의 한 구성요소가 우리에게 가지는 특수한 의의는 이 구성요소가 가능한 한 많은 다른 요소들과 공유하는 바로 그 관점들에서는 찾을 수 없기 때문이다.

현실을 그것에 의의를 부여하는 가치이념에 연관시키고 현실 가운데 이 가치연관을 통해 채색된 부분을 그것이 가진 문화의의의 관점에서 부각시키고 정리하는 방법은, 현실을 법칙으로 분해하고 일반개념으로 체계화하는 것과는 전혀 이질적이고 별개의 방법인 것이다. 사유를 통해 현실을 정리하는 이 두 가지 방법 간에는 어떠한 필연적인 논리적 연관성도 없다. 물론 이 두 가지 분석방법은 특정한 경우 서로 일치할 수도 있다. 그러나 만약 우리가 이러한 우연한 일치를 바탕으로 이 두 시각이 가진 원칙적 괴리를 간과하게 된다면, 그것은 치명적인 결과를 낳을 것이다. 한 현상의 문화의의, 가령 화폐경제적 교환의 문화의의는 그것이 집단현상으로 등장한다는 데 있을 수 있으며, 이것은 오늘날 문화생활의 핵심적 요소이다. 그러면 화폐경제적 교환이 집단현상으로서 이런 역할을 한다는 역사적 사실 그 자체가 바로 이 현상의 문화의의의 관점에서 이해되어야 하고, 또 이 현상의 역사적 발전의 관점에서 인과적으로 설명되어야 할 대상인 것이다. 교환의 일반적 본질과 시장교류의 기술에 대한 연구는 하나의 예비작업일 뿐이다. 물론 지극히 중요하고 필수불가결한 예비작업이지만 말이다. 그러나 이 예비작업은 어떻게 교환이 오늘날과 같은 결정적 의의를 획득하게 되었는지에 대한 답을 줄 수 없을 뿐 아니라, 무엇보다도 우리의 궁극적 관심사, 즉 화폐경제의 문화의의는 예비작업에서 확인되는 어떠한 법칙들에서도 도출될 수 없는 것이다. 그런데 우리는 단지 바로 이 문화의의 때문에 거래기술의 서술에 관심을 가지게 되고, 또 단지 이 문화의의 때문에 오늘날 이런 거래기술을 연구하는 학문영역이 존재하는 것이다. 교환, 구매 등의 유적 특성은 법률가들의 관심대상이다. 그러나 우리의 과제는 교환이 오늘날은 집단현상이 되었다는 역사적 사실의 문화의의, 바로 그것을 분석하는 것이다. 이 문화의의를 설명하려는 경우, 또는 우리의 사회경제적 문화가, 가령 교환이 오늘날과 똑같은 유적 특성을 지니고 있었던 고대의 사회경제적 문화와 어떻게 구별되는지, 다시 말하여 우리의 근대적 〈화폐경제〉의 의의가 어디에 놓여 있는지를 이해하려는 경우에, 연구에 적용되는 논리적 원칙들은 법칙분석의 경우와는 전혀 이질적인 성격의 것이다. 우리는 경제적 집단현상이 지닌 유적 요소들의 연구를 통해 얻어진 개념들을, 이들이 근대문화의 중요 구성요소들을 내포하고 있는 한, 서술수단으로는 이용할 것이다 — 그러나 우리의 연구작업의 목표는 이런 개념이나 법칙이 아무리 정확하게 서술된다고 하더라도 달성되지 않을 뿐 아니라, 더 나아가 무엇이 유적 개념구성의 대상이 되어야 하는가 라는 문제 자체부터가 〈무전제적〉으로 제기되는 것이 아니라, 〈교환〉이라 불리는 무한히 다양한 현상 가운데 특정요소가 문화에 대해 지니는 의의를 기준으로 제기되고 해결되는 것이다. 우리가 지향하는 바는 다름 아니라 역사적, 즉 그 특수성에서 의의 있는 현상의 분석인 것이다. 그리고 여기서 결정적으로 중요한 것은, 현상의 무한한 대열 가운데서 단지 유한한 일부분만이 의의 있다는 전제하에서만 개별적 현상의 인식이라는 발상이 비로소 논리적으로 의미 있게 된다는 점이다.

설사 우리가 한 현상에서 작용하는 모든 〈법칙〉에 대한 가장 포괄적인 지식을 갖추고 있다고 하더라도 우리는 다음과 같은 질문 앞에서는 난처해할 것이다. 도대체 어떻게 개별적 사실의 인과적 설명은 가능한가? 왜냐하면 현실의 제아무리 작은 단면이라 할지라도, 인과분석은 고사하고, 그것의 남김 없는 서술조차도 불가능하기 때문이다. 어떤 한 개별적 사건에 영향을 끼친 원인들의 수와 종류는 항상 무한정하고, 그리고 현상들 그 자체에는, 이 무한한 원인들 중 어느 것이 유일하게 고려의 대상으로 선정되어야 하는지를 가르쳐주는 어떤 특성 또는 기준도 내재하지 않는 것이다. 현실의 진정으로 〈무전제적〉 인식시도가 낳는 유일한 결과란 무수한 개별적 지각들에 대한 〈존재판단들〉의 혼돈뿐일 것이다. 그리고 이 결과마저도 단지 외견상 가능한 듯이 보일 뿐인데, 왜냐하면 모든 개별적인 지각의 실상을 자세히 뜯어보면, 거기에는 지각판단의 형태로는 모두 표현될 수 없는 무수히 많은 개별적인 구성요소들이 존재하기 때문이다. 이 혼돈에 질서를 가져다주는 단 하나의 여건은, 어떤 경우에서도 개별적인 현실의 단지 일부분만이 우리의 관심의 대상이 되고 또 우리에게 의의를 가진다는 여건이다. 왜냐하면 이 부분만이 우리가 현실에 접근할 때 그 근간으로 삼는 문화가치이념들과 연관되어 있기 때문이다. 무한히 다양한 개별현상들의 특정한 측면만이, 즉 우리가 일반적인 문화의의를 부여하는 측면만이 알 가치가 있고, 이 측면들만이 인과적 설명의 대상이다. 그리고 이 인과적 설명 자체에서도 우리는 위에서 이미 언급한 것과 동일한 사정, 즉 어떤 구체적인 현상 하나에서 그것이 가진 현실의 전모를 인과적으로 완벽하게 역추적한다는 것은 실질적으로 불가능할 뿐 아니라 무의미하다는 사정을 확인하게 된다. 우리는 한 사건의 〈본질적인〉 구성요소들의 근거로 귀속될 수 있는 원인들만을 연구대상으로 선택하는 것이다. 한 현상의 개별성이 주된 관심의 대상이 되는 경우에서의 인과문제는 법칙의 문제가 아니라 구체적인 인과적 연관맥락의 문제이며, 어떤 공식 속으로 이 현상을 하나의 범례로서 수렴시킬 것인가 라는 문제가 아니라, 어떤 개별적인 상황구도의 결과에 이 현상이 기인하는가 하는 문제이다. 인과문제는 하나의 귀속의 문제이다. 한 〈문화현상〉—또는 하나의 〈역사적 개체〉[25]: 우리 분야의 방법론에서 이미 간혹 사용되어 왔고 지금은 논

25) 리케르트에 접목하여 베버는 이 개념을 아래와 같은 의미로 사용하고 있다. 즉 〈역사적 개체〉란 "우리가 역사적 현실 가운데 특정한 연관맥락들을 〈문화의의〉의 관점하에서 하나의 개념적 전체상(全體像)으로 종합한 것이다"

리학에서 명확히 정의되어 점차 통용되는 이 표현에 우리는 접목하고자 한다—의 인과적 설명이 과제인 경우에는 어디서나 원인유발의 법칙에 대한 지식은 연구의 목적이 아니라 수단일 뿐이다. 이 법칙지식은 현상들의 (그 개별성의 차원에서) 문화적으로 중요한 구성요소들을 구체적인 원인들로 인과귀속시키는 작업을 용이하게 하고 또 가능하게 한다. 이런 기능을 수행하는 한에서 법칙지식은 개별적인 연관맥락을 인식하는 데 유용하다. 그리고 법칙이 〈일반적이면〉, 즉 추상적이면 추상적일수록 그것이 개별적인 현상들의 인과귀속에 대한 우리의 욕구를 충족시켜주는 정도는 감소할 것이며, 이와 함께 간접적으로는 문화과정의 의의에 대한 우리의 이해에 이 법칙이 기여하는 정도 역시 감소할 것이다.

5) '일반적인 것'의 방법론적 역할

지금까지의 서술에서 도출되는 결론은 무엇인가?

아래와 같은 결론이 아님은 물론이다. 즉, 문화과학의 영역에서는 일반적인 것의 인식, 추상적 유(類)개념의 구성, 규칙성의 인식 및 〈법칙적〉 연관성의 설정 등은 과학적 정당성을 가지지 못한다는 결론. 오히려 정반대이다. 역사학자의 인과적 인식이 하나의 구체적 결과를 다른 하나의 구체적 원인에 귀속시키는 것이라면, 어떤 개별적 결과의 이러한 타당한 인과귀속은 〈법칙적〉 지식—즉, 인과적 연관관계의 규칙성에 대한 지식—을 사용하지 않고는 전혀 불가능하다. 왜냐하면 우리가 인과적 설명의 대상으로 삼고 있는 특정 결과 Ⓒ의 원인이 현실 속의 한 현상군 Ⓐ의 어떤 특정한 개별적 요소 Ⓑ에 실제로 귀속될 수 있는지 여부는—만약 이것이 자명하지 않을

(*Gesammelte Aufsätze zur Religionssoziologie* I, 30쪽 참조). 따라서 여기서 '개체'란 개인, 집단, 제도, 과정 등 모든 다양한 역사적 현상을 그 대상으로 할 수 있다.

경우—단지 다음과 같은 과정을 통해서만 결정될 수 있기 때문이다. 우리는 우선 세 가지 종류의 영향을 판별할 수 있어야만 한다: (1) 개별적 요소 Ⓑ의 영향, (2) 위의 현상군 Ⓐ가 끼친 영향, (3) 우리의 인과설명에서 고려될 수 있는(이 현상군의) 다른 요소들이 일반적으로 행사한다고 간주되는 영향, 다시 말해 이 요소들의 〈적합한〉 영향(또는 이 요소들에 통상적으로 내재한다고 간주되는 영향). 이 세 가지 유형의 영향들을 판별할 수 있을 때만 우리는 C(결과)의 원인을 A(현상군)의 B(개별요소)에 귀속시킬 수 있는 것이다. (가장 넓은 의미에서의) 역사학자가 이러한 인과귀속의 작업을 자신의 개인적 인생경험과 방법론적 훈련에 바탕한 상상력으로 얼마나 확실하게 수행할 수 있는지의 여부, 아니면 그가 이런 인과귀속을 가능하게 하는 다른 특수 분야들의 도움에 어느 정도 의지해야만 하는지 여부는 개별적인 경우에 따라 다를 것이다. 그러나 어디서든지—따라서 복합적인 경제현상의 경우에서도—인과귀속의 확실성은 일반적인 것에 대한 우리의 인식이 확실하고 포괄적일수록 그만큼 더 커지는 것이다. 이 일반적인 것—모든 이른바 〈경제법칙〉이라 불리는 일반명제들도 예외 없이 여기 포함된다—이 협의의, 엄밀한 자연과학적 의미에서의 〈법칙적〉인과연관성이 아니라 규칙의 형태로 표현되는 적합한 인과연관성이라는 사실, 즉 〈객관적 가능성〉이라는 범주(이 범주는 여기서 분석하지 않겠다)의 적용이라는 사실은 위에서 제시한 명제의 타당성을 조금도 감소시키지 않는다. 단지 이러한 규칙성의 설정은 인식의 목적이 아니라 수단이다. 따라서 가령 우리의 일상경험세계에서 확인될 수 있는 인과적 연관관계의 규칙성을 하나의 〈법칙〉으로 공식화할 것인지 여부는 개개의 경우에 따라 결정되어야 할 유용성의 문제이다. 정밀자연과학에서의 〈법칙〉은 그것이 보편타당하면 할수록 더 중요하고 가치가 있다. 그에 반해 역사적 현상을 그 구체적 조건들로부터 인식하는 데 있어서는 가장 일반적 법칙들은 내용이 가장 비어 있는 법칙들인지라 통상적으로 가장 무가치한 법칙이다. 왜냐하면 한 유개념의 타당성 범위가—즉, 그것의 외연이—넓으면 넓을수록 이 개념은 현실의 풍부함으로부터 우리를 더욱더 유리시키기 때문이다. 그럴 수밖에 없는 것이, 가능한 한 많은 현상의 공통점을 내포하기 위해 이 개념은 가능한 한 추상적이 될 수밖에 없기 때문이다. 즉, 내용적으로 빈약해질 수밖에 없기 때문이다. 따라서 문화과학에서 일반적인 것의 인식은 결코 그 자체로서 가치가 있는 것은 아니다.

6) 문화과학의 선험적 전제조건: '문화인간'

지금까지의 서술에서 도출되는 결론은, 과학적 작업의 이상적 목적이 경험적인 것을 〈법칙〉으로 환원하는 것이라는 시각에서 문화현상을 〈객관적으로〉 분석하려는 시도는 무의미한 일이라는 점이다. 그러나 이런 객관적 분석이 무의미한 것은 가령 흔히 주장되듯 아래와 같은 이유, 즉 문화과정 또는 정신적 과정은 〈객관적으로〉 덜 법칙적으로 진행된다는 이유에서 그런 것은 아니다. 이 무의미성의 근거는 오히려 다음과 같다. ① 사회적 법칙의 인식은 사회적 현실의 인식이 아니라 사회적 현실의 인식을 위해 우리의 사고가 필요로 하는 다양한 보조수단 중의 하나에 불과하다는 사실, ② 문화과정의 인식은, 항상 개별적 특성을 가진 삶의 현실이 특정한 개별적 관점에서 우리에게 가지는 의의에 바탕해서만 비로소 가능한 것이라는 사실. 어떤 의미에서 그리고 어떤 관점에서 위의 ②의 상황이 구성되는지 여부에 대해서는 어떠한 법칙도 우리에게 말해줄 수 없는 것이다. 왜냐하면 이 문제는 우리가 〈문화〉를 개별적으로 고찰하는 기준으로 삼는 가치이념들에 따라 결정되기 때문이다. 〈문화〉란 세상사의 무의미한 무한성 가운데 우리가 인간의 관점에서 의의와 중요성을 부여한 유한한 단면이다. 설사 한 인간이 어느 특정한 문화에 대하여 철저한 적대감을 품고 그래서 〈자연으로 돌아갈 것〉을 요구한다 할지라도 위에서 설명한 문화개념 정의는 유효하다. 왜냐하면 그가 이런 입장을 취하게 된 것은 오로지 그가 이 특정한 문화를 자신의 가치이념에 연관 짓고 그 결과 이 문화를 너무 〈경박〉한 것이라고 판단한 것일 뿐이기 때문이다. 바로 이러한 순수하게 논리적-형식적 사실이 우리가 위에서 한 주장, 즉 모든 역사적 개체들은 논리적으로 불가피하게 〈가치이념들〉에 근거하고 있다는 우리의 주장이 뜻하는 바이다. 모든 문화과학의 선험적 전제조건은, 우리가 하나의 특정한 문화 또는 문화 그 자체를 가치 있는 것으로 판단한다는 것이 아니라, 우리가 세계에 대해 의식적으로 자신의 입장을 정립하고 또 이 세계에 의미를 부여할 수 있는 능력과 의지를 지닌 문화인간이라는 사실이다. 이 '의미'가 어떤 것이든 간에 그것은 우리에게 인간의 공동생활의 특정한 현상들을 평가할 수 있는 기준, 이 현상들의 의의에 대해 (긍정적 또는 부정적으로) 입장을 정립할 수 있는 기준을 제공해주는 것이다. 이 입장정립의 내용이 무엇이든 간에 위의 현상들은 우리에게 문화의의를 지니는 것이며, 이 의의에 근거해서만 위의 현상들은 우리의 학문적 관심의 대상이 되는 것이다. 여기서 우리가 현대논리학자들의 용어를 원용해 전개한 명제, 즉 문화적 현상의 인식은 가치이념에 의해 규정된다는 명제를 마치 문화의의는 단지 가치 있는 현상들에만 부여돼야 한다는 주장으로 오해해서는 안 될 것이다. 매춘은 종교 또는 화폐와 똑같이 하나의 문화현상이다. 물론 이 세 현상은 단지 아래와 같은 조건하에서만 문화현상이 되고 또 문화현상으로 남아 있을 수 있다. 즉 이 현상들의 존재와 또 그들이 역사적으로 취한 형태가 우리의 문화적 관심을 직접적이거나 간접적으로 자극하는 한, 그리고 이 현상들이 가치이념—이 가치이념을 통해 비로소 위의 세 개념들에서 성찰되고 있는 현실의 단면이 우리에게 의의 있는 것으로 되는 것이지만—에서 도출된 관점들하에서 우리의 인식욕구를 불러일으키는 한에서이다.

여기서 볼 수 있듯이 문화적 현실에 대한 모든 인식은 항상 특정하게 선별된 관점들하에서 이루어지는 인식인 것이다. 우리가 역사학자와 사회연구가에게 아래와 같은 기본적 자질, 즉 중요한 것과 중요하지 않은 것을 구별할 줄 아는 능력과, 이 구분을 위해 필요한 〈관점들〉을 가질 수 있는 자질을 요구할 때, 이것이 의미하는 바는 다름이 아니라 이 학자가 현실의 제 현상들을—의식적이거나 무의식적이거나—보편적 〈문화가치들〉에 연관지을 수 있고, 이를 바탕으로 바로 우리에게 중요한 그러한 연관맥락들을 추출해낼 수 있는 능력을 갖추고 있어야 한다는 것이다. 흔히 위에서 언급한 '관점들'은 〈소재 그 자체에서 도출될 수〉 있다고 주장되곤 하지만, 이러한 주장은 전문학자의 소박한 자기기만의 소산일 뿐이다. 이런 유의 전문학자는 자신이 무의식적으로 가치이념을 가지고 자신의 소재에 접근했으며, 자신이 처음부터 이 가치이념을 바탕으로 절대적 무한성 가운데 하나의 지극히 미미한 단면을 자신의 연구의 유일한 핵심대상으로 선별했다는 사실을 간과하고 있는 것이다. 문화과학적 연구의 이러한 속성, 즉 문화과학적 연구는 한 현상의 특정한 개별적 〈측면〉의 선택(이 선택은 항상, 어디서나 그리고 의식-무의식적으로 진행된다)에 의거한다는 속성이 우리가 흔히 들을 수 있는 아래와 같은 주장에 깔려 있다. 즉, 한 학문적 저술에서 진정으로 가치 있는 부분은 바로 그것이 가진 〈개성적 요소〉라는 주장 또는 한 저술이 존재할 가치가 있으려면 이 저술에는 하나의 〈개성〉이 표출되어 있어야 한다는 주장이 그것이다. 확실히, 연구가의 가치이념 없이는 소재선택의 원칙이 있을 수 없고, 개별적 현실에 대한 유의미한 인식이 있을 수 없다. 또한, 특정 문화내용의 의의에 대한 연구가의 믿음이 없이는 개별적 현실에 대한 어떤 인식작업도 전혀 무의미하다면, 이 개인적 믿음의 방향, 즉 연구가의 영혼의 거울에 반영되는 가치들의 색깔혼화(混和)가 그의 작업방향을 결정할 것이다. 그리고 과학적 정신이 자신의 연구대상의 준거로 삼는 가치들은 한 시대 전체의 〈견해〉를 결정할 수도 있다. 다시 말하여, 이 가치들은 단순히 무엇이 〈값진 것〉인지의 결정기준뿐 아니라 현상들에서 무엇이 유의미하고 무의미한지, 〈중요하고〉 또 〈중요하지 않은지〉에 대한 판단기준을 제공해줄 수도 있는 것이다.

따라서 우리가 의도하는 문화과학적 인식은, 현실 가운데 우리가 문화의의를 부여하는 현상들과 연관된 부분만을—이 연관성이 아무리 간접적인 것이라 하더라도—그 대상으로 삼는다는 점에서 〈주관적〉 전제조건들과 결부되어 있다. 그럼에도 불구하고 문화과학적 인식은 질적 성격을 가진 중요한 개별적 자연현상에 대한 인식과 똑같은 의미에서 순수하게 인과적 인식이다. 형식적-법률적 사고가 문화과학의 영역에 침투하여 이미 발생시킨 많은 오류에 더하여 최근에는 〈유물론적 역사관〉을 일련의 재치 있는 궤변을 통해 〈논박〉하려는 시도가 등장했는데, 이 시도의 논리는 아래와 같다.

모든 경제생활은 법적 그리고 관습적으로 규제된 형식들하에서 진행되어야 하므로, 모든 경제적 〈발전〉은 새로운 법적 형식들의 창출 노력이라는 형태를 띨 수밖에 없다는 것이다. 다시 말해, 경제적 〈발전〉은 도덕적 원칙들을 바탕으로만 이해될 수 있으며, 이런 이유에서 경제적 발전은 모든 〈자연적〉 발전과는 본질적으로 상이하며, 따라서 경제적 발전에 대한 인식은 〈목적론적〉 성격을 지니고 있다는 것이다. 이 자리에서 다의적 개념인 〈발전〉 개념이 사회과학에서 가지는 의미, 또는 논리적으로 이에 못지않게 다의적 개념인 〈목적론〉의 의미를 논의하지는 않겠지만, 최소한 한 가지 관점은 언급하고자 한다. 즉, '발전'이 반드시 위의 시도가 전제하는 그런 의미에서 〈목적론적〉이 되어야 할 이유는 없다. 기존의 타당한 법규범들이 형식적으로는 전적으로 동일하게 남아 있더라도 규범화된 법적 관계 및 그와 함께 규범들의 문화의의는 근본적으로 변화될 수 있는 것이다. 가령 〈생산수단의 사회화〉라는 예를 중심으로 아래와 같은, 미래에 대한 가상적 침잠을 한번 시도해보자. 우리는 이 사회화의 관철을 목표로 하는 어떤 의식적 〈노력〉도 하지 않고, 또 우리 법률체계의 어떤 조문도 사라지게 하거나 또는 새로운 조문을 추가하지 않고도 〈생산수단의 사회화〉가 관철되는 경우를 이론적으로 상상할 수 있다. 그러나 이 경우, 법적으로 규제된 관계들 중 일부분의 통계적 빈도수는 근본적으로 변할 것이며, 많은 법적 관계의 경우 이 수치는 영으로까지 하락할 것이다. 또한 법규범의 상당 부분은 실제적으로 그 의미를 상실하게 될 것이며, 이들의 문화의의는 거의 식별할 수 없을 만큼 변할 것이다. 그래서 〈유물론적〉 역사이론이 입법적 차원에서 제기되는 문제들의 논의를 배제시킬 수 있었던 것은 당연한데, 왜냐하면 이 이론의 핵심관점이 바로 법제도들의 의미변화의 불가피성이기 때문이다. 역사적 현실의 인과적 이해라는 소박한 작업을 범속한 것으로 여기는 자는 이 작업을 하지 않으면 그만이다. 그러나 인과적 이해를 어떤 하나의 〈목적론〉으로 대체하는 것은 불가능하다. 우리의 관점에서 볼 때 〈목적〉이란 어떤 특정한 결과를 우리가 관념적으로 미리 상정한 것으로서, 이 상정이 한 행위의 원인이 되는 것이다. 그래서 의의 있는 결과를 낳는 데 기여하는 또는 기여할 수 있는 모든 원인들과 마찬가지로 우리는 이 〈목적〉이라는 원인도 고려하는 것이다. 이 ('목적'이라는) 원인이 가지는 독특한 의미는 다만, 인간의 행위의 경우 우리는 그것을, 즉 그 목적을 확인할 수 있을 뿐 아니라, 이해할 수 있고 또 이해하려고 한다는 사실에 놓여 있을 뿐이다.

위에서 언급한 가치이념들이 〈주관적〉이라는 것은 의문의 여지가 없다. 한 가족연대기에 대한 〈역사적〉 관심과, 민족들 또는 인류 전체에 오랫동안 공통적이었고, 또 현재에도 공통적인 현상들에 대한 관심 사이에는 〈중요성〉의 무한정한 등급이 존재하며, 우리는 각각 서로 상이한 중요성 순차표를 만들 것이다. 그리고 이 순차표는 물론 문화의 성격과 인간을 지배하는 이념들과 함께 역사적으로 변화할 것이다. 그러나 이 사실에서 우리는 문화과학적 연구도 — 어떤 사람에게는 타당하고 다른 사람에게는 그렇지 못하다는 의미에서 — 〈주관적〉 결과들만을 창출해낼 수 있다는 결론을 도출해서는 안 된다. 변화하는 것은 오히려 이 결과들이 불러일으키는, 사람에 따라 다른 관심의 정도이다. 다른 말로 표현하면 무엇이 연구의 대상이 되며, 또 이 연구가 무한한 인과연관성의 어느 선까지 확대될 것인가를 결정하는 것은 연구가 및 그의 시대를 지배하고 있는 가치이념들이다. '어떻게'라는 문제, 즉 연구방법의 문제에서도 일단은 상기한 시대지배적 〈관점〉이 — 곧 서술하겠지만 — 연구자가 사용할 개념적인 보조수단의 구성에 결정적 역할을 하는 것은 사실이다. 그러나 이 개념적 보조수단의 사용방법에서 연구자는 항상 인간 사고의 보편적 규칙들에 의해 구속받는다는 것은 두말할 나위도 없다. 왜냐하면 진리를 원하는 모든 사람들에게 타당하고자 하는 것만이 과학적 진리이기 때문이다.

이런 입장에서 볼 때 아래와 같은 견해는 전혀 무의미하다는 결론을 내릴 수 있다. 즉 문화과학의 목적은 — 이것의 달성이 아무리 요원하다 하더라도 — 하나의 완결된 개념체계를 구성하는 것인데, 이 체계는 현실을 어떤 의미에서건 최종적으로 분류하여 집약하고 있으며, 따라서 현실은 이 체계에서 다시 연역될 수 있다 라는 견해(그런데 이 견해는 심지어 사회경제학의 역사를 연구하는 이들에게서마저도 간혹 발견된다). 가늠할 수 없는 사건의 흐름은 쉼 없이 영원을 향해 나아간다. 인간을 움직이는 문화적 문제는 늘 새롭게 그리고 달리 채색되어 형성되고, 따라서 개별적인 것의 언제나 무한한 흐름 중에서 우리에게 의의와 중요성을 띠게 되는 것의 범위, 즉 〈역사적 개체〉가 되는 것의 범위는 항상 유동적인 것이다. 또한 이 〈역사적 개체〉의 고찰과 과학적 파악의 준거가 되는 이념적 맥락들도 변화하는 것이다. 따라서 문화과학의 출발점은 무한한 미래까지 항상 변화 가능한 것이며, 이 상황은 정신생활의 중국적(中國的) 정체로 인해 인류가 무궁무진한 삶에 대해 새로운 질문을 던지는 습성을 상실하지 않는 한 지속될 것이다. 문화과학의 체계라는 발상은 그 자체 불합리한 것이다 — 설사 여기서 체계의 개념이 가령 문화과학만이 다루어야 할 문제들과 영역들의 최종적인 확정, 또는 이 영역들의 객관적으로 타당하고 조직적인 방식에 의한 확정이라는 한정된 의미로만 쓰인다고 하더라도 이런 발상은 불합리하다. 이런 체계정립 시도의 결과는 항상, 우리가 현실을 〈문화〉로 해석할 때 그 준거로 삼는 여러 가지 다양한, 특별히 선택된 관점들의 나열에 불과한 것이며, 또한 현실의 특정한 측면을 중요한 것으로 과거에 해석했거나 또는 현재 해석할 때 그 준거로 삼는 여러 가지 다양한 관점들의 나열에 불과할 것이다(거기다 이 관점들은 서로 이질적이고 상이할 것이다).

지금까지 전개된 장황한 논증을 바탕으로 우리는 이제 드디어 문화현상의 인식의 〈객관성〉을 고찰함에 있어서 방법론상으로 우리의 관심의 대상이 되는 문제에 눈을 돌리고자 한다. 즉, 다른 모든 과학이 사용하고 있듯이 사회경제학 역시 사용하고 있는 개념들의 논리적 기능과 구조는 무엇인가? 또는 좀더 구체적으로 우리의 핵심적 문제에 연관지어 이 질문을 다시 표현하면, 문화적 현실의 인식에서 이론 및 이론적 개념구성이 가지는 의미는 무엇인가?

3. 문화과학적 개념의 논리적 구조와 기능

1) 자연주의적 일원론

위에서 이미 살펴보았듯이, 국민경제학은 원래, 최소한 그 연구의 중점을 기준으로 볼 때, 하나의 〈기술〉(技術)이었다. 국민경제학은 현실의 제 현상을 적어도 외견상으로는 명백하고 확고부동한 실용적 가치관점, 즉 국민의 〈부〉의 증대라는 가치관점에서 분석했다. 그러나 다른 한편으로 국민경제학은 처음부터 단순히 〈기술〉만이었던 것은 아니다. 왜냐하면 이 학문은 18세기의 자연법적 그리고 합리주의적 세계관의 강력한 체계 속에 편입되어 있었기 때문이다. 그러나 이 세계관의 특성인, 현실의 이론적 그리고 실제적 합리화 가능성에 대한 낙관적 믿음은 국민경제학에 깊은 영향을 끼치면서 국민경제학이 당연한 것으로 전제한 가치관점(즉, 국민의 부의 증대)에 내재하는 문제점을 발견하는 것을 방해했다. 사회적 현실에 대한 합리적 고찰의 탄생이 근대 자연과학의 발전과 밀접하게 연관되어 있듯이 국민경제학 역시 그 고찰방식 면에서 전적으로 자연과학과 유사성을 유지해왔다. 그런데 자연과학분야의 경우, 기술적으로 즉각 유용함이라는 실용적 가치관점은 처음부터 아래와 같은 희망(이 희망은 고대의 유산으로 전수되어 왔고, 또 계속 발전해왔다)과 밀접히 결합되어 있었다. 즉, 일반화시키는 추상의 방법과 경험적 현상에 내재하는 법칙적 연관성의 분석을 통해 총체적 현실을 (모든 가치에서 분리되어), 순수하게 〈객관적〉으로, 동시에 (모든 개별적 〈우연성〉에서 해방되어) 철저히 합리적으로 그리고 일원론적으로 인식할 수 있다는 희망, 그리고 이러한 객관적, 합리적 그리고 일원론적 인식은 형이상학적 타당성과 수학적 형식을 지닌 하나의 개념체계의 형태를 갖출 것이라는 희망이 그것이다. 가치관점에 구속된 자연과학의 제 분야들 — 가령 임상의학 및 특히 통상적으로 〈공학〉이라고 불리는 분야들—은 순수하게 실제적인 〈기술론〉이 되었다. 이 분야들이 추구하는 가치들—가령 환자의 건강, 한 구체적인 생산과정의 기술적 개선—은 확고부동한 것이었다. 이들이 적용하는 수단은 이론분야에서 발견된 법칙개념들의 실제적 활용이었고 또 그럴 수밖에 없었다. 따라서 법칙개념구성에서의 획기적 발전은 동시에 상기한 실제적 분야의 발전을 의미했다. 목적이 확정되어 있는 한 이론적 인식의 확대, 즉 개별적인 실제적 문제들을(가령 하나의 병, 하나의 기술적 문제 등) 일반적 법칙의 특수경우로 환원시키는 작업의 발전은 기술적-실용적 가능성의 확대와 직접 연관되어 있었고 또 이것과 동일했다. 그런 가운데 현대생물학은 우리가 **역사적 관점**(특수성의 관점, 즉 한 현상이 다른 형태가 아니라 바로 현재의 형태를 취하게 된 역사적 과정이라는 관점)에서 관심을 가지는 현실의 구성요소들마저도 하나의 보편타당한 발전원칙이라는 개념하에 수렴하였는데, 이 발전원칙은 최소한 외견상(그러나 실제로는 그렇지 않다) 현실의 상기한 구성요소들의 본질적 측면들을 보편타당한 법칙체계 내로 수렴할 수 있도록 하였다. 바로 이 과정을 통해 모든 학문분야에서 모든 가치관점의 황혼이 시작되는 듯했다. 그도 그럴 것이, 이른바 역사적 현상이라는 것도 총체적 현실의 일부분이고, 학문적 작업 일반의 전제조건인 인과원칙은 모든 현상을 〈법칙〉으로 분해할 것을 요구하는 듯했고, 또 이 요구를 실현시킨 자연과학의 엄청난 발전은 명명백백했으니, 과학적 연구가 현상의 법칙들의 발견 이외에 다른 의미를 가질 수 있다는 것은 도대체 상상도 할 수 없는 일이 되었기 때문이다. 그래서 현상의 구성요소 중 〈법칙적인 것〉만이 과학적으로 본질적인 것으로 간주될 수 있었으며, 〈개별적〉 현상들은 단지 〈유형〉으로만, 즉 법칙에 대한 예시적 대변자로서만 고려될 수 있었다. 개별적 현상 그 자체에 대한 관심은 〈과학적〉 성격을 가진 관심이 될 수 없는 듯 보였던 것이다.

자연주의적 일원론[26]이 가진 이러한 신념에 찬 풍조가 경제학 분야에 미친 막대한 영향을 여기서 추적하는 것은 불가능하다. 사회주의 진영으로부터의 비판과 역사학자들의 연구성과가 경제학에 깔린 원래의 가치관점들의 문제점을 밝혀내기 시작했지만, 한편으로는 생물학의 엄청난 발전과 다른 한편으로는 헤겔의 범논리주의의 영향으로 인해 국민경제학은 개념과 현실 간의 관계의 전모를 명확히 인식하지 못하고 있었다. 이런 상황의 결과는—우리의 문제와 연관되어 있는 한—아래와 같았다. 즉, 피히테 이래의 독일 관념주의철학, 독일의 역사주의적 법학파, 그리고 역사주의적 국민경제학 등이 공동으로 자연주의적 도그마들의 침투에 대항하여 막강한 방파제를 구축하였음에도 불구하고 또는 부분적으로 바로 이런 업적들로 인해, 자연주의의 제 관점들이 핵심적 영역에서 아직 극복되지 않은 채 남아 있게 된 것이다. 이 극복되지 않은 자연주의적 잔재에 속하는 것 중에서 특히 지적되어야 할 점은 경제학에서 〈이론적〉 연구와 〈역사적〉 연구 간의—여전히 문제로 남아 있는—관계이다.

2) 이론학파(한계효용학파) 경제학의 문제점

방금 언급했듯이, 경제학 분야에서는 아직까지도 이론학파의 〈추상적〉-이론적 방법과 역사학파의 경험적-역사적 연구가 중재되지 않은 채, 그리고 일견 화해하기 어려운 형태로 첨예하게 대립하고 있다. 이론학파는, 현실의 역사적 인식을 〈법칙〉의 확립으로 대체한다는 것은 방법론상으로 불가능하다는 것, 그리고 역으로 역사적 관찰의 단순한 나열을 통해 엄격한 의미에서의 〈법칙〉에 도달한다는 것 역시 방법론상으로 불가능하다는 것 등을 인식하고 있으며, 이것은 전적으로 옳은 인식이다. 그래서 이론학파는 엄격한 의미에서의 법칙

26) '일원론'이라는 개념이 표현하고 있듯이, 자연주의는 과학적 연구방법론은 단 하나, 즉 자연과학적 방법밖에 없음을 전제하고 있다.

을 얻기 위해 — 법칙 획득이 과학이 지향해야 할 최고의 목표라는 점에 대해 이들은 확고한 입장을 가지고 있다 — 아래와 같은 가정에서 출발한다. 즉 우리는 인간행위의 연관맥락을 — 심지어 그 실제적 모습에서 — 항상 직접적으로 경험할 수 있으며, 따라서 이 행위의 경과를 공리적 명증성을 가지고 직접적으로 이해 가능하게 밝힐 수 있으며, 그 결과 이 행위경과에 내재하는 〈법칙〉을 규명할 수 있다는 가정이 그것이다. 그런데 이 가정에 의하면 인식의 유일하게 엄밀한 형태, 즉 직접적이고 직관적으로 명증한 법칙의 확인이라는 인식형태는 동시에 직접적으로 관찰되지 못한 현상들에 대한 추론을 허용하는 유일한 인식형태이다. 그러므로 최소한 경제생활의 기본현상들의 경우에는 정밀자연과학의 예를 따라 추상적이고 — 따라서 — 순수하게 형식적인 명제체계를 정립하는 것이 사회적 현상의 다양성을 지적으로 지배하는 유일한 수단이라는 것이다. 이 학파의 창시자[27]는 법칙적 인식과 역사적 인식을 방법론 차원에서 원칙적으로 구분하고 있음에도 불구하고 — 그는 이 구분을 실현한 첫 번째, 그리고 유일한 학자이다 — 그는 추상적 이론의 명제들이 경험적 타당성 — 즉 〈법칙〉에서 현실을 연역해 낼 수 있다는 의미에서의 경험적 타당성 — 을 가지고 있다고 주장한다. 물론 그는 여기서 추상적 경제적 명제들이 그 자체로서 경험적 타당성을 지닌다고 주장하는 것은 아니다. 그가 주장하는 바는 만약 우리가 다른 모든 경제외적 요인들에 대해서도 그에 상응하는 〈엄밀한〉 이론들을 구성한다면, 이 추상적 이론들의 총체는 분명히 사물의 진정한 현실, 다시 말하여 현실 중 알 만한 가치가 있는 (모든) 것을 내포하고 있을 것이라는 점이다. 엄밀한 경제이론은 심리적 동기의 작용을 확인하는 반면에, 다른 이론들은 유사한

27) 칼 멩거(Carl Menger)를 뜻한다. 오스트리아 출신 경제학자이며 한계효용학파의 주도적 학자였다. 독일의 역사학파 경제학자 구스타프 슈몰러(Gustav Schmoller)와 멩거가 벌인 이른바 '방법론 논쟁'(*Methodenstreit*)은 베버의 방법론적 구상의 직접적 배경이 된다.

방식을 통해 여타의 모든 동기들에 대해 가설적 타당성을 가진 명제들을 발전시킬 과업을 가지고 있다는 것이다. 이러한 이론적 작업의 결과들—가령 추상적인 가격형성이론, 이자론, 연금론 등—에 대해 간혹 아래와 같은 희한한 주장이 제기되곤 했다. 이들 추상적 이론들은 (이 주장의 대변자들의 생각으로는) 물리학적 명제들과 유사한 방식으로 주어진 실제적 전제들에서 현실에 부합하는, 양적으로 확정된 결과를—즉 가장 엄격한 의미에서의 법칙을—연역해내는 데 사용될 수 있다는 것이다. 그 이유는, 인간의 경제행위에서는 만약 목적이 주어져 있는 경우, 그 수단은 〈선택의 여지없이〉 명백히 〈결정되어 있기〉 때문이라는 것이다. 이 주장은 앞에서 제시한 양적으로 확정된 법칙적 결과를—제 아무리 간단한 경우에서라도—얻기 위해서는, 해당되는 역사적 현실의 총체를—이 현실에 내재하는 모든 인과적 연관성들을 포함하여—〈주어진〉 것으로 설정하고 또 〈알려진〉 것으로 전제해야만 한다는 사실을 간과하고 있으며, 또한 만약 우리의 유한한 정신이 이러한 지식을 얻을 수 있다면, 굳이 추상적 이론이 어떤 특별한 인식가치를 가지고 있으리라고는 상상할 수 없다는 사실을 간과하고 있다.

위에서 언급한 (이론적) 개념들은 정밀자연과학과 유사한 성격을 지녀야만 한다는 자연주의적 편견의 결과, 사람들은 이 '개념'이라는 이론적 사고구성체들의 의미를 오해하게 되었다. 말하자면, 이들은 이 이론적 작업이 인간의 하나의 특정한 〈본능〉, 즉 영리본능을 심리학적으로 분리해내는 것 또는 인간행위의 한 특정한 원칙, 이른바 경제원칙을 유리시켜 관찰하는 것이라고 믿었다. 달리 표현하면, 추상적 이론의 옹호자들은 심리학적 공리들에 의지할 수 있다고 믿었던 것이다. 이에 대한 반발로 역사학자들은 하나의 경험적 심리학을 요구하게 되었는데, 이를 근거로 역사학자들은 이러한 공리들의 비타당성을 증명하고 경제현상의 제 과정들을 심리학적으로 도출해내고자 했다. 이 자리에서 문화과학, 특히 사회경제학에 대한 장래의 기초학문으로서의 체계적 〈사회심리학〉—이것은 아직 존재하지 않는다—의 중요성에 대한 믿음을 상세히 비판하지는 않겠다. 그러나 바로 지금까지 축적된 경제현상의 심리학적—때로는 탁월한—해석시도들이 보여주는 것은, 인간의 심리적 속성의 분석이 곧바로 사회적 제도의 분석으로 연결될 수는 없으며, 오히려 역으로 사회적 제도의 심리적 전제조건과 그 영향의 규명은 이 제도 자체에 대한 정확한 지식과 이 제도들의 연관성에 대한 과학적 분석을 전제로 한다는 사실이다. 따라서 심리학적 분석이란 단지 제도들의 문화적 규정성과 문화적 의의에 대한 인식의—경우에 따라 매우 유용한—심화를 뜻할 뿐이다. 우리가 사회관계에서 인간이 취하는 심리적 행동 중에서 관심을 가지는 측면들은, 고려대상이 되는 사회관계가 가지는 특정한 문화의의에 따라 특별히 선별된 측면들인 것이다. 이 측면들은 서로 매우 이질적이고 또 매우 구체적으로 상호 연계된 심리적 동기들이고 영향들이다. 사회심리학적 연구란 여러 가지 개별적인, 상이한 유형의 문화요인들의 해석가능성을 우리의 추체험적인 이해를 위해 면밀히 검토하는 작업을 뜻한다. 구체적 제도들에 대한 지식을 바탕으로 우리는 이러한 사회심리학적 연구를 통해 이 제도들의 문화적 규정성과 문화의의를 점점 더 명확히 이해할 수 있게 되겠지만, 이 제도들을 심리학적 법칙들에서 연역해낸다든지 또는 심리학적 기초현상들을 바탕으로 설명해낼 수는 없는 것이다.

이런 관점에서 볼 때, 추상적 이론적 명제들의 심리학적 정당화의 문제와 〈영리본능〉 및 〈경제원칙〉의 영향 등에 대해 지금까지 진행된 다차원적인 논쟁은 거의 소득이 없는 논쟁이었다.

추상적 이론의 명제들이 심리학적 기본 동기들로부터의 〈연역〉 같아 보이는 것은 단지 외견에 불과하고, 실제로는 이 명제들은 인간의 문화를 대상으로 하는 학문들에 고유하고 또 어느 정도는 필수적인 개념구성방식의 한 특수경우이다. 이제 이 개념구성방식을 좀더 상세히 고찰할 필요가 있는데, 왜냐하면 이를 통해 우리는 이론이 사회과학적 인식에서 가지는 의미에 더 가까이 접근할 수 있기 때문이다. 그러나 아래에서 우리가 예로 제시하거나 또는 암시하는 이론적 구성체들이 지금 있는 형태 그대로 과연 자신들이 지향하는 과제를 옳게 수행하고 있는지 여부, 즉 이들이 객관적으로 볼 때 목적에 합당하게 구성되어 있는지의 여부는 우리의 고찰대상에서 전적으로 제외시킬 것이다. 가령 작금의 〈추상적 이론〉이 앞으로 얼마나 더 정교화되어야 하는지의 문제는 학문적 작업의 경제성 문제이기도 한데, 왜냐하면 다른 현안들도 학문적 작업을 필요로 하고 있기 때문이다. 다시 말해 〈한계효용이론〉 역시 〈한계효용의 법칙〉의 지배하에 있는 것이다.

3) 이념형

추상적 경제이론을 우리는 종합[28]의 한 예라고 볼 수 있는데, 이런 종합을 사람들은 흔히 역사적 현상들에 대한 우리의 〈이념〉이라고 부른다. 추상적 경제이론은 교환 경제적 사회조직과 자유경쟁 그리고 엄격히 합리적 행위성향에 기초한 재화시장에서 진행되는 여러 과정들에 대한 하나의 이념상을 우리에게 제시하고 있다. 이 이념상은 역사적 삶에서의 특정한 관계들과 과정들을 하나의 세계로 종합하고 있는데, 이 세계는 사고를 통해 형성된 연관맥락들로 구성되어 있으며, 그 자체 모순 없는 세계이다. 내용적으로 볼 때 이 구성물은 하나의 유토피아의 성격을 띠고 있는데, 이 유토피아는 현실의 특정한 요소들이 사유과정에서 강조됨으로써 얻어진다. 그럼 이 유토피아와 경험

28) 여기서 Synthese, 즉 '종합'이란, 물질적 체계나 관념적 체계를 인식하거나 구성하기 위해 개별요소들을 사고상으로 하나의 전체로 결합하는 절차를 의미한다. 따라서 이것은 헤겔이 그의 변증법에서 사용하고 있는 '종합'개념인 정립(*These*)과 반정립(*Antithese*)의 보다 고차적인 통일이라는 의미의 종합개념과는 구분되는 일반개념이다.

적으로 주어진 현실적 사실 간의 관계는 어떠한 것인가? 이는 다음과 같은 한정된 성격의 관계로 규정될 수 있다. 위의 이념적 사고구성체에서 추상적으로 서술된 그런 유의 연관맥락이 — 가령 〈시장〉에 의지하는 제 과정의 연관맥락이 — 현실에서 어떤 정도로든 작용하고 있다고 확인되거나 또는 추측되는 경우 우리는 하나의 이념형에 준거하여 현실에서 확인된 이 연관맥락의 특수성을 구체적으로 예시할 수 있으며, 또 이해 가능하게 제시할 수 있는 것이다. 이 가능성은 탐구를 돕는다는 관점에서뿐 아니라 서술작업을 위해서도 가치가 있고, 더 나아가 필수적일 수 있다. 그리고 연구작업[29]을 위해서는 이념형적 개념은 귀속판단을 훈련하는 역할을 할 수 있다. 또한 이념형적 개념은 〈가설〉은 아니지만 가설구성에 방향을 제시하고, 현실 그 자체의 서술은 아니지만 현실의 서술에 명료한 표현수단을 제공할 수 있다. 그래서 (가령 상기한 경제이론의 경우) 역사적으로 주어진 근대의 교환경제적 사회조직에 대한 〈이념〉을 발전시킨 것이 바로 이 경제이론이고, 이 이념을 구성하는 과정은, 예컨대 우리가 〈발생적〉 개념[30]으로서의 중세의 〈도시경제〉이념을 구성할 때와 똑같은 논리적 원칙에 의해 진행된다. 예를 들어 도시경제이념을 구성할 때, 우리는 〈도시경제〉라는 개념을 관찰된 모든 도시에 실제로 존재하는 경제원칙들의 평균치로 구성하는 것이 아니라, 여기서 역시 이 개념을 하나의 이념형으로 구성하는 것이다.

이념형은 해당 주제에 관련된 하나의 관점 또는 몇 가지 관점을 일면적으로 강조하면서, 이렇게 일면적으로 강조된 관점들에 부응하는 일련의 개별현상들, 즉 곳에 따라 더 많이 또는 더 적게 분산되어 불명료하게 존재하거나 또 어떤 곳에는 전혀 존재하지 않는 개별현상들을 하나의 일관된 사유상(思惟象)으로 종합함으로써 얻어진다. 이 사

29) 베버는 여기서 '연구작업'과 '서술작업'을 구분하고 있다.

30) genetisch. 발생적 개념은 어떤 사물이 어떻게 성립하는지 또는 그것이 어떻게 산출되는지를 진술하는 개념이다.

유상은 그 개념적 순수성에서는 현실의 어느 곳에도 경험적으로 존재하지 않으며, 따라서 그것은 하나의 유토피아이다. 그리고 역사적 연구의 과제는, 개개의 경우에 현실이 얼마나 이 이념상(理念象)에 가까운지 또는 먼지를 확인하는 것이다. 가령 '도시경제'라는 이념형의 경우 한 특정한 도시의 상황이 가진 경제적 성격이 개념상으로 얼마만큼 〈도시경제적〉이라고 규정될 수 있는지를 확인하는 것이다. 이런 유토피아적 성격 또는 비현실성에도 불구하고 이념형적 개념은 연구와 예시의 목적을 수행하는 데는—조심스럽게만 사용한다면—독특한 기여를 할 수 있다. 한 가지 예를 더 들자면, 〈도시경제〉개념의 경우에서와 똑같은 방식으로 우리는 〈수공업〉이라는 〈이념〉을 아래와 같이 하나의 유토피아로 그려낼 수 있다. 즉, 매우 다양한 시대와 나라의 공업종사자들에게서 분산되어 발견되는 특정한 속성들을 일관성 있게 일면적으로 강조하여 그 자체를 하나의 (내부적으로) 무모순적 이념상으로 종합하고, 이 속성들을 위의 이념상에 제시된 발상에 연관지음으로써 우리는 〈수공업〉의 이념형을 구성할 수 있다. 더 나아가 우리는 위에서 이념형으로 구성한 〈수공업〉에 특유한 행위원칙이 모든 경제적 활동을—심지어는 정신적 활동까지—지배하는 듯이 보이는 사회를 상상해볼 수 있다. 그렇게 하고 나서 우리는 수공업 이념형의 반대개념으로—근대적 대규모산업의 특정한 속성들에서 추상하여—자본주의적 공업조직에 대한 이념형을 구성하여 대비시킬 수 있으며, 이어 〈자본주의적〉 문화라는 유토피아를 구상할 수 있다. 즉, 사적 자본의 가치증식 이해에 의해서만 지배되는 문화에 대한 이념상을 구상할 수 있다. 이 유토피아는 근대의 물질적·정신적 문화생활의 불명료한 몇 가지 속성들의 특이성을 강조하여 하나의 무모순적 이념상으로 종합해야 할 것이다. 이럴 경우 이것은 자본주의적 문화라는 〈이념〉을 그려내는 시도가 될 것이다. 이 시도가 성공할 수 있는지 그리고 어떻게 성공할 수 있는지의 문제는 여기서 논의할 수가 없다. 그런데 단순히 가능한 일일 뿐 아니라 오히려 하나의 확실한 사실로 간주되어야 할 것은, 이런 유의 유토피아는 여러 개 또는 수없이 구상될 수 있으며, 이 가운데 어느 것도 다른 것과 동일하지 않을 것이며, 더구나 이 가운데 어느 것도 경험적 현실에서는 사회관계의 실제로 타당한 질서로서 관찰될 수는 없을 것이라는 점이다. 그럼에도 불구하고 이들 유토피아는 각각 자신이 자본주의적 문화라는 〈이념〉을 서술하고 있다고 주장할 것이고, 또 만약 이들이 우리 문화가 가진 그 특이성에서 유래하는 중요한 몇 가지 속성들을 현실에서 채취하여 하나의 일관된 이념상으로 종합해내고 있기만 하다면, 이들은 각각 상기한 주장을 내세울 수 있는 것이다. 왜냐하면 어떤 현상이 하나의 문화현상으로서 우리의 관심을 끌 경우 이 관심의 대상—다시 말하여 상기 현상의 〈문화의의〉—은 대개 이 현상과 연관된 매우 다양한 가치이념들에서 도출되기 때문이다. 따라서 우리가 이 현상을 의의 있는 것으로 간주하는 데 준거가 되는 〈관점들〉이 지극히 다양할 수 있듯이, 한 특정문화에 대한 이념형에 포함되어야 할 연관맥락의 선택원칙 역시 지극히 다양할 수 있는 것이다.

그러면 이러한 이념형적 개념이 우리가 실천하고자 하는 바와 같은 경험과학에 대해 가지는 의미는 무엇인가? 우선 한 가지 강조되어야 할 점은, 우리가 여기서 논의한 순수하게 논리적인 의미에서 〈이상적〉인 사고구성체는 당위적인 것, 〈모범적인 것〉이라는 관념과는 엄격히 구분되어야 한다는 점이다. 이념형은 우리의 상상력이 충분히 근거가 있다고, 즉 〈객관적으로 가능하다〉고 판단하는 연관맥락들 그리고 우리의 법칙적 지식에 적합하다고 보이는 연관맥락들의 구성체인 것이다.

역사적 현실을 인식한다는 것은 〈객관적〉 사실의 〈전제 없는〉 모사이어야 하고 또 그럴 수 있다고 믿는 사람들은 이념형에 어떤 가치도 부여하지 않을 것이다. 또한 설사 논리적인 의미에서 〈무전제성〉이란 있을 수 없음을 인정하는 사람도, 그래서 가장 간단한 서류 발췌문이나 문서철도 〈문화의의〉와의 연관하에서만, 그리고 궁극적으로는 가치이념과의 연관하에서만 학문적 의미를 가질 수 있음을 인정하는 사람도, 역사적 〈이념상〉의 구성을 역사연구의 무편견성을 해치는 예시수단으로 간주하거나 아니면 대부분 지적유희로 간단히 치부해버릴 것이다. 그리고 실지로 이념형이 순수한 사고유희인지 아니면 매우 창조적인 개념구성방식인지의 여부는 결코 선험적으로 결정될 수 있는 일은 아니다. 이 경우 역시 단 하나의 판단기준이 있을 뿐이다. 즉 구체적 문화현상들의 연관맥락과 그것의 인과적 규정성 및 그들의 의의를 인식하는 데 이념형이 얼마나 성과가 있는가라는 기준이 있을 뿐이다. 따라서 추상적 이념형은 목적이 아니라 수단으로 이해되어야 한다. 그러나 역사적 서술에 내포된 개념적 요소들을 주의 깊게 관찰해보면, 역사가가 구체적인 연관맥락을 단순히 확인하는 차원을 넘어서 한 개별적 현상의—이것이 아무리 단순한 현상이라 하더라도—문화의의를 파악하고 이 현상의 〈특수성〉을 서술하려고 시도하는 순간, 그는 자신이 사용하는 개념들을 이념형의 형태로만 명료히 규정할 수 있으며, 또 그는 이런 이념형적 개념들을 가지고 작업을 할 수밖에 없다는 점을 우리는 확인할 수 있다. 가령 〈개인주의〉, 〈제국주의〉, 〈봉건주의〉, 〈중상주의〉, 〈신분적〉 또는 그 외에 우리가 현실을 사고와 이해를 통해 파악하기 위해 사용하는 수많은 유사한 개념들은 모두 이념형들인 것이다. 아니면 이들이 그 내용상 단 하나의 구체적 현상의 〈무전제적인〉 서술이란 말인가? 또는 여러 개의 구체적 현상들에 공통된 것을 추상적으로 종합한 것이란 말인가? 역사가의 언어는 수백 개의 단어 속에 위와 같은 불분명한 이념상들, 즉 성찰되지 않은 채 작동하는 표현 욕구에서 파생된 이념상들을 내포하고 있는데, 역사가는 이들의 의미를 직관적으로 감지하고 있기는 하지만 명료히 성찰하지는 않는 것이다. 그런데 셀 수 없이 많은 경우에, 특히 서술적 정치사의 영역에서는 이런 개념들이 내용상으로 불분명하다고 해서 그것이 서술의 명료성에 해를 끼치지는 않는다고 볼 수 있다. 이런 경우에는 역사가가 염두에 두는 바를 우리가 느낄 수만 있으면 족하며, 또한 한 현상과 관련하여 상대적으로 중요한 개념내용이 부분적으로 규정되어 있는 듯이 보이는 것만으로도 우리는 만족할 수 있다. 그러나 한 문화현상의 중요성이 명료히 부각되어야 하면 할수록, 단순히 부분적이 아니라 전면적으로 규정된 명확한 개념들을 사용해야 할 필요성은 더욱더 커지게 마련이다. 역사적 사고의 상기한 종합들을 '가장 가까운 유(類)와 종차(種差)'[31] 라는 도식으로 〈정의〉내리는 것은 물론 난센스이다. 이것은 실지로 한번 시험해보면 이해가 될 것이다. 개념의미를 확인하는 이러한 방식은 단지 삼단논법을 사용하는 교의적 학문영역에서나 찾아볼 수 있을 뿐이다. 단순히 〈서술적으로〉 풀어씀으로써 위의 개념들을 그 구성요소들로 〈분해〉하는 방식 역시 가능하지 않거나 또는 가능한 듯이 보일 뿐인데, 왜냐하면 이 방식에서도 해결되어야 할 문제는 어느 구성요소를 본질적인 것으로 간주할 것인지를 결정하는 것이기 때문이다. 따라서 한 개념내용의 발생적 정의를 시도하려면 위에서 규정된 의미에서의 이념형적 방법만이 남는 것이다. 이념형은 하나의 사고구도로서, 이것은 역사적 현실이 아니며, 〈진정한〉 현실은 더더구나 아니며, 특히 이념형은 현실이 하나의 사례로 귀속되어야 할 그러한 도식은 더더구나 아니다. 이념형은 하나의 순수하게 이념적인 한계개념으로 기능하는데, 우리는 현실의 경험적 내용 가운데 특정한 중요한 구성요소를 명확히 하기 위해 현실을 이 개념에 준거하여 측정하며 또 이 개념과 비교하는 것이다. 이러한 개

31) genus proximum differencia spezifica. '가장 가까운 유(類)와 종차(種差)'란 전통논리학에서 이른바 '실재적 정의'(*Real definition*)라고 불리는 정의방식 중 가장 전형적인 방식이다. 여기서 실재적 정의란 대상이나 속성들에 대한 정의로서, 그것들의 본질을 포착해주는 정의이다. '가장 가까운 유와 종차'라는 도식에 의한 정의의 예를 하나 들면, '직각삼각형은 한 각이 직각인 삼각형이다'라는 정의에서 '삼각형'은 직각삼각형의 '유'개념이며 '한 각이 직각이다'라는 것은 '종차'이다.

념들은 우리가, 현실에 준거한, 그리고 현실에서 훈련한 우리의 상상력이 적합하다고 판단하는 연관맥락을 객관적 가능성이라는 범주를 이용해 구성해내는 형상들이다.

이런 기능의 관점에서 볼 때 이념형은 특히 아래와 같은 시도, 즉 역사적 개체 또는 그것의 개별 구성요소들을 발생적 개념으로 포착하려는 시도를 내포하고 있다. 가령 〈교회〉와 〈종파〉의 개념을 예로 들어보자. 우리는 이 두 개념을 순수하게 분류적 특성군으로 분해할 수 있으며, 이럴 경우 두 개념 간의 경계뿐 아니라 개념의 내용도 항상 유동적으로 남아 있어야 한다. 그에 반해 우리가 〈종파〉의 개념을, 가령 〈종파정신〉이 근대문명에 대해 가졌던 특정한 중요한 문화의의와 연관시켜 발생적으로 파악하려고 한다면, 두 개념의 특정한 특성들이 본질적으로 중요해지는데, 왜냐하면 이 특성들이 상기한 문화의의와 적합한 인과적 관계를 가지고 있기 때문이다. 이렇게 되면 이 개념들은 이념형적이 된다. 즉, 이들은 그 개념적 순수성의 차원에서는 경험적으로 나타나지 않거나 또는 드물게 나타날 뿐이다. 어디서나 마찬가지로 여기서도 순수하게 분류적이지 않은 모든 개념은 현실과는 유리되는 것이다. 그러나 우리 인식행위가 개념적[32] 성격을 가지고 있다는 사실, 다시 말하여 우리는 현실을 연속적 관념변화를 통해서만 파악할 수 있다는 사실은 이미 언급한 바와 같은 개념 속기술(速記術)을 요구하는 것이다. 우리의 상상력은 변화하는 관념들의 명시적 개념화 작업을 연구의 수단으로서는 분명히 생략할 수 있게 한다. 그러나 서술을 위해서는, 이 서술이 명확하고자 하는 한, 이러한 명시적 개념화 작업이 ― 문화 분석의 영역에서는 ― 수많은 경우 전적으로 불가피하다. 이 작업을 원칙적으로 거부하는 자는 자신

32) diskursiv의 역어. 여기서 '개념적 성격'이란 한 판단에서 다른 판단으로, 한 개념에서 다른 개념으로 나아가는 논리적 사유가 가지고 있는 특성을 뜻한다. 이런 의미의 '개념적'(또는 '논증적') 사유에 반대되는 형태는 '직관적'(*intuitiv*) 사유이다.

의 연구를 문화현상의 형식적 측면—가령 법제사적 측면—에 한정시킬 수밖에 없다. 물론 법적 규범의 세계는 개념적으로 명확히 규정될 수 있으며, 동시에 (법적 의미에서) 역사적 현실에 대해 타당성을 가진다. 그러나 우리가 의미하는 사회과학의 대상은 이 규범들의 실제적인 의의이다. 그런데 이 의의는 대부분의 경우 경험적으로 주어진 것을 하나의 이념적인 한계상황에 연관지음으로써만 명료하게 파악될 수 있는 것이다. (가장 넓은 의미에서의) 역사가가 이러한 이념형 구성시도는 〈이론적 구성〉에 불과하다는 이유에서, 즉 자신의 구체성 중심의 연구목적에는 도움이 안 되거나 또는 없어도 된다는 이유에서 거부한다면, 이 거부의 결과는 대개 아래와 같은 두 가지 형태를 띤다. 첫째, 이 역사가는 의식적으로나 무의식적으로 다른 유사한 이론적 구성물을 언어적으로 명시하지 않고 또 논리적으로 정리하지 않은 채 사용하거나, 아니면 둘째, 그는 막연하게 〈느낀 것〉의 영역에 머물러 있게 된다.

그러나 가장 위험한 것은 자연주의적 편견에서 유래하는 이론과 역사의 혼합이다. 이 혼합은 여러 가지 방식으로 일어날 수 있다. 가령 위에서 설명한 이론적 개념상(概念像)이 역사적 현실의 〈진정한〉 내용 또는 〈본질〉을 포착하고 있다고 믿는 것이라든지, 또는 이 개념들을, 역사를 억지로 끼워 맞춰 넣어야 할 프로크루스테스의 침대로 이용한다든지, 또는 심지어 〈이념들〉을 명멸하는 현상의 뒤에 숨은 〈진정한〉 현실로, 역사에서 작용하고 실재하는 〈힘들〉로 실체화하는 것이라든지 등이 상기한 혼합의 예들이다.

특히 마지막으로 언급한 위험, 즉 이념의 실체화의 위험은 각별히 크다. 왜냐하면 우리는 한 시대의 〈이념〉을 고찰할 때, 이 이념을 그 시대의 대중 자체 또는 역사적으로 비중 있는 일부 집단자체를 지배했던 이념과 이상이었던 것으로 우선 이해하고, 그래서 이 이념과 이상이 이 사람들의 문화적 특수성을 구성하는 요소로서 중요한 역할을 한 것으로 우선 이해하는 습관을 가지고 있기 때문이다. 거기에 아래와 같은 사정이 추가된다. 즉 실제적 그리고 이론적 사고방향이라는 의미에서의 〈이념〉과 우리가 개념적 보조수단으로 구성하는, 한 시대에 대한 이념형으로서의 〈이념〉 간에는 통상적으로 일정한 관계가 존재한다는 사정이 그것이다. 그래서 한 시대의 몇 가지 특징적 사회현상에서 추상된 특정 사회상황에 대한 이념형은 그 동시대인들 스스로가 실천적으로 추구했던 이상, 또는 특정한 사회관계의 규제원칙으로 구상했던 것일 수 있으며, 이것은 실지로 흔히 그러하다. 가령 〈생계보호〉라는 〈이념〉 및 이와 유사한 많은 교회법 학자들의 이론들, 특히 성 토머스의 이론과, 우리가 위에서 논의했고 오늘날 이념형적 개념으로 쓰이고 있는 중세 〈도시경제〉개념과의 사이에 존재하는 관계가 바로 그런 경우이다. 더 명백한 경우는 국민경제학의 그 악명 높은 〈기초개념〉, 즉 〈경제적 가치〉개념의 경우이다. 스콜라 철학에서 맑스의 이론에 이르기까지 이 개념에는 〈객관적〉으로 타당한 것, 즉 존재-당위적인 것에 대한 이념과 가격형성의 경험적 과정으로부터의 추상화가 혼합되어 있다. 그리고 재화의 〈가치〉가 특정한 〈자연법적〉 원칙에 의거하여 규제되어야 한다는 당위는 문화발전에 엄청난 의미를 가졌으며 — 비단 중세의 경우만이 아니라 — 오늘날도 아직 가지고 있다. 그리고 이 이념적 당위는 특히 경험적인 가격형성과정에도 심대한 영향을 끼쳤다. 그러나 상기한 〈경제적 가치〉라는 이론적 개념이 무엇을 내포하고 있으며 또 내포할 수 있는지는 오로지 명료한 이념형적 개념구성을 통해서만 진정으로 분명하게 할 수 있다. 추상적 이론의 〈로빈슨 크루소적 이야기들〉 즉, 추상적 비현실적 개념들을 경멸하는 자들은 최소한 자신들이 더 좋은 대안, 더 명확한 것을 제시할 수 있을 때까지는 상기한 관점을 숙지해야 할 것이다.

물론 역사적으로 확인할 수 있는, 특정 시대의 사람들을 지배했던 이념과, 이념형 구성의 근거가 되는 역사적 현실의 특정 구성요소 간의 인과관계는 지극히 다양한 형태를 띨 수 있다. 원칙적인 차원에서 언급할 수 있는 것은 단지, 이 두 가지는 두말할 나위도 없이 본질적으로 다른 성격을 가지고 있다는 점이다. 거기다 또 하나 추가되어야 할 관점은, 한 시대의 인간들을 지배하는 이념들, 즉 이 인간들 내부에서 불분명하게 작용하는 이념들 그 자체를 — 만약 이 이념들이 복합적인 성격을 지니고 있다면 — 우리는 이념형의 형태로만 개념적으로 명료하게 포착할 수 있다는 점이다. 그도 그럴 것이, 이 이념들은 경험적으로 볼 때 불특정 그리고 변화하는 다수의 머릿속에서 작용하고 또 그런 가운데 그 형식과 내용, 명료성과 의미 면에서 지극히 다양한 색채를 띨 수 있기 때문이다. 가령 우리가 중세 어느 한 시기 사람들의 정신생활을 구성하는 요소를 〈기독교적 신앙〉이라고 종합한다고 하자. 이 경우 만약 우리가 이 구성요소들을 완벽하게 서술할 수 있다면 이 서술의 결과는 물론 온갖 종류의 무한히 세분화되고 지극히 모순적인 사고맥락 및 감정맥락들의 혼동상일 것이다. 이것은 중세교회가 신앙과 관습의 통일성을 매우 광범하게 관철할 수 있었음에도 불구하고 그러하다. 여기서 이 혼동 가운데 도대체 무엇이 중세의 가장 본래적 〈기독교〉— 우리는 여기서 〈기독교〉라는 개념을 일단 하나의 고정된 개념으로 계속 사용하지 않을 수 없다 — 였는지를 묻는다면, 또는 중세 제도들에서 우리가 〈기독교적〉이라고 평가하는 것이 무엇인지를 묻는다면 우리는 여기서도 개개의 경우에서 우리 스스로가 창출한 순수한 이념상을 사용하고 있음을 확인할 수 있다. 이 이념상은 신앙교의, 교회법적 규범, 관습적 규범, 생활신조 및 그 외에 수많은 개별적 연관성들의 결합으로서, 이 결합을 우리가 하나의 〈이념〉으로 연결하는 것이다. 그런데 이 종합을 우리는 이념형적 개념을 사용하지 않고는 도저히 무모순적으로 수행할 수가 없는 것이다.

이러한 〈이념들〉이 서술되어 있는 개념체계의 논리적 구조 및 이 구조와 경험적 현실의 직접적 모습과의 관계는 물론 지극히 다양하다. 아래와 같은 경우에는 이 관계가 비교적 간단하다. 즉, 인간을 지배하고 또 역사적 결과를 남긴 이념들이 하나 또는 몇 개의 쉽게 공식화될 수 있는 이론적 원칙들이거나 — 가령 칼뱅의 예정론 — 또는 명료하게 서술될 수 있는 도덕적 요구들일 경우가 그러한데, 이런 경우 우리는 〈이념들〉을 위에서 설명한 이론적 원칙들에서 논리적으로 도출할 수 있는 위계적 사상체계로 정리할 수 있다. 물론 이 경우에도 사람들이 흔히 간과하는 것은, 역사에서 이념이 순수하게 논리적 차원에서 행사하는 불가항력적 힘이 막대했음은 부인할 수 없지만—맑스주의가 이에 대한 아주 적절한 예이다—인간의 머릿속에서 진행되는 경험적-역사적 과정은 대개 심리적으로 규정된 과정이지 논리적으로 규정된 과정은 아니라는 사실이다.

역사적으로 작용한 이념들에 대한 위에서 설명한 것과 같은 종합들이 이념형적 성격을 가졌다는 것은 아래와 같은 경우에 더욱더 명백히 드러난다. 즉, 위에서 언급한 기본적 행위지침과 도덕적 요구가 (가령 칼뱅교의 지침과 요구) 이 지침에서 논리적으로 도출되었던 이념들 또는 연상작용을 통해 형성된 이념들의 지배를 받던 개개인들의 머리에서 더 이상 작용하지 않을 경우가 그것이다. 이 이념들이 더 이상 작용하지 않는 이유는 상기한 지침들의 밑에 깔렸던 원래의 〈이념〉이 소멸해버렸기 때문일 수도 있고, 아니면 단지 그 이념의 결과만이 확산되었기 때문일 수도 있다. (개념적) 종합은 우리가 창출하는 〈이념〉이라는 사실이 이보다 더 명료히 나타나는 경우는, 상기한 기본적 지침들이 처음부터 불충분하게 의식되었거나 아니면 아예 의식되지 못했거나 또는 최소한 명료한 사고체계의 형태를 갖추지 않았을 경우이다. 그래서 우리가 이러한 명료한 개념적 종합이라는 과정을 수행할 경우,—그리고 우리는 수시로 이 과정을 수행하고 있고 또 수행해야만 한다—이 과정에서 구성되는 〈이념〉은 하나의 순수한 이념형으로서(가령 한 특정시대의 〈자유주의〉 이념, 감리교 이념 또는 〈사회주의〉 이념의 사상적으로 미성숙한 아류 등), 이 이념의 성격은 우리가 위에서 논의의 출발점으로 삼았던 한 경제시기의 〈원칙들〉의 종합과 똑같은 것이다. 우리가 서술하려는 연관관계가 포괄적이면 포괄적일수록, 그리고 이 연관관계의 문화의의가 다면적이면

다면적일수록, 이들을 하나의 개념체계에 종합적이고 체계적으로 서술하려는 시도는 더욱더 이념형의 성격을 가지게 되고, 동시에 단 하나의 개념으로 이 관계를 포착할 수 있는 가능성은 더욱더 적어지게 된다. 그런 만큼 상기한 문화의의의 새로운 측면들을 새로운 이념형의 구성을 통해 밝히려는 시도가 끊임없이 반복되는 것은 더욱더 당연하고 또 불가피한 것이다. 가령 기독교의 〈본질〉에 대한 모든 이념형적 서술은, 만약 이것이 경험적으로 존재하는 것에 대한 역사적 서술이고자 한다면, 항상 그리고 불가피하게 매우 상대적이고 불완전한 타당성을 지닌 이념형인 반면에, 만약 이것이 단순히 현실을 비교하고 측정하는 개념적 수단의 준거로 쓰인다면, 이 이념형들은 연구를 위해서는 매우 높은 색출적 가치를, 그리고 서술을 위해서는 높은 체계적 가치를 가지게 된다. 이런 기능의 관점에서 이념형은 그야말로 필수적이다. 그런데 이런 이념형적 서술에는 통상적으로 또 다른 문제가 수반되는데, 이 문제는 이념형의 의미를 더욱더 복잡하게 한다.

이 문제란, 이념형적 서술은 논리적 의미에서만이 아니라 실천적 의미에서도 이념형이고자 하며, 또 흔히 무의식적으로 실천적 함의를 띠게 된다는 것이다. 이들은 모범적인 유형이고자 하는바, 이런 유형은—가령 위에서 논의한 우리의 예를 두고 본다면—서술자가 기독교는 당위적으로 이러해야만 한다고 믿는 것을 내포하고 있다. 다시 말하여 이 유형은 기독교의 구성요소 가운데 서술자 스스로가 〈본질적인 것〉으로 여기는 것, 즉 그가 지속적으로 가치 있는 요소라고 여기는 것을 내포하고 있다. 만약 그가 이념형을 의식적으로 또는—이것이 더 흔한 경우이지만—무의식적으로 이렇게 구성한다면, 이 이념형은 서술자 자신이 기독교에 대한 가치평가의 기준으로 삼고 있는 이상을 내포하게 된다. 즉, 서술자는 그의 생각에 기독교가 실현시켜야 할 과업과 목표를 기준으로 기독교에 대한 자신의 〈이념〉을 구성하는데, 이 과업과 목표는 물론 해당 시대의 사람들이—가령 초기 기독교도들—기독교와 연관지었던 가치들과는 전혀 다를 수 있으며, 또 분명히 항상 다를 것이다. 이런 의미에서의 〈이념들〉은 이제 더 이상 순수하게 논리적 보조수단이 아니며, 우리가 현실을 비교-측정하는 준거로서의 개념들이 아니라, 현실에 대한 가치평가를 내리는 준거로서의 이상들이다. 이렇게 되면 개념구성은 경험적인 것을 가치에 연관짓는 순수하게 이론적인 과정이 아니라 가치판단이 되며, 이 가치판단이 기독교라는 〈개념〉에 수용되는 것이다. 거기다 이 이념형이 경험적 타당성까지 주장할 경우, 이 이념형은 기독교에 대한 가치평가적 해석의 영역에까지 침투하게 되는 것이다. 이와 함께 이 이념형은 경험과학의 영역을 떠나게 된다. 이것은 이미 이념형적 개념구성이 아니라 사적인 신조의 표현이다. 이 둘 사이에는 근원적 차이가 있음은 명백하지만, 역사적 연구과정에서는 〈이념〉이 가진 이와 같은 근원적으로 상이한 두 가지 의미가 매우 흔히 서로 혼합된다. 이런 혼합의 위험은 서술하는 역사가가 한 개인 또는 시대에 대한 자신의 〈견해〉를 발전시키기 시작하면서 생겨나기 쉽다. 슐로서[33]가 합리주의의 정신하에서 사용한 불변의 윤리적 기준들과는 달리, 상대주의적 사고에 훈련된 현대의 역사가는 자신이 다루는 시대를 한편으로는 〈그 시대 자체로부터〉 이해하려고 하면서, 다른 한편으로는 그것을 〈가치평가〉하려고 하며, 그래서 그는 자신의 평가 기준을 〈소재〉 그 자체에서 획득하려는 욕구를 가지게 된다. 즉, 이상이라는 의미에서의 〈이념〉을 〈이념형〉이라는 의미에서의 〈이념〉으로부터 저절로 도출되게 하려는 욕구를 가지게 된다. 이 방법이 가진 심미적 매력은 그로 하여금 이 두 가지를 가르는 경계선을 지워버리도록 끊임없이 유혹하는데, 이것은 한편으로는 가치판단을

33) Schlosser(1776~1861). 독일의 역사학자. 슐로서는 과거의 문헌들이 가진 역사적 정치적 의미를 분석하는 데 탁월한 업적을 남겼다. 그는 계몽주의의 합리주의 정신에 따라 보편적 도덕적 원칙들을 자신의 역사평가의 기준으로 삼았으며 이를 통해 자유주의적 시민계급의 역사관 형성에 영향을 끼쳤다.

포기할 수 없으면서 다른 한편으로는 이 가치판단에 대한 자신의 책임을 회피하려는 엉거주춤한 자세이다. 이에 반해 학문적 자기통제의 기본적인 의무이면서 위와 같은 사기행위를 방지하는 유일한 수단은, 현실을 논리적 의미에서의 이념형과 논리적 차원에서 비교하면서 서로 연관짓는 작업과, 이상을 준거로 해서 현실을 가치평가하는 작업을 엄격히 서로 구분하는 것이다. 다시 한 번 반복하지만, 우리가 의미하는 이념형은 가치를 매기는 평가에 대해서는 전적으로 무관심하다. 즉, 이 이념형은 하나의 순수하게 논리적인 〈완벽성〉 이외의 다른 어떤 것과도 전혀 관계가 없다. 따라서 종교에 대한 이념형이 있는 것과 똑같이 매춘구역에 대한 이념형도 있는 것이다. 그리고 매춘구역에 관한 이념형들 중에서는 오늘날의 치안윤리적 입장에서 볼 때 〈합목적적〉으로 보이는 것도 있고 또 그 정반대로 보이는 것도 있다.

이 자리에서는 부득이 가장 복잡하고 또 가장 흥미로운 사례, 즉 국가개념의 논리적 구조에 대한 문제를 상세히 논의할 수가 없다. 이에 대해서는 단지 아래와 같은 언급으로 그치고자 한다. 경험적인 현실에서 〈국가〉라는 관념에 상응하는 것이 무엇인지를 묻는다면, 우리가 확인하는 것은 불명확하고 은밀한 행위와 묵인, 사실상의 사회관계 또는 법적으로 규제된 사회관계(이 관계들은 일회적일 수도 반복적일 수도 있다)의 무한대이며, 이 무한대는 하나의 이념 또는 믿음에 의해 유지되고 있다. 실지로 타당한 또는 타당하다고 전제되는 규범들과 실지로 타당한 또는 타당하다고 전제되는 인간의 인간에 대한 지배관계에 대한 믿음. 이 믿음은 한편으로는 지적으로 숙고된 정신적 산물이기도 하고, 다른 한편으로는 막연히 감지되거나 또는 수동적으로 수용되고, 또 지극히 다양한 방식으로 굴절되어 개개인의 머리에 존재한다. 이 개인들이 만약 국가라는 이 〈이념〉을 진정 스스로 명료하게 하나의 이념으로 성찰한다고 치면, 그들은 〈일반 국가론〉을, 즉 바로 이 국가개념을 정립하고자 하는 학문을 필요로 하지 않을 것이다. 학문적 국가개념은—그것이 어떻게 정의되든 간에—물론 항상 우리가 특정한 인식목적을 위해 창출하는 하나의 종합이다. 그러나 다른 한편으로 이 개념은 역사적으로 존재했던 인간들의 머릿속에서 발견되는 불분명한 종합들에서 추출된 것이기도 하다. 그러나 역사적으로 존재했던 〈국가〉에 대해 그 당시 사람들이 가졌던 생각의 구체적 내용은 다시금 이념형적 개념에 준거해서만 명료하게 서술될 수 있다. 더 나아가 전혀 의문의 여지가 없는 사실은, 당대인들이 논리적으로 항상 불충분한 방식으로나마 국가에 대해 형성했던 위와 같은 종합적 생각들, 그리고 그들 스스로가 국가에 대해 형성했던 〈이념들〉은—가령 미국의 〈사무적〉 국가관과 대조되는 독일의 〈유기체적〉 국가형이상학—매우 큰 현실적 의미를 가지고 있다는 사실이다. 다른 말로 표현하면 여기서도 당위적으로 타당하거나 또는 타당하다고 믿어진 실천적인 이념과, 특정한 인식목적을 위해 구성된 이론적 이념유형은 서로 상응하며 그리고 서로 섞여서 구별할 수 없게 되는 경향을 항상 가지고 있다.

위에서 우리는 의도적으로 〈이념형〉을 개별적 연관관계, 즉 그 유일성의 관점에서 중요한 연관관계—가령 기독교, 자본주의 등—를 추정하고 체계적으로 특징짓기 위한 정신적 구조물로 고찰했다(물론 전적으로 이 측면에서만 고찰한 것은 아니지만). 이런 고찰이 의도한 바는 문화현상의 영역에서는 추상적-유형적(類型的)인 것과 추상적-유적(類的)인[34] 것이 동일하다는 통상적인 견해를 극복하자는 것이다. 이 두 가지는 동일하지 않다. 많은 논쟁의 대상이 되었고 또 오용을 통해 심히 평가절하된 〈유형적인 것〉이라는 개념을 이 자리에서 원칙적 관점에서 분석할 수는 없지만, 우리의 지금까지의 서술을 통해서만도 분명해진 것은, 〈우연적인 것〉의 배제라는 의미에서의 유형개념의 구

34) Das Gattungsmässige의 역어. 생물학의 분류방식에서 〈종〉(種)의 상위개념이다.

성은 역사적 개체의 경우에서도, 아니 바로 이 경우에 특히 적합하다는 사실이다. 물론 우리가 역사적 서술 및 구체적인 역사적 개념의 구성요소로 흔히 발견하는 유개념들도 추상화를 통해, 그리고 이 개념들의 본질적 요소들의 강화를 통해 이념형으로 만들 수 있다. 더구나 이것은 이념형적 개념의 매우 흔하고 중요한 적용경우이기도 하다. 그리고 모든 개별적 이념형은 유적 성격의 개념적 요소들로 구성되는데, 이 요소들이 이념형으로 전환된 것이다. 그러나 이 경우에도 이념형적 개념의 독특한 논리적 기능이 나타난다. 예를 들어 만약 〈교환〉이라는 개념을 우리가 이 개념의 구성요소들이 가진 의의를 배제한 채, 단순히 일상용어로 분석한다면 이것은 여러 현상에 공통으로 존재하는 특징들의 복합체라는 의미에서의 단순한 유개념이다. 이에 반해 우리가 이 개념을 〈한계효용법칙〉과 연관지어 경제적으로 합리적인 과정으로서의 〈경제적 교환〉이라는 개념으로 구성한다면, 이 개념은 — 논리적으로 완숙한 모든 개념과 마찬가지로 — 교환의 〈유형적인〉 조건들에 대한 하나의 판단을 내포하게 된다. 이렇게 되면 이 개념은 발생적 성격을 띠게 되며 이를 통해 동시에 논리적 의미에서 이념형적이 된다. 즉 이 개념은 경험적 현실에서 유리되며, 그래서 경험적 현실은 이제 이 개념과 비교될 수 있게 되고, 또 이 개념은 경험적 현실의 분석의 준거가 될 수 있다. 국민경제학의 모든 이른바 〈기초개념들〉에서도 사정은 이와 유사하다. 이 개념들은 그 발생적 형태에서는 단지 이념형으로만 구성될 수 있다. 경험적 현상들에 공통되는 것을 종합한 것에 불과한 단순한 유개념과 유적인 이념형 — 가령 수공업의 〈본질〉에 대한 이념형적 개념 — 간의 경계선은 경우에 따라 유동적이다. 그러나 어떤 유개념도 그 자체로서 〈유형적〉 성격을 가지고 있지는 않으며 순수하게 유적인 〈평균치〉-유형이란 존재하지 않는다. 어디서든 — 가령 통계학에서 — 〈유형적〉 크기가 논의될 경우, 이 크기는 단순한 평균치 이상을 내포하고 있는 것이다. 현실에서 집단현상으로 일어나는 과정들의 단순한 분류가 문제가 되면 될수록, 이 분류는 한층 더 유개념적 성격을 띠며, 이에 반해 복잡한 역사적 연관맥락을 이 연관맥락에 고유한 문화의의를 내포하고 있는 구성요소들을 중심으로 하여 개념화해야 하면 할수록 이 개념은 더욱더 이념형적 성격을 띠게 된다. 그럴 수밖에 없는 것이, 이념형적 개념구성의 목적은 항상 문화현상들의 유적인 것이 아니라 오히려 정반대로 그들의 특수성을 명료하게 표출시키는 것이기 때문이다.

4) '발전' 이념형

이념형이 — 유적인 이념형까지 포함하여 — 사용될 수 있고 또 사용된다는 사실은 또 다른 하나의 상황과의 연관하에서만 우리의 방법론적인 관심의 대상이 되는데, 이제 이 상황을 살펴보자. 지금까지 우리는 이념형을 주로 연관맥락에 대한 추상적 개념으로만 서술해왔으며, 이 연관맥락은 사건의 흐름 가운데 정지하여 서 있는 역사적 개체로 상정되고, 따라서 역사적 발전은 이 개체를 준거로 하여 진행되는 것으로 생각해왔다. 여기에 하나의 복잡한 상황이 등장하는데, 그것은 발전도 이념형으로 구성될 수 있으며, 이 발전이념형들은 대단히 높은 색출적 가치를 가질 수 있다는 사실이다. 이 상황으로 인해 자연주의적 편견, 즉 사회과학의 목적은 현실을 〈법칙들〉로 환원시키는 것이어야만 한다는 자연주의적인 편견이 〈유형적인 것〉이라는 개념의 힘을 빌려 매우 쉽게 연구일상에 다시 유입된다. 그러나 이 과정에서 발생하는 매우 큰 위험은, 이념형과 현실이 서로 뒤엉켜버릴 수 있다는 점이다. 가령 우리는 엄격히 〈수공업적으로〉 조직된 사회에서는 자본축적의 유일한 원천이 지대일 수밖에 없다는 이론적 결론에 도달할 수 있다. 이 결론에 기초하여 우리는 아마도 수공업적 경제형태의 자본주의적 경제형태로의 전환에 대해 특정한 단일요인 — 가령 토지의 제한성, 인구증가, 귀금속 유입, 생활양식의 합리화 등 — 만을 고려하는 하나의 이념상을 구성할 수 있을 것이다(이 구성의 적정성 여부는 여기서 문제 삼지 않겠다). 경험적 발전과정이 실지로 앞에서 논의한 구도와 일치하는지는 이 구도를 색출적 수단으로 삼아 이념형과 〈사실들〉을 비교하는 방법을 통해 조사할 수 있을 것이다. 만약 이 이념형이 〈옳게〉 구성되었는데, 실제적 과정은 이 이념형에 상응하지 않는다면, 이로써 우리는 중세사회가 특정한 영역에서는 엄격히 〈수공업적으로〉 조직된 사회가 아니었다는 증거를 얻게 된다. 만약 이 이념형이 발견논리적 관점에서 〈이상적으로〉 구성되었을 경우—이런 이상적 구성이 이 예의 경우 도대체 가능한지 또 어떻게 가능한지라는 문제는 여기서 전적으로 고려 밖이다—이 이념형은 우리로 하여금 중세사회의 비수공업적 구성요소와 그것의 특수성 및 역사적 의미를 더 명확하게 파악할 수 있게 할 것이다. 만약 이 이념형이 이런 결과를 낳는다면, 그것은 바로 자신의 비현실성을 나타내 보임으로써 자신의 논리적 목적을 완수한 것이다. 이 이념형은—이 경우에—가설의 확인이었다. 이와 같은 과정은 우리가 아래와 같은 사실을 항상 염두에 두는 한 아무런 방법론적인 문제도 야기하지 않는다. 즉 이념형적 발전구도와 경험적 역사는 서로 엄격히 구별되어야 할 두 가지 사항이라는 사실과, 이 이념형적 발전구도는 한 역사적 현상의 원인들, 즉 현재의 인식수준에서 생각할 수 있는 가능한 원인들 중에서 그 실제적 원인들을 체계적으로 그리고 타당한 방식으로 확인하여 인과 귀속시키기 위해 우리가 사용하는 수단에 불과하다는 사실을 염두에 두는 한 그러하다.

그러나 이념형적 발전구도와 실제적 역사의 엄격한 구분을 유지하는 것은 경험상으로 볼 때 지극히 어렵다. 그 이유 중의 하나는, 이념형 또는 이념형적 발전구도를 생생히 설명할 목적으로 우리는 경험적-역사적 현실에서 예시용 자료를 빌려와 이념형을 명료하게 하려고 시도하기 때문이다. 그 자체로서는 전적으로 정당한 이 방법이 내포하고 있는 위험은, 이 방법을 쓸 경우 이론이 역사적 지식의 획득에 봉사하는 것이 아니라 오히려 거꾸로 역사적 지식이 이론에 봉사하는 것같이 보인다는 점이다. 여기서 이론가들이 매우 쉽게 빠져드는 유혹은, 이 관계, 즉 역사가 이론에 예속되는 관계를 정상적인 것으로 간주하거나, 또는 더 나쁜 것은 이론과 역사를 뒤섞어서 이 양자를 서로 혼동하는 것이다. 이런 위험이 더욱더 증대하는 경우는 특정한 문화형상에 대한 이념형의 개념적 분류를 바탕으로 (가령 공업적 경영형태의 경우 〈폐쇄적인 가계경제〉에서 출발하면서, 또는 종교적 개념의 경우 〈찰나적 신들〉에서 시작하면서) 특정한 발전과정에 대해 구성된 이념형적 구도를 하나의 발생론적 분류와 상호 혼합하는 경우이다. 이럴 경우 선정된 개념적 특징들에 근거해 형성되는 개념순열은 마치 이 순열이, 한 현상이 법칙적-필연적으로 거쳐야 할 역사적 발전단계들을 표현하고 있는 것으로 보이게 한다. 그 결과 한편으로는 개념들의 논리적 질서와, 다른 한편으로는 개념화의 대상이 된 역사적 현상의 경험적 질서—이 질서는 시공 및 인과적 연계성하에 있다—가 상호 너무나 밀접하게 연결되는 바람에 개념구성물의 실제적 타당성을 현실에서 증명하기 위해 현실 그 자체에 억지를 강요하고 싶은 유혹이 거의 피할 수 없을 만큼 커지게 되는 것이다.

우리는 이념형적 구성물 가운데 우리에게 가장 중요한 사례 중의 하나에 대한 논의를 이 자리에서는 의도적으로 피했다. 그것은 맑스의 경우이다. 그 이유는, 첫째 맑스에 대한 해석의 도입을 통해 우리의 서술을 더욱더 복잡하게 하는 것을 피하기 위해서이고, 둘째 우리 잡지는 앞으로 이 위대한 사상가에 대한 연구문헌들 그리고 그에 접목하여 생산되는 연구문헌들을 정기적으로 비판적 분석의 대상으로 삼을 것이므로 이 논의들을 선취하지 않기 위해서이다. 그래서 여기서는 단지 아래와 같은 확인에 그치고자 한다. 즉, 모든 맑스주의 특유의 〈법칙들〉과 발전구도들은—이들이 이론적으로 결함이 없는 한—물론 이념형적인 성격을 가지고 있다. 맑스주의적 개념을 가지고 작업을 한 경험이 있는 모든 학자들은 이 이념형들을 현실과의 비교준거로 삼을 때 이들이 발휘하는 탁월한 또는 유일무이한 발견논리적 의미를 잘 알고 있을 것이다. 그러나 동시에 이 학자들은 만약 이 이념형들을 경험적으로 타당한 것으로 또는 심지어 실제적 (더 직설적으로 표현하면 형이상학적) 〈작용-힘들〉, 〈경향들〉 등으로 상정할 경우 이 이념형들이 야기하게 되는 위험도 위에서 언급한 장점 못지않게 잘 알고 있을 것이다.

5) 역사학파 개념론의 비판

유(類)개념, 이념형, 이념형적 유개념, 역사적 인간들의 머릿속에서 경험적으로 작용한 관념결합물로서의 〈이념〉, 이 이념들의 이념형, 역사적 인간들을 지배한 이상들, 이 이상들에 대한 이념형, 역사학자가 역사의 준거로 삼는 이상, 경험적인 것을 예시적 목적으로 사용하는 이론적 구성물, 이론적 개념을 이념적 한계상황으로 사용하는 역사적 연구, 거기다 또 여기서는 단지 암시될 수밖에 없었던 여러 가지 가능한 문제점들 등, 이 모든 것은 관념상의 구성물들로서, 이들이 직접적으로 주어진 경험적 현실에 대해 가지는 관계는 개개의 경우마다 문젯거리이다. 위의 견본만 보아도 우리는 문화과학의 영역에서 앞으로도 계속 현안으로 남아 있을 개념적-방법론적 문제들의 무한한 뒤얽힘을 짐작할 수 있다. 물론, 단지 문제를 제기할 목적만을 가진 이 논문에서 우리는 실제적-방법론적 문제들에 대한 진지한 논의, 이념형적 인식과 〈법칙적〉인식 간의 관계, 이념형적 개념과 집단개념과의 관계 등에 대한 논의는 전적으로 포기할 수밖에 없었다.

역사학자는 우리의 이 모든 논의에도 불구하고 아래와 같은 입장, 즉 한 학문분야가 이념형적 개념구성 및 이념형적 이론구도에 주로 의존하고 있다면, 그것은 이 학문분야가 아직 미성숙하다는 좋은 증거라는 입장을 여전히 고수할 것이다. 어떤 의미에서는 이 입장이 옳다. 그러나 이 입장의 결과는 역사학자가 생각하는 것과는 다른 성질의 것이다. 몇 가지 예를 타 학문영역에서 취해보자. 공부에 골머리

앓는 고등학교 1학년 학생이나 초보수준의 언어학자는 똑같이 언어를 우선 〈유기체적〉인 것으로, 즉 규범들에 의해 지배되는 초경험적인 총체성으로 상정하며, 학문의 임무는 무엇이 — 언어규칙으로서 — 타당해야 하는가를 확인하는 것이라고 생각하는데, 이것은 분명히 옳은 생각이다. 크루스카[35] 가 했듯이, 〈문어〉(文語)를 논리적으로 분석하고 그것의 내용을 규칙들로 환원하는 작업은 일반적으로 언어학이 수행해야 할 첫 번째 과업이다. 이와는 달리 현대의 한 저명한 언어학자는 〈개개인의 언술행위〉를 언어학의 대상으로 선언했다. 그러나 이런 입장에 근거한 연구 프로그램의 정립 자체는 문어가 하나의 비교적 확고한 이념형으로 존재할 때만 가능하며, 그래서 상기한 연구 프로그램은 (최소한 묵시적으로) 위의 이념형을 가지고서야 작업을 할 수 있는 것이다. 만약 이 이념형이 없다면 언술행위의 무한한 다양성에 대한 탐구는 전적으로 준거점도, 한계도 없는 작업이 될 것이다. 자연법적 국가이론 또는 유기체적 국가이론의 기능 역시 이와 다를 바 없었으며, 또는 — 우리가 의미하는 그런 유의 이념형을 하나 상기시키자면 — 벤야민 콘스탄트[36] 의 고대국가론 역시 같은 기능을 수행했다. 이 이론들은 모두 말하자면 일종의 피난항으로 기능하는데, 우리는 경험적 사실들의 엄청난 대해(大海)에서의 항해에 숙달할 때까지 이 피난항들을 이용하는 것이다. 이렇게 볼 때, 실제로, 학문이 성숙해진다는 것은 다름 아니라, 이념형을 경험적으로 타당하다고 간주하거나 또는 유개념으로 이해하는 그런 유의 입장을 극복한다는 것을 의미한다. 그러나 다른 한편으로 콘스탄트의 기지에 넘친 구도를 고대국가의 특정 측면 및 그 역사적 특수성의 구체적 설명에 사용하는 것은 오늘날까지도 정당하다 — 단, 이 구도의 이념형적 성격을 주의 깊게 염두에 둔다는 전제하에 말이다. 뿐만 아니라 여기서 더 나아가 영원

35) Crusca Grazzini라는 사람이 1582년 이탈리아의 플로렌스에 설립한 아카데미의 이름. 이 아카데미의 목적은 이탈리아어를 정화하는 것이었다.

36) Benjamin Constant(1767~1830). 프랑스의 문학자이자 정치가.

한 젊음을 운명으로 하는 학문들이 있는데, 모든 역사적 학문영역이 이에 속한다. 역사적 학문영역이란, 문화의 영원히 전진하는 흐름이 항상 새로운 문제를 안겨다 주는 그러한 학문영역이다. 이 학문영역에서는 모든 이념형적 개념구도는 일시적(一時的)인 것이며, 동시에 이 영역의 학문들은 불가피하게 항상 새로운 이념형적 개념구도들을 구성해야 할 과업을 안고 있는 것이다.

역사적 개념의 〈본래의〉, 〈진정한〉 의미를 확인하려는 시도는 끊임없이 반복되나, 이런 시도들은 결코 종착점에 이르지 못한다. 그 결과 역사학자들이 수시로 사용하는 (개념적) 종합들은 보통 부분적으로만 규정된 개념이거나 또는, 개념내용의 명확성이 불가피할 경우, 이 개념은 추상적 이념형이 된다. 이와 함께 이 개념의 이론적, 즉 〈일면적〉 관점이 드러나는데, 이 관점하에 현실이 조명되며 이 관점에 현실이 연계될 수 있는 것이다. 그러나 이 관점은 우리가 현실을 남김없이 분류하여 끼워 넣을 수 있는 그런 도식으로는 전혀 부적합하다. 왜냐하면 위에서 언급한 바와 같은 사고체계들은 현실 가운데 그때그때 중요한 구성요소들을 포착하기 위해서는 필수적이지만 이 사고체계들 가운데 어느 하나도 현실의 무한한 풍부성을 남김없이 포함하고 있을 수는 없기 때문이다. 이 사고체계들은 우리가 특정상황에서 관심의 대상으로 삼은 사실들의 혼돈에, 우리 지식의 그때그때의 수준과 가용(可用)한 개념적 형상들을 근거로, 질서를 부여하고자 하는 시도 이외에 아무것도 아닌 것이다. 그래서 과거의 학자들이 살아있는 현실을 자신들의 인식수준과 관심방향에 따라 지적으로 탐구함으로써, 또는 더 정확히 표현하면, 살아있는 현실을 지적으로 변형함으로써 개발한 개념체계는 현재의 우리가 현실에서 얻을 수 있고 또 얻고자 하는 새로운 인식들과 항상 갈등관계에 처하게 된다. 이 갈등을 통해 문화과학적 연구의 발전은 진행되는 것이다. 문화과학적 연구가 낳는 성과는 현실을 포착하기 위해 우리가 사용하는 개념들의 지속적인 변형과정을 통해 달성되는 것이다. 따라서 사회적 생활에 대한 학문의 역사는 개념구성을 통해 사실들을 지적으로 정돈하려는 시도와, 이렇게 해서 얻어진 사고형상들을 학문적 지평의 확대와 이동을 통해 해체시키는 작업, 그리고 이를 통해 변화된 기반 위에서 새로운 개념을 구성하는 작업 간의 지속적인 상호작용의 역사이다. 이것은 개념체계를 형성하려는 시도 그 자체가 가진 결함의 표현이 아니다(모든 학문은—단순히 서술을 목적으로 하는 역사학도 포함하여—그 시대의 기존의 개념재고〔在庫〕를 가지고 작업하기 때문이다). 오히려 문화과학의 역사가 가진 방금 언급된 속성은, 인간문화에 관한 학문에서는 개념의 구성이 문제들의 위상에 달려 있기 때문에, 그리고 이 위상은 문화의 내용 그 자체와 함께 변화하기 때문에 생겨난 속성이다. 문화과학에서 개념과 개념화된 대상 간의 관계가 가진 이러한 특이성으로 인해 모든 상기한 바와 같은 개념체계는 일시적일 수밖에 없다. 그래서 우리 학문영역에서 볼 수 있는 탁월한 개념체계 정립 시도들의 가치는 통상, 이 시도들에 깔린 준거관점의 문화의의가 어떤 한계를 지니고 있는지를 이 시도들 자신이 드러내 보여주는 데 있었다. 사회과학 영역에서 가장 괄목할 만한 발전은, 내용의 차원에서는 실제적인 문화문제들의 변화에 접목하여 일어나며 방법론의 차원에서는 개념구성에 대한 비판을 통해 이루어진다. 우리 잡지의 가장 중요한 과업은 이런 비판의 목적에 봉사하는 것이며, 이와 함께 사회과학 영역에서의 개념적 종합에 깔린 원칙들의 연구에 기여하는 것이다.

지금까지 서술한 것이 결론적으로 보여주는 것은, 한 가지 점에서 우리의 견해가 많은 탁월한 역사학파 추종자들의—우리 자신도 이 역사학파의 산물이다—견해와 상충된다는 사실이다. 왜냐하면 역사학파는 우리와는 달리 아직까지도 명시적 또는 묵시적으로 아래와 같은 견해를 고수하고 있기 때문이다. 즉 모든 학문의 궁극적 목적은 자신의 소재를 하나의 개념체계 내에 정리-조직하는 것인데, 이 개념들의 내용은 경험적 규칙성의 관찰, 가설 정립 및 이 가설의 검증을 통해 획득되어야 하며 또 서서히 완벽해져야 한다는 견해가 그것이다. 이 견해에 의하면 이런 과정을 통해 언젠가는 하나의 〈완성된〉, 그래서 연역적 학문이 탄생하게 될 것이며, 이 목적을 두고 볼 때 현재의 역사적-귀납적 연구는 우리 분야의 불완전성에 기인하는 일종의 예비 작업이라는 것이다. 이런 시각에서 본다면 명확한 개념의 구성과 사용보다 더 위험한 일은 없을 것이니, 왜냐하면 이것은 먼 장래에야 실현될 상기한 목적을 성급하게 선취하려는 시도이기 때문이다. 역사학파 전문학자들의 다수가 아직도 깊이 신봉하고 있는 고대적-스콜라적 인식론의 관점에서 보면 이런 견해는 원칙적 차원에서는 반론의 여지가 없다. 이 인식론에 의하면 개념의 목적은 〈객관적〉 현실의 표상적 모사이다. 그래서 이들은 명확한 개념들의 비현실성을 계속해서 지적하고 있는 것이다. 그러나 칸트에서 출발하는 근대 인식론의 기본이념, 즉 개념은 경험적 현실을 정신적으로 지배하기 위해 사용하는 지적 수단이며, 또 지적 수단에 불과하다는 기본이념을 철저히 숙고하는 자는, 명료한 발생론적 개념은 필연적으로 위에서 서술한 의미에서의 이념형이 된다 라는 사실이 명료한 개념구성을 반대해야 할 이유가 될 수는 없음을 인정할 것이다. 칸트적 인식론자에게는 개념과 역사적 연구 간의 관계가 오히려 역전된다. 그는 상기한 궁극목적을 논리적으로 불가능한 것으로 간주할 것이다. 그에게 개념은 목적이 아니라 개별적인 관점에서 볼 때 중요한 연관관계들의 인식을 위한 수단이다. 역사적 개념의 내용이 필연적으로 변화한다는 바로 그 이유 때문에, 이 개념은 필연적으로 매번 명료하게 구성되어야만 한다고 그는 주장할 것이다. 단지 그는 이 개념의 사용에서 그것이 가진 이념적 관념형상으로서의 성격을 항상 주의 깊게 염두에 둘 것을, 다시 말해서 이념형과 역사를 서로 혼동하지 말 것을 요구할 것이다. 주도적인 가치이념들의 불가피한 변천으로 인해 진정으로 최종적인 역사적 개념들이란 궁극목적으로 간주될 수 없기 때문에, 우리는 개별적이면서 그때그때 주도적인 관점에 대해 엄정하고 명료한 개념들을 구성함으로써 바로 이 개념들의 타당성의 한계를 매번 확실히 의식할 수 있게 된다고 이 칸트적 인식론자는 주장할 것이다.

혹자는 우리에게 아래와 같은—우리 스스로도 이미 인정한 바 있는—시각을 제시할 것이다. 즉 구체적인 역사적 연관관계의 전개과정은 잘 정의된 개념들과 수시로 연결되지 않고도 충분히 생생하게 서술될 수 있으며, 경제사가도, 정치사가들이 하듯이 〈일상의 언어〉를 사용할 권리가 있다는 것이다. 물론 그렇다! 다만 한 가지 언급할 점은, 이런 서술방법을 쓸 경우 다루어진 현상이 가진 의의의 근거가 되는 관점이 불명료해질 위험이 불가피하게 매우 높다는 점이다. 정치사가의 경우는 그들이 서술의 준거로 삼는 문화내용이 통상적으로 명백하지만—또는 명백해 보이지만—우리 경제사가는 이런 유리한 상황에 있지 않다. 단지 직관적이기만 한 모든 서술은 예술적 서술의 특성, 즉 〈사람들은 자신이 마음에 품고 있는 것을 본다〉는 특성을 지니고 있다. 그에 반해 타당한 판단은 직관된 것에 대한 논리적 가공인 개념의 사용을 항상 전제로 한다. 물론 이 개념을 가슴 속에 비밀히 간직하는 것은 가능하고 또 심미적으로 매력적이기는 하다. 그러나 그럴 경우 집필자의 판단의 내용과 그 판단의 영향에 대한 독자들의, 그리고 흔히 집필자 자신의, 인식이 불명확해질 위험이 크다.

6) 집합개념의 문제점

엄정한 개념구성의 포기는 경제정책적 및 사회정책적 문제를 논의하는 경우에는 지극히 위험한 일이 될 수 있다. 이 영역에서 가령 〈가치〉라는 용어—이것은 우리 분야의 골칫거리로서, 우리는 이 용어에 단지 이념형적으로만 어느 정도 명백한 의미를 부여할 수 있다—또는 〈생산적〉, 〈경제학적 관점에서〉 등의 용어들을 개념적으로 명료히 분석해보면 그 의미가 전적으로 불분명해지며, 또한 이

용어들은 국외자들로서는 믿을 수 없을 만큼 큰 혼란을 경제학 영역에서 초래했다. 이런 불운을 초래한 주범은 일상의 언어에서 따온 집합개념들이다. 여기서 문외한들도 매우 분명하게 이해할 수 있는 전형적 예로서 〈농업의 이해관계〉라는 조합어에서 등장하는 〈농업〉의 개념을 살펴보도록 하겠다. 우선 〈농업의 이해관계〉라는 개념을 개별적 농업종사자들이 자신들의 이해관계에 대해 가지고 있는, 경험적으로 확인될 수 있고 어느 정도 명료한 주관적 견해들이라고 간주하자. 그리고 가축사육자, 가축도살자, 곡물재배자, 곡물을 사료로 쓰는 자, 증류주 양조농 등의 이해관계 간에 존재하는 무수한 갈등은 여기서 일단 전적으로 논외로 친다고 하더라도, 이 분야의 전문가라면 누구나 얽히고설킨 서로 상충하는 가치관계들의 엄청난 실뭉치가 위의 개념에 불분명한 형태로 깔려 있음을 알고 있다(물론 모든 문외한이 이런 통찰을 가지고 있지는 않겠지만). 여기서는 단지 몇 가지 예만을 나열해보도록 한다. 농지를 팔려는 의도를 가지고 있고 그래서 단지 토지가격의 급격한 상승에만 관심이 있는 농지경영자의 이해관계: 이와는 정반대되는 이해관계, 즉 토지를 매수하여 경지를 통합-정리하려는 사람 또는 소작을 하려는 사람의 이해관계: 그리고 농지를 자신의 후손의 사회적 이득을 위해 유지하고자 하며 그래서 토지소유의 안정을 원하는 사람의 이해관계: 또 이와는 정반대되는 이해관계, 즉 자신의 그리고 후손의 이득을 위해 토지소유가 가장 유능한 농지경영자 또는—이것과 항상 동일한 것은 아닌 경우로서—자본력이 가장 큰 구매자 쪽으로 이동하는 것을 원하는 사람: 사경제적인 의미에서 〈가장 숙련된〉 농지경영자가 경제적 활동의 자유에 대해 취하는 순수하게 경제적인 이해관계: 이 이해관계와 상충하는 이해관계, 즉 특정한 지배층이 전래되어 온 자신의 그리고 후손의 사회적 및 정치적 〈신분〉 위상의 유지에 대해 가지는 이해관계: 피지배 농지경영자층이 자신의 위상을 억압하는 상기한 지배층의 몰락에 대해 가지는 사회적 이해관계: 이 이해관계와 경우에 따라서는 상충하는, 피지배 농지경영자층의 다른 이해관계, 즉 위에서 지적한 지배층을 자신들의 영리이해를 보존하는 데 필요한 정치적 지도자로 삼으려는 이해관계 등등. 가능한 한 개괄적이고 또 불분명하게 나열했을 뿐임에도 이 목록은 얼마든지 더 연장될 수 있다. 이런 종류의, 주로 〈이기적〉 이해관계는 지극히 다양한 형태의 정신적인 가치들과 혼합되고, 연결되고, 또 이 가치들을 저해하거나 굴절시킨다는 사실을 우리는 여기서 일단 덮어두고 무엇보다도 아래와 같은 사항을 상기시키고자 한다. 즉 우리가 〈농업의 이해관계〉를 논할 경우 우리는 통상, 농지경영자들이 자신의 〈이해관계〉의 준거로 삼는 위와 같은 물질적 그리고 정신적 가치만을 생각하는 것이 아니라, 그 외에 우리 자신이 농업과 연관지을 수 있는, 때에 따라 지극히 이질적인 제 가치이념들도 생각하는 것이다. 예를 들자면, 국민들에게 저렴하고 (이것과 항상 합치하지는 않는) 질이 좋은 식량을 공급하고자 하는 목적에서 도출되는 생산이해(여기서 도시와 농촌 간의 이해관계는 지극히 다양한 방식으로 상충할 수 있으며 현 세대의 이해관계와 장래 세대의 가능한 이해관계 역시 상이할 수 있다): 인구 정책적 이해관계: 특히 농촌인구의 대량증가에 대한 이해관계: 이 이해관계는, 〈국가〉의 대외권력정치적 그리고 내정적 이해관계에서 도출될 수도 있고, 아니면 다른 서로 이질적인 이념적 이해관계에서 도출될 수도 있다. 가령 대규모 농촌인구가 한 나라의 문화적 특이성에 미치는 영향에 대한 이해관계: 이 인구정책적 이해관계는 농촌인구 전반이 가지고 있는 사경제적 이해관계와, 더 나아가 이들이 가지고 있는 모든 기존의 이해관계와 충돌할 수 있다. 또는 농촌인구의 특정한 형태의 사회적 계층구조에 대한 이해관계(왜냐하면 이 계층구조는 특정한 정치적 또는 문화적 영향을 행사할 수 있기 때문이다): 이 이해관계는 그 방향에 따라 개별적 농지경영자 또는 〈국가〉의 모든 가능한 이해관계, 또한 가장 시급한 현재의 그리고 미래의 이해관계와 충돌할 수 있다. 그리고—이것은 문제를 더욱 복잡하게 한다—우리가 위에서 설명한 바와 같은 또는 다른 유사한 개별 이해관계와 기꺼이 연관 짓는 〈국가〉라는 존재는 흔히, 가치이념들의 고도로 뒤엉킨 실 뭉치에 대한 하나의 위장주소37)에 불과한데, 우리는 개별적인 경우마다 국가를 이 가치이념들에 연관 짓는 것이다. 가령 순수하게 군사적인 대외방어, 한 왕조 또는 특정 계급의 대내적 권좌의 안전보장, 한 민족의 형식적-국가적 통일성의 유지 및 확대에 대한 이해관계, 이 통일성은 그 자체로서 추구될 수도 있고 아니면 우리가 국가적으로 통일된 민족으로서 신봉하는 특정한 객관적, 그러나 내부적으로는 매우 상이한 문화가치들의 보존에 대한 이해관계에서 추구될 수도 있다. 우리가 〈농업〉과 연관짓는 〈국가적 이해관계〉라는 집합명사 아래 포함시킬 수 있는 모든 것을 이 자리에서는 암시조차 할 수 없다. 우리가 택한 예와 특히 우리의 개괄적인 분석은 졸렬하고 단순하다. 비전문가에게 권하고 싶은 것은 가령 〈노동자의 계급이해〉라는 개념을 위와 유사한 방식으로 (그러나 더욱 철저히) 분석해보라는 것이다. 그러면 그는 얼마나 모순에 찬 이해관계와 이상들의 실 뭉치가 그 뒤에 숨어 있는지를 알게 될 것이다. 예컨대 그는 한편으로는 노동자 자신의 이해관계 및 이상과, 다른 한편으로는 우리 자신이 노동자들을 고찰하는 준거로 삼는 이상의 모순에 찬 뒤엉킴을 발견할 것이다. 이해관계의 투쟁에서 사용되는 표어들을 그것이 가진 〈상대성〉을 순수하게 경험주의적으로 강조함으로써 극복할 수는 없다. 여러 가지 가능한 관점들을 분명하고 명료하게 개념적으로 확인하는 것만이 상투어의 불분명성을 극복할 수 있는 유일한 길이다. 세계관 또는 타당한 규범으로서의 〈자유무역론〉은 하나의 웃음거리에 지나지 않는다. 그러나 우리 각자가 어떤 무역정책적 이상을 주창하는지와는 전혀 상관없이, 이런 이념형적 공식에 내포되어 있는 지구상 가장 위대한 상인들의 오랜 처세술이 가진 발견논리적 가치

37) Deckadresse. 가명으로 된 수신인 주소.

를 과소평가한 것은 우리의 무역정책적 논의에 큰 해를 끼쳤다. 개개의 경우마다 문제가 되는 관점들은 단지 이념형적 개념공식을 통해서만, 그리고 이념형과 경험적인 것의 대비를 통해서만 그 특수성의 측면에서 진정으로 분명해질 것이다. 일상 언어에서 쓰이고 있는 집합개념들의 무분별한 사용은 항상 사고와 의지의 불분명성을 은폐하는 수단이며, 매우 흔히 위험한 사취의 도구이며, 항상 그것은 올바른 문제제기의 발전을 방해하고자 하는 자가 어김없이 동원하는 수단이다.

맺음말

이제 우리의 서술을 마무리 지을 단계에 왔다. 이 글이 가진 목적은 단 하나, 즉 과학과 신앙을 가르는 머리카락 하나만큼 가느다란 경계선을 분명히 드러내 보이고 사회경제학적 인식지향이 가진 의미를 인지하도록 하는 것뿐이었다. 모든 경험지식의 객관적 타당성은 아래와 같은 사실, 그리고 이 사실에만 근거하고 있다. 즉 주어진 현실은 특정한 의미에서 주관적인 범주들, 다시 말해 우리의 인식의 전제를 이룬다는 의미에서 주관적인 범주들에 의거해서 체계화되며 이 범주들은 다시금 경험지식만이 우리에게 줄 수 있는 그러한 유의 진리가 가치 있다는 전제에 묶여 있다는 사실이 그것이다. 이런 유의 진리, 즉 경험과학적 진리가 무가치하다고 여기는 자에게 — 그리고 과학적 진리의 가치에 대한 믿음은 특정한 문화의 산물이지 결코 자연적으로 주어진 것이 아니다 — 우리는 우리의 과학적 수단으로는 아무것도 제공할 수가 없다. 물론 경험과학적 진리가 무가치하다고 여기는 자는 과학만이 제공해줄 수 있는 것, 즉 현실을 타당한 방식으로 사고를 통해 체계화할 수 있도록 하는 개념들과 판단들을 대체하는 다른 어떤 진리체계도 발견하지 못할 것이다. 이 개념과 판단들은 경험적 현실 그 자체가 아니며 또 이 현실을 모사하고 있지도 않으나 이 현실을 타당한 방식으로 사고를 통해 체계화하게 하는 것이다. 경험적 사회적 문화과학의 경우를 다시 한 번 정리해보자: 현상의 무한한 풍부성 가운데서 우리에게 본질적인 것을 적절하게 인식할 수 있기 위해서 우리는 특별히 선정된 관점들을 지속적으로 사용하지 않으면 안 되며, 이 관점들은 종국에는 가치이념들에 연결되어 있다. 이 가치이념들 자체는 다시금 인간의 모든 중요한 유의미한 행위의 구성요소에서 경험적으로 확인될 수 있고 체험될 수는 있지만, 그러나 경험적인 소재로부터 그 타당성이 도출될 수는 없다. 사회과학적 인식의 〈객관성〉은 오히려 아래와 같은 조건에 묶여 있다. 즉 경험적으로 주어진 현상은 이것에 인식가치를 부여하는 유일한 근거인 가치이념들에 항상 연관되어 있고, 또 이 현상의 의미 역시 가치이념들을 통해서 이해되는 것은 사실이지만, 그러나 경험적으로 주어진 것이 결코 가치이념의 타당성에 대한 증명(이 증명은 경험적으로 불가능하다)의 기초가 될 수는 없다는 조건이 그것이다. 우리가 우리 삶의 의미의 바탕으로 삼고 있는 궁극적, 그리고 지고의 가치이념들의 초경험적 타당성에 대한 믿음은—이 믿음은 어떤 형태로든 우리 모두에게 내재하고 있다—경험적 현실에 의의를 부여하는 구체적 관점들의 지속적인 변화를 배제하는 것이 아니라 오히려 이것을 포함한다. 삶의 비합리적 현실과 삶이 가진 가능한 의미들의 내용은 무궁무진한 것이며, 따라서 가치연관의 구체적인 형성은 항상 유동적이고, 인간 문화의 먼 미래까지 늘 변화하기 마련이다. 위에서 언급한 지고한 가치이념들이 던지는 빛은, 사건들이 이루는 거대하고 혼돈에 찬 강, 시간과 함께 흘러가는 이 강의 한 유한한 부분(그것도 항상 변화하는 부분)에만 비춰질 뿐이다.

지금까지의 모든 진술이 마치 사회과학의 진정한 과업은 새로운 관점과 개념적 구도에 대한 몰이사냥이어야 한다는 식으로 오해되어서는 안 될 것이다. 정반대로 여기서 무엇보다도 강조되어야 할 것은 구체적 역사적 연관관계의 문화의의를 인식하는 데 기여하는 것이 사회과학의 유일하고 궁극적인 목적이라는 점이다. 이 목적의 수행에 다른 수단들과 함께, 개념구성적 그리고 개념비판적 작업 역시 일익을 담당하는 것이다. 우리 분야에도, 피셔[38]의 용어를 빌려 이야기하자면, 〈자료수집광〉과 〈의미수집광〉이 있다. 〈자료수집광〉의 사실에 굶주린 목구멍은 서류자료, 통계백서, 그리고 앙케트를 통해서만 채워질 수 있는 반면, 새로운 관점의 섬세함에 대해서는 무감각하다. 〈의미수집

---

38) F. Th. Fischer(1807~1887). 독일의 미학자이자 시인.

광〉은 그의 미식성향으로 인해 사실들에 대한 맛은 잃어버리고 끊임없이 새로운 이념 증류물들을 생산해낸다. 가령 역사학자들 중 랑케가 놀랄 만큼 풍부히 소유했던 그런 유의 진정한 예술가적 재능은, 이미 알려진 사실들을 이미 알려진 관점들에 단지 연관시킬 뿐이지만 그럼에도 바로 이를 통해 새로운 것을 창출해낼 줄 아는 능력에서 나타나는 것이 상례이다.

전문화시대에 있어서 모든 문화과학적 연구는 일단 특정한 문제설정을 하나의 특정한 소재에 적용하고 자신의 방법적 원칙들을 정립한 후에는, 이 소재의 분석을 목적 그 자체로 간주하게 되는 경향이 있다. 그래서 개별적 사실들의 인식가치를 궁극적인 가치이념에 준거하여 항상 의식적으로 통제하는 작업을 하지 않게 되며, 이런 소재분석이 바로 이 궁극적 가치이념에 뿌리박고 있다는 사실 그 자체마저 의식하지 않게 된다. 그리고 이것은 그런대로 용납할 수 있다. 그러나 언젠가는 색채가 변한다. 숙고되지 않은 채 사용된 관점들의 의미가 불확실해지고, 길은 어스름 속으로 사라져간다. 거대한 문화적 문제들의 빛은 이제 자리를 옮긴 것이다. 그러면 이제 과학도 자신의 위치와 개념도구를 바꾸고 착상의 고지에서 사건의 흐름을 내려다볼 채비를 하게 된다. 과학은 자신의 작업에 의미와 방향을 제시할 수 있는 그러한 성좌들을 새로이 찾아 나선다.

… 새로운 충동이 눈을 뜨고,
나는 서둘러 떠난다, 女神의 영원한 빛을 마시기 위해,

낮을 안고, 밤을 등지고,
위에는 하늘, 아래는 파도를 굽어보며.[39]

---

39) 괴테의 《파우스트》 제 1부 〈성문 앞에서〉 중 1085~1088절.

사회학 및 경제학에서 가치중립*의 의미**

1917

| 원제 |

Der Sinn der 〈Wertfreiheit〉 der soziologischen
und ökonomischen Wissenschaften.

| 출처 |

Gesammelte Aufsätze zur Wissenschaftlehre,
제 4판, 1973, J. C. B. Mohr, 489～840쪽

* 원문 제목에 있는 'Wertfreiheit'는 원래 'Werturteilsfreiheit'(가치판단자유)의 축약어로 볼 수 있다. Wertfreiheit는 직역을 하면 '가치자유'이지만, 국내 학계에서는 '가치중립'이라는 의역이 더 널리 쓰이고 있다. 역자도 '가치자유'라는 직역보다는 오히려 '가치중립'이 베버의 'Werturteilsfreiheit'(가치판단자유) 개념에 깔린 의도를 더 적절히 표현하고 있다고 보기 때문에 아래에서는 'Wertfreiheit'를 주로 '가치중립'으로 옮겼다. 다만, 독일어 문맥상 '가치자유'라는 역어가 불가피한 몇몇 경우에는 이 역어를 사용하였다.

** 원주: 이 논문은 원래 1913년 '사회정책협회' 내에 구성된 한 위원회의 내부토론을 위해 제출된 의견서 원고를 수정 보완한 것이다. 이 협회에만 관련된 모든 서술은 가능한 한 삭제하였고, 그 대신 일반적인 방법론적 고찰은 더 늘렸다. 이 토론을 위해 제출된 다른 의견서들 중 슈프랑거(Spranger) 교수의 의견서는 슈몰러(Schmoller)의 《입법, 행정, 경제학 연보》에 발표되었다. 필자는 학문적으로 인정받고 있는 철학자 슈프랑거 교수(필자 역시 그를 존경한다)의 이 논문이 명료성의 결여로 인해 이상할 정도로 빈약하다고 생각한다. 그러나 여기서 그와의 논쟁은 지면 부족의 이유에서도 피하고 있으며 단지 나 자신의 입장만을 서술하겠다.

저술배경

1913년에 베버는 〈사회정책협회〉(Verein für Sozialpolitik) 내부에서 진행 중이던 '가치판단' 문제에 대한 논쟁과 관련하여 특별 세미나를 조직하면서 이 세미나의 주발제자로 나선다. 이 발제문을 베버는 4년 후인 1917년에 대폭 보완하여 〈*Logos*〉 잡지에 발표하는바, 이것이 여기 번역된 〈사회학 및 경제학에 있어서 '가치중립'의 의미에 대하여〉(*Vom Sinn der 'Wertfreiheit' der soziologischen und konomischen Wissenschaften*)이다. 〈객관성 논문〉 집필 당시와는 달리, 이 시기 베버는 자신의 학문적 정체성을 확고히 '사회학'에서 찾고 있었다. 이를 보여주는 상징적 사안 하나는 그가 1910년 독일 사회학회 창립 과정에서 주도적 역할을 하였다는 점이다(베버 외에 베르너 좀바르트, 게오르크 짐멜, 페르디난드 퇴니에스 등도 창립 회원이었다).

〈객관성-논문〉과 함께 이 〈가치중립 논문〉은 베버 사회과학 방법론의 '대명사' 역할을 하는 역작이다. 여기서 베버는 〈객관성 논문〉 또는 〈사회학 기초개념〉에서 보다 더 심층적으로 방법론과 가치철학 간의 관계에 대해 성찰하고 있다. 그러나 이런 추상적 성찰의 배경에는 사실 베버가 이 시기 가치판단 문제와 관련해 겪은 구체적 경험이 깔려 있다. 그 발단은, 독일 사회학회 창립 후 제 1차 사회학 대회에서 몇몇 학자들이 노골적으로 인종주의적 이데올로기를 옹호하며 이를 '사회학'이라는 신생 학문의 권위에 기대어 '과학적'으로 정당화하려는 시도를 하였다는 점에서 찾을 수 있다. 베버는 이에 강력히 반발하면서, '업무보고'라는 형식을 빌려 독일 사회학회가 추구해야 할 사회학의 성격을 제시하고 있는바, 이에 따르면 사회학은 '가치중립적 경험과학'으로서 학문적 정체성을 확립해야 한다. 베버는 여기서, 특히 특정 이해관계에 기반한 (정치적) 이데올로기를 '사이비 객관적-과학적' 논증으로 합리화하려는 경향(이런 경향은 앞서 언급한 〈사회정책협회〉내에서도 강했다)에 대해 독일 사회학회는 단호히 저항해야 한다고 주장한다. 적어도 이런 구체적 맥락에서 볼 때, 베버의 가치중립-명제는 비단 방법론적 차원뿐 아니라 사회학을 모든 학문외적 세력 및 이해관계로부터 보호하려는 지적-정치적 투쟁 프로그램의 차원도 함께 지니고 있다. 그런데 자신의 강한 문제제기에도 불구하고 독일 사회학회가 이 문제에 대해 명확한 입장과 조치를 취하지 않자, 이에 실망한 베버는 1912년 사회학회 이사회에서 탈퇴하고 만다.

1. 강단 가치판단[1)]

1) 문제 제기

아래에서 〈가치판단〉[2)] 이라는 용어는, 특별히 달리 정의되거나 또는 그 자체로써 뜻이 명확하지 않을 경우, 우리의 행위를 통해 영향을 끼칠 수 있는 현상에 대해 그것이 바람직한지 또는 바람직하지 못한지 여부를 두고 우리가 내리는 〈실천적〉[3)] 평가를 뜻한다. 본론으로 들어가기 전에 우선 간략히 논의하고자 하는 것은 대학 강단에서의 가치판단 문제이다. 물론 이 문제는 어떤 특정한 학문이 상기한 의미에서의 가치판단으로부터 〈자유〉로워야 하는지의 문제 및 이 '가치중립'이라는 논리적 원칙의 타당성과 의미에 대한 문제와는 전혀 별개의 것이며 이 문제는 나중에 다룰 것이다. 그럼 우선 대학강단에서의 가치판단 문제를 살펴보자. 이것은 대학강의에서 선생이 자신의 윤리적 관점, 문화적 이상 또는 다른 세계관적 관점에 근거하여 스스로 내리는 실천적 가치판단을 〈공개적으로 표명〉해야 마땅한지 여부의 문제이다.[4)] 이 문제는 과학적으로 논의될 수는 없다. 왜냐하면

---

1) 아래의 〈장〉과 〈절〉 구분 및 각 장과 절의 소제목들은 모두 역자가 독자의 편의상 작성한 것이다. 원문 자체에는 이런 유의 구분이나 소제목이 전혀 없다.

2) 'Wertung'의 역어. 사전적 의미는 '평가' 또는 '가치를 인정하기' 등이다. 그러나 내용적으로는, 바로 아래 베버 자신의 해설이 보여주듯이, 이 용어는 '가치판단'(*Werturteil*)의 뜻을 담고 있기 때문에 일관성을 위해 아래에서는 '가치판단'이라고 번역하였다.

3) 'praktisch'의 역어. 'praktisch'는, 앞의 〈객관성 논문〉에서와 같이, '실제적'과 '실천적'이라는 두 가지 역어 중 문맥에 따라 적절한 것을 택했다. 어떤 경우든 'praktisch'는 '추상적' 또는 '이론적'의 반대개념이다.

4) 이 문제를 아래에서는 〈강단가치판단〉 문제라고 줄여 부르고자 한다.

이 문제 자체가 전적으로 실천적 가치판단에 의존하고 있고, 그래서 결말을 볼 수 없는 문제이기 때문이다. 극단적인 입장 두 가지만을 여기서 소개하자면, ⓐ 한편으로는 순전히 논리적으로만 규명될 수 있는 사항들 및 순전히 경험적인 사항들, 다른 한편으로는 실천적 윤리적인 또는 세계관적 가치판단들, 이 두 가지 사안은 서로 구분하는 것이 옳다. 그러나 그럼에도 불구하고 (또는 심지어, 바로 그렇기 때문에) 이 두 종류의 문제는 공히 강단에서 다루어져야 한다. ⓑ 경험적 사항과 윤리적 가치판단 간의 이러한 구분은 논리적으로 일관되게 유지될 수는 없지만, 그럼에도 불구하고 모든 실천적 가치문제는 강의에서는 가능한 한 배제하는 것이 바람직하다.

두 번째 입장 ⓑ는 필자에게는 수용될 수 없는 것으로 보인다. 특히 필자는 우리 분야에서 간혹 발견되는 시도, 즉 실천적 가치판단을 ① (특정 정당의 편을 드는) 〈정당정치적〉 가치판단과, ② 이것과는 다른 성격의 가치판단이라는 두 종류로 구분하려는 시도는 전적으로 실천 불가능하며, 이런 구분은 단지 강사가 청강생들에게 이미 은연중에 불어넣은 자신의 입장을 은폐하는 데 적합할 뿐이라고 생각한다. 게다가 아래와 같은 견해, 즉 강단에 적합한 태도는 〈정열이 배제된 태도〉이며, 따라서 〈정열적〉 토론의 위험을 야기할 수 있는 사항들은 제외시켜야만 한다는 견해는 관료들의 견해로서, 자주적 학자면 누구든 (만약 일단 강단에서 가치판단이 수행된다고 전제한다면) 이 견해를 거부할 수밖에 없을 것이다. 왜냐하면, 경험적 논의에서도 가치판단을 포기해서는 안 된다고 믿는 학자들 가운데, 그래도 우리가 제일 견딜 만한 학자는 바로 가장 정열적인 학자들이기 때문이다(가령 트라이치케,[5] 그리고 몸젠[6] 역시 그 나름대로 이 부류에 속한다). 그도 그럴 것

5) Heinrich von Treitschke(1834~1896). 독일 역사가 및 정치평론가. 국가주의적 경향이 강했으며 그의 열정적 강의와 정치평론은 당시의 여론형성에 큰 영향을 끼쳤다. 그는 독일 역사학의 보수적 조류를 대표하였다.

6) Theodor Mommsen(1817~1902). 독일의 역사가. 현대 로마사학의 기초

이, 바로 이 감정 강조의 강력함을 통해 학생들은 선생의 가치판단의 주관성이 얼마나 이 선생의 사실확인작업을 왜곡하는지를 학생들 스스로 추측-평가할 수 있게 되기 때문이다. 즉, 선생의 정열로 인해 생긴 결함을 학생 스스로 보완할 수 있는 것이다. 다시 말하여, 실천적 강단 가치판단을 옹호하는 자는 자신이 — 가정컨대 — 청년들의 정신에 행사하고 싶어 하는 영향을 바로 상기한 바와 같은 진정한 열정을 통해 행사할 수 있을 것이다. 그러나 그는 여기서 적어도 학생들에게 상이한 영역들(즉, '사실'의 영역과 '가치판단'의 영역)을 혼동하게 하는 그런 그릇된 교육을 하고 있는 것은 아니다. 그에 반해 경험적 사실의 확인과 중대한 삶의 문제들에 대한 실천적 입장정립, 이 두 가지가 똑같이 냉정하고 정열이 배제된 방식으로 전달될 경우는 바로 방금 언급한 그릇된 교육, 즉 상이한 영역 간을 혼동하게 하는 그릇된 교육이 불가피하게 이루어지는 것이다.

위에서 언급한 첫 번째 입장 ⓐ는 필자가 보기에 — 그리고 이 입장의 추종자의 주관적 관점에서 볼 때 — 아래와 같은 조건하에서만 수용될 수 있다. 즉, 만약 대학교수가 개개의 경우마다 — 자신의 강의가 이를 통해 더욱더 무미건조해지는 위험을 무릅쓰고라도 — 청강생들에게, 그리고 무엇보다도 자기 자신에게, 자신의 서술 중 무엇이 순전히 논리적으로 규명된 것이고 또는 순전히 경험적인 사실확인이며 무엇이 실천적 가치판단인지를 엄격히 밝히는 것을 자신의 절대적 의무로 간주한다는 조건이 그것이다. 이것은 내가 보기에 바로 지적 성실성의 계명으로서, 만약 개개 영역의 이질성을 우리가 일단 인정한다면, 이 계명의 준수는 우리가 요구할 수 있는 최소한의 것이다.

그에 반해, 우리가 강단에서 (상기한 예방조치들하에서도) 도대체 실천적 가치판단을 해야 할지 여부의 문제는 그 자체 실제적 대학정책의 문제이고 그래서 종국에는 개개인이 자신의 가치판단의 관점에서 대학

를 확립하였으며 1902년 노벨문학상을 받았다.

에 어떤 과업을 부여하는 것이 옳다고 믿는가에 따라서만 결정될 수 있는 문제이다. 어떤 사람은, 대학의 보편적 과업 및, 이에 상응하여, 교수로서의 자격에 의거한 자신의 보편적 과업이 오늘날까지도 인격을 형성하는 것, 정치적, 윤리적, 예술적, 문화적 또는 다른 신념을 전파하는 것이라고 믿을 것이다. 그런가 하면 또 어떤 사람은 그와는 달리, 오늘날의 대학은 단지 전문적 자격을 갖춘 자들에 의한 전문적 훈련을 통해서만 대학의 진정한 과업을 수행할 수 있으며 따라서 〈지적 성실성〉만이 학생들에게 대학이 심어줘야 할 유일한 대학 특유의 덕목이라는 견해를 가지고 있을 것이다. 이럴 경우 이 두 사람이 강단에서의 가치판단 문제에 대해 취하는 입장은 서로 다를 수밖에 없다. 우리는 여러 가지 상이한 궁극적 입장에서 전자의 견해를 견지할 수도 있고 후자의 견해를 견지할 수도 있다. 특히 후자의 견해는 (필자 자신도 개인적으로 이 견해에 동의한다) 한편으로는 〈전문〉교육이 가진 의미의 과대평가에서 도출될 수도 있고, 다른 한편으로는 전문교육이 가진 의미에 대한 오히려 매우 조심스러운 평가에서 도출될 수도 있다. 대학교육의 목적이 〈전문훈련〉이라는 입장은 가령 모든 인간이, 내면적인 의미에서, 가능한 한 순수한 〈전문인〉이 되는 것이 좋겠다는 희망에 근거하는 것이 아니다. 오히려 정반대로, 전문교육을 지지하는 사람은 한편으로는 한 인간이 자신의 내면으로부터 내려야 할 궁극적이고 지극히 개인적인 삶의 결정들과 다른 한편으로는 전문훈련, 이 두 가지를 한통속에 넣어서는, 즉 무차별적으로 취급해서는 안 된다고 믿는 사람이다. 왜냐하면, 설사 전문훈련이 단순히 일반적 사고력을 단련시킬 뿐 아니라, 간접적으로는 젊은이들의 자기규율과 도덕적 자세의 형성에도 중요한 의미를 지닌다고 하더라도, 개인적 결단의 문제와 전문훈련을 서로 혼합하는 것은, 학생이 상기한 삶의 문제들에 대해 스스로 자신의 양심을 바탕으로 해결책을 찾도록 하는 것이 아니라 강단 암시를 통해 교수들 스스로가 이 해결책을 제시하는 결과를 낳기 때문이다.

2) '교수 예언'의 부당성

슈몰러[7] 교수가 강단에서의 가치판단에 대해 가진 호의적 선입견은, 그가 그의 동료들과 함께 창출해낸 한 위대한 시대의 여운으로서 필자 개인에게는 충분히 이해가 가는 일이다. 그러나 필자가 보기에 그 역시 간과할 수 없는 것은, 우선 그의 후학세대가 처하고 있는 순전히 사실적인 상황이 최소한 한 가지 관점에서 예전과는 상당히 달라졌다는 점이다. 40년 전의 우리 학문분야를 보면, 실천적-정치적 가치판단의 영역에서는 여러 가지 가능한 입장들 중 결국에는 하나가 윤리적으로 유일하게 옳은 것일 수밖에 없다는 신념이 널리 퍼져 있었는데(물론 슈몰러 자신 이 견해를 항상 매우 제한적으로만 견지했다), 반면에 오늘날은 이런 신념을—쉽게 확인될 수 있듯이—특히 강단 가치판단 추종자들 간에는 더 이상 찾아보기 힘들다. 이들은 오늘날 윤리적 요구의 이름하에 강단에서의 가치판단의 정당성을 주창하고 있는 것이 아니다. 사실, 상기한 과거의 윤리적 요구에 깔려 있었던 (상대적으로) 소박한 정의계명들은 그것의 궁극적 근거에 대한 설명방식 면에서나 또 그것의 결과 면에서나 (상대적으로) 단순하고 또 무엇보다도 (상대적으로) 비개인적 성격—또는 명백히 초개인적 성격—을 가졌었고 또는 최소한 가진 것 같이 보였다. 오늘날은 상기한 윤리적 요구의 자리에 (그 동안의 불가피한 발전의 결과이지만) 〈문화평가들〉이, 더 정확히는, 문화에 대한 주관적 요구들의 잡동사니 다발이, 또는 아주 솔직히 표현하면, 자칭 선생의 〈개성의 권리〉 등이 들어섰다.

모든 종류의 예언 중 상기한 의미에서의 〈개성적〉 색채를 띤 교수 예언이야말로 가장 견딜 수 없는 예언이라는 입장[8]에 대해 어떤 사

---

7) Gustav von Schmoller(1838~1917). 독일 경제학자. 〈저술 배경〉에서 언급했듯이, 슈몰러는 '사회정책협회'를 창립하여 국가의 경제 및 사회정책에의 개입을 적극 옹호했으며 경제학의 윤리적 지향을 요구했다.

8) 이것은 베버 자신의 입장이다.

람은 아마도 분노할 것이다. 그러나 그는 이 입장을 논박할 수는 없을 것이, 왜냐하면 이 입장 역시 하나의 〈실천적 가치판단〉을 내포하고 있기 때문이다. 도대체 유례가 없는 상황은, 국가로부터 공증받은 수많은 예언자들(즉 교수들)이 골목길이나 교회나 또는 다른 어떤 대중들 앞에서, 아니면—만약 사적인 차원이라면—자신이 직접 선정한 신도집회(물론 신도집회임을 공언해야 한다)에서 설교를 하는 것이 아니라, 국가로부터 특권을 부여받은 강의실의 정숙(靜寂), 즉 세칭 객관적이고, 통제될 수 없고, 토론도 없으며 무엇보다도 반론으로부터 세심히 방어된 정숙(靜寂) 속에서 세계관의 문제들에 대해 〈과학의 이름하에〉 중대한 강론들을 감히 펼치고 있다는 상황이다. 슈몰러가 언젠가 강력히 주장했던 오래된 원칙 중의 하나는, 강의실에서 일어난 일은 공개적 논의에서 배제되어야만 한다는 것이다. 이 원칙은 간혹—경험과학적 영역에서도—일정한 불이익을 초래할 수 있다는 견해도 가능하지만, 일반적인 견해는—나 자신도 여기에 동조한다—〈강의〉는 〈강연〉과는 다른 것이어야 하며, 강의가 가진 불편부당한 엄밀성, 객관성, 냉철함이 여론의—가령 언론의—관여를 통해 손상될 수 있으며 이것은 교육적 목적을 해칠 수 있다는 것이다. 그러나 이러한 무통제의 특권은 단지 교수의 순전히 전문적인 자격의 영역에만 적합한 것이라고 본다. 개인적 예언에 대해서는 전문자격이란 없으며 따라서 이러한 특권 역시 적용될 수 없다. 특히 누구도 자신의 전문자격을 아래와 같이 악용해서는 안 될 것이다. 즉, 사회 진출을 위해 특정한 강의에 참석하고 이를 담당하는 교수들과 관계를 맺을 수밖에 없는 학생이 처한 불가피한 상황을 악용하여, 그에게 그의 사회진출에 필요한 이해력과 사고력을 일깨우고 훈련하며 지식을 제공해주는 것 이외에 추가로 교수 자신의 〈세계관〉을 전혀 반론의 여지가 없는 상황하에서 심어주는 데 악용하는 것. 물론 이 세계관은 경우에 따라서는 매우 흥미로울 수 있고 또는 아주 하찮은 것일 수도 있지만 말이다.

자신의 실천적 이상의 선전을 위해서는 교수에게, 다른 모든 사람들에게와 마찬가지로, 강의 이외의 다른 기회들이 주어져 있으며, 만약 이런 기회가 없다면, 그 스스로 쉽게 적합한 형태의 기회를 만들어낼 수 있다(이런 기회를 만들려고 진지하게 노력하면 그것이 어려운 일이 아님은 경험이 가르쳐주고 있다). 그러나 교수는 자기의 교수로서의 자격이 자신에게 원숙한 정치가(또는 문화개혁가)로서의 지도력까지 부여하는 듯이 행동해서는 안 된다. 만약 그가 반론으로부터 방어된 강단을 정치적(또는 문화정치적) 감정선동을 위해 이용할 경우 그는 바로 이런 원숙한 정치가 행세를 하고 있는 것이다. 언론매체, 집회, 협회, 에세이 등 다른 사람들도 이용할 수 있는 모든 종류의 기회를 통해 그는, 자신의 신이 또는 악마가 자신에게 명하는 바를 실천해도 좋다. 그러나 오늘날 학생이 강의실에서 선생으로부터 배워야 할 것은 무엇보다도 다음과 같은 능력들이다. ① 주어진 과업을 깔끔히 완수하는 것에 만족할 수 있는 능력, ② 사실을—자신에게 개인적으로 불편한 사실도, 아니 바로 이러한 사실들을—우선 인정하고 이 사실확인작업을 이 사실에 대한 가치판단적 입장표명과 구분할 수 있는 능력, ③ 사인(私人)으로서의 자신을 앞세우는 것이 아니라 객관적 과업을 앞세우고 무엇보다도 자신의 개인적 취향과 기타 느낌들을 수시로 과시하려는 욕구를 억제할 수 있는 능력. 필자가 보기에 이런 능력은 40년 전과는 비교할 수 없을 만큼 절실히 요청되는 것인데, 왜냐하면 그 당시에는 이러한 강단에서의 가치판단이라는 문제가 아직 이런 형태로는 존재하지 않았기 때문이다. 그런데 〈개성〉은 하나의 〈통일체〉이며 또 그래야 하고, 만약 우리가 이 개성을 모든 상황에서 항상 감지할 수 있지 않으면, 이 개성은 말하자면 상실된다는 주장은 옳지 않다. 모든 직업상의[9] 과제에서

9) 여기서 '직업'(*Beruf*)이란 단순한 일자리가 아니라 우리가 '소명의식'을 가지고 헌신하는 전문적 활동영역 또는 과업을 뜻한다. 베버가 그의 〈개신교윤리와 자본주의정신〉에서 밝히고 있듯이, 원래 '신의 부름을 받았다'는 성서

이 과제의 객관적 업무내용[10]은 그 자체의 권리를 요구하며 이 업무내용 그 자체에 내재하는 고유한 법칙에 의해 수행되고자 한다. 모든 직업상의 과제수행에서 이 과제를 맡은 자는 자기억제를 해야 하며 이 업무에 꼭 속하지 않는 모든 것을 배제해야 한다. 무엇보다도 철저히 배제해야 할 것은 자신의 애증의 감정이다. 그리고 강한 개성이란, 어떤 상황에서든 일단 자신 고유의 전적으로 〈개인적인 색채〉를 지향하는 태도에서 표현된다는 주장은 옳지 않다. 오히려 바람직한 것은, 특히 오늘날 성장하고 있는 세대가 아래와 같은 생각에 익숙해지는 것이다. 즉, 〈개성을 가진다〉는 것은 우리가 의도적으로 욕구할 수 있는 것이 아니며, 개성을 (아마도) 가질 수 있는 유일한 길은, 하나의 〈이상〉에 대해 혼신의 힘을 기울여 헌신하는 길뿐이라는 생각이 그것이다. 여기서 이 이상이, 그리고 이 이상에서 파생되는 〈일상의 요구〉가 구체적으로 어떤 형태를 띠든 그것은 문제가 되지 않는다. 객관적·전문적 논의에 개인적인 사안들을 혼합시키는 것은 도리에 어긋나는 일이다. 그리고 만약 우리가 〈직업〉이 요구하는 독특한 성격의 자기규제를 수행하지 않는다면, 우리는 〈직업〉개념에서 그것이 가진, 오늘날까지도 유효하게 남아 있는 유일한 의미를 박탈하는 결과를 낳게 될 것이다. 오늘날 유행하고 있는 개성숭배의 번창무대가 왕실이든, 관청이든 또는 강단이든 상관없이, 이 개성숭배는 외적으로 볼 때는 거의 대부분 성공을 거두지만, 그 깊은 내면적 측면에서는 항상 똑같이 편협하며 어디서나 객관적 과업에 손해를 끼친다. 그런데 강단에서의 가치판단 문제에 대해 우리와 입장을 달리하는 사람들 — 이들이 현재 우리의 서술대상이다 — 은 이런 종류의 개성숭배, 즉, 〈개성적〉이라는 이유 하나만에 근거해 이루어지는 개성숭배와는 전혀 무관하다는 점은 바라건대 필자가

적 의미에서의 소명의식이 세속화된 것이 근대의 '직업정신'이다.

10) 'Sache'의 역어. 'Sache'는 지극히 다양한 의미로 쓰이는 단어이며, 따라서 그때그때의 맥락을 보아 적절하게 의역을 하는 수밖에 없다.

여기서 굳이 강조하지 않아도 될 것이다. 이들은 강단의 과업을 다른 관점에서 보고 있으며 그리고 다른 교육적 이상을 가지고 있고, 필자는 이 이상을 존중하기는 하지만 이에 동조하지는 않는다. 그런데도 우리는 이들이 무엇을 지향하는가를 숙고해야 할 뿐 아니라, 이들이 자신들의 권위를 가지고 정당화하려는 것이, 그러잖아도 고도의 자기과대망상 성향을 지닌 현재의 청년세대에게 어떤 영향을 끼칠지도 숙고해야 한다.

3) 강단 가치판단의 전제조건

강단 가치판단 문제에 관해 끝으로 한 가지 더 언급하고자 한다. (정치적) 강단 가치판단에 대한 많은 자칭 반대자들이야말로 〈가치판단〉의 배제라는 원칙을 내세울 권리가 가장 적은 사람들이라는 점은 (거기다 이들은 이 원칙을 심히 오해하고 있다) 특별히 부언할 필요가 없을 것이다. 왜냐하면 이들이 가치판단 배제의 원칙을 주장하는 목적은 강의실 밖에서 완전히 공개적으로 진행되는 문화 및 사회정책적 논의들을 평가절하하기 위해서이기 때문이다. 이러한 편향적인 사이비 가치중립주의적 세력이 (그리고 이 세력은 우리 분야의 경우 강력한 이익집단들의 끈질기고 목적이 뚜렷한 간섭을 통해 유지된다) 분명히 존재한다는 사실을 고려하면, 우리는 바로 내적으로 독립적인 학자들 가운데 상당수가 현재 강단에서의 가치판단 수행을 고수하고 있다는 점을 이해할 수 있게 된다. 왜냐하면 이 학자들은 상기한, 단지 외견상의 〈가치중립〉의 사이비 외침에 동참하기에는 자존심이 너무 강하기 때문이다. 필자의 개인적 생각으로는, 이런 상황에도 불구하고 (필자가 보기에) 옳은 것 즉, 강단에서의 가치판단의 자제가 실천되어야 하며, 학자의 실천적 가치판단의 무게는, 그가 이 가치판단의 주장을 강의실 밖의 다른 기회들에 한정함으로써 오히려 증가할 것이다(만약 그가 강의실 내에서는 단지 〈그의 직분에 합당한 것〉만을 수행할 수 있는 엄격성을 소유하고 있다는 것을 전제한다면). 그런데 이 모든 것은 그 자체 실천적 가치판단의 문제들이고 따라서 여기서는 해결될 수 없는 문제들이다.

그러나 아무튼 강단 가치판단의 권리를 원칙적인 차원에서 요구하는 것은, 모든 당파적 가치판단이 강단에서 주장될 수 있을 때에 한하여 일관성 있는 요구가 될 것이다.[11] 그러나 독일의 경우 강단 가치판단 권리는, 모든 경향의 (가장 극단적인 경향까지도 포함하여) 동등한 대표권이라는 상기한 원칙과는 바로 정반대되는 입장에서 강조되는 것이 상례이다. 예를 들어, 슈몰러가 〈맑스주의자 및 맨체스터 학파 학자들〉은 대학교수직을 가질 자격이 없다고 주장했을 때, 이것은 그의 개인적인 입장을 기준으로 보면 일관된 태도인 것이다(부언할 것은, 이런 주장을 하는 슈몰러야말로 바로 이 진영의 학자들이 이룩한 학문적 업적을 무시하는 그런 부당한 짓을 한 적은 없다). 그러나 바로 이런 점에서 필자 자신은 우리가 존경하는 대가(大家)에 도저히 동조할 수가 없다. 분명한 것은, 한편으로는 강단 가치판단의 허용을 요구하면서 다른 한편으로는 그와 동시에 — 이 허용의 일관된 실천이 요구될 경우에는 — 대학은 〈국가에 충성하는〉 관료들을 교육하는 국립기관이라는 주장을 내세울 수는 없는 것이다. 이 주장에 따른다면 대학은 〈전문학교〉가 되는 것이 아니라 (많은 대학교수들은 이것을 하나의 대단한 위계강등으로 간주한다) 하나의 (가톨릭)신학교가 되는 것이다. 단 신학교가 가진 종교적 존엄성은 지닐 수 없으면서 말

11) 원주: 이 목적의 실현에는 가령 아래와 같은 홀랜드적 원칙은 결코 충분하지 않다. 즉, 신학부마저도 신앙고백의 강제의무에서 해방시키는 것, 재정수단을 확보하고 교수채용에 있어서 자격기준을 준수한다는 조건하에서의 대학설립의 자유, 설립자가 추천권을 가진 교수직에 대한 재단의 사적 권리 등. 왜냐하면 이것은 자본소유자들에게만 그리고 어차피 권력을 가진 권위주의적 조직들에게만 특전을 부여하는 것이기 때문이다. 알려진 대로 단지 교회조직들만이 이 권리를 행사했다.

이다. 그런데 강단에서의 가치판단을 순수히 〈논리적〉인 근거에서 어느 정도 제한하려는 시도가 있었다. 독일의 가장 저명한 법학자 중의 하나는 어떤 기회에, 자신은 사회주의자들을 강단에서 배제하는 것은 반대하지만, 그러나 최소한 〈무정부주의자〉는 법학교수로 용납할 수 없는 것이, 왜냐하면 무정부주의자는 법의 타당성 그 자체를 부인하고 있기 때문이라는 입장을 밝힌 바 있다. 이 법학자는 자신의 이러한 논리가 결정적인 설득력을 가지고 있다고 간주했음이 분명하다. 그러나 필자는 정반대의 의견이다. 무정부주의자도 법에 정통한 사람일 수 있다. 만약 그가 법에 정통한 사람이라면, 그는 자신의 객관적 확신을 (이 확신이 진실된 것이라고 치자) 바탕으로, 우리에게는 너무나 당연한 관습들과 전제들을 벗어나는 하나의 획기적인 준거점을 설정할 것이다. 그리고 그는 바로 이 준거점을 통해, 모든 법학자가 지극히 당연한 것으로 받아들이고 있는 통상적 법학의 기본관점들을 가지고는 발견할 수 없는 그런 감춰진 문제점을 발견하게 될 것이다. 왜냐하면 극단적 회의가 인식의 아버지이기 때문이다. 법학자의 과업은 〈법〉의 존재와 연관되어 있는 문화적 재화들의 가치를 〈증명〉하는 것이 아니다. 이것은 가령 의사의 과업이, 생명의 연장은 어떤 상황하에서도 지향할 가치가 있음을 〈증명〉하는 것이 아님과 마찬가지이다. 법학자와 의사는 자신들의 수단으로는 이 증명을 해낼 능력이 전혀 없다. 만약 강단을 실천적 가치논의의 장으로 만들려고 한다면, 바로 가장 원칙적인 기본문제들이 모든 관점하에서 제한 없이 논의될 수 있는 자유를 보장하는 것이 당연한 전제일 것이다. 이러한 보장이 가능한가? 가장 결정적이고 중요한 실천적-정치적 가치문제들이 오늘날 독일대학의 강단에서는 배제되어 있다. 가령 민족의 이해관계가 국가의 다른 모든 구체적인 제도들 위에 있다고 믿는 자에게는, 예를 들어 독일 국왕의 위상에 대해 오늘날 지배적인 견해가 민족의 국제정치적 이해관계 및 이 이해관계 실현의 수단들, 즉 전쟁과 외교정책에 도움이 되는 것인지 여부는 핵심적인 문제이다. 그러나 이것이 도움이 되지 않는다고 믿으며, 그래서 근본적인 개혁이 일어나지 않는 한 전쟁 및 외교정책 영역에서의 지속적인 성공이란 기대할 수 없다는 견해를 가진 자들이 오늘날 반드시 가장 저열한 애국자들 및 왕정반대자들만인 것은 아니다. 그러나 우리 민족의 이 결정적인 문제들이 오늘날 독일 대학의 강단에서는 완벽히 자유롭게 토론될 수 없음은 누구나 알고 있다.[12] 바로 실천적-정치적으로 가장 중요한 가치판단의 문제들이 자유로운 강단논의에서 지속적으로 배제되어 있다는 사실을 두고 볼 때, 과학을 대변하는 자들의 존엄성에 합당한 태도는, 사람들이 자신에게 친절하게도 그 토론을 허용하는 가치문제들에 대해서마저도 차라리 침묵을 지키는 것이라고 필자는 생각한다.

그러나 어떠한 경우에도 아래와 같은 두 가지 문제가 서로 혼합되어서는 안 된다. 즉, 한편으로는 강의에서 실천적인 가치판단을 내려도 좋은지, 당위적으로 내려야 하는지 아니면 내릴 수밖에 없는지 라는 해결될 수 없는 문제와, — 왜냐하면 그 자체 가치판단에 바탕하고 있기 때문에 — 다른 한편으로는 사회학과 국민경제학 같은 경험과학에서 가치판단이 하는 역할에 대한 순수히 논리적인 논의라는 두 가지 문제이다. 이 둘을 혼합할 경우 원래의 논리적인 문제상황, 즉 위에서 지적한 두 번째 문제에 대한 편견 없는 논의가 해를 입게 된다. 그런데 이 논리적 문제가 해결된다고 해서 그것이 위의 첫 번째 문제, 즉 강단에서의 가치판단 문제에 대하여 어떤 시사점을 제공해주는 것은 아니다. 단 한 가지 시사점을 제공해주는 것이 있다면, 그것은 순전히 논리적인 차원에서 도출되는 다음과 같은 시사점이다. 즉, 강의하는 자는 명료해야 하며 이질적인 문제영역들을 분명히 서로 구분해야 한다는 것이다.

12) 원주: 이것은 독일에만 특유한 현상은 아니다. 거의 모든 나라에, 공개적으로 또는 은폐된 형태로, 실질적인 제한이 존재한다. 단지 배제된 가치문제의 성격이 서로 다를 뿐이다.

여기서 논외로 하고자 하는 또 하나의 문제는, 경험적 사실확인과 실천적 가치판단의 분리가 과연 실천하기 〈어려운가〉의 여부이다. 우리 모두는—이 분리를 요구하는 문건에 대표서명을 한 필자 역시 다른 이들과 마찬가지로—되풀이해 이 분리의 원칙을 위반한다. 그러나 최소한 이른바 윤리적 국민경제학의 추종자들은, 윤리법칙 역시 실행하기 어렵지만 그런데도 우리에게 〈과업으로 주어진 것으로〉 간주된다는 사실을 알고 있을 것이다. 그리고 우리의 양심의 소리를 경청하면, 사실확인과 가치판단의 분리원칙을 실천하기가 그렇게 어려운 이유는, 너무나 흥미로운 세계인 가치판단의 세계에 들어서는 것, 거기다 활기를 북돋우는 〈개인적인〉 색채까지 갖춘 가치판단의 영역에 들어서는 것을 우리 스스로 포기하기를 매우 꺼리기 때문이라는 점을 확인할 수 있을 것이다. 대학교수이면 누구나 관찰할 수 있는 현상은, 교수가 자신의 개인적인 신념을 〈고백〉하기 시작하면 학생들의 얼굴이 밝아지고 그들의 표정이 긴장감을 띤다는 것, 그리고 교수가 강의에서 이런 고백을 한다는 것에 대한 기대가 청강생의 수를 늘리는 데 매우 중요한 역할을 한다는 현상이다. 누구에게나 알려진 또 하나의 사실은, 대학 간의 청강생 수 경쟁으로 인해 아무리 하찮은 예언자라 해도 그가 만약 강의실만 가득 채운다면 그는 교수채용 인사위원회로부터, 그 자신에 비해 학문적으로는 훨씬 더 훌륭하고 또 객관적 주제 자체에 충실한 후보보다 더 후한 점수를 얻는다는 점이다. 물론 그의 예언이 정치적으로나 관습적으로 정상이라고 간주되는 가치판단의 범위에서 너무 크게 벗어나지 않는다는 전제하에서이긴 하지만 말이다. 이런 하찮은 예언자보다 또 더 유리한 후보자는 단 하나밖에 없다. 즉, 물질적 이익집단을 대변하는 사이비 가치중립적인 예언자가 그러한 후보인데, 왜냐하면 그는 이 이익집단이 행사할 수 있는 정치적 권력 덕분에 유리한 입지를 확보할 수 있을 것이기 때문이다. 필자는 이 모든 것을 유쾌하지 못한 일로 여기지만 아무튼 여기서는 가령 아래와 같은 주장, 즉 실천적 가치판단의 배제에 대한 요구는 〈편협한 것〉이며 그것은 강의를 〈지루하게〉 할 것이라는 주장 등은 다루지 않겠다. 경험적 전문영역에 대한 강의가 무엇보다도 우선 〈재미있도록〉 우리가 노력을 해야 하는지 여부 역시 논외로 치겠지만 필자 자신 두려워하는 것은, 너무 재미있는 개인적인 색조가 발산하는 매력 때문에, 길게 볼 때, 학생들이 소박하고 객관적인 작업에 대한 취향을 상실하지 않을까 하는 점이다.

자세한 논의는 하지 않겠지만 분명히 짚고 넘어가야 할 사실 하나는, 모든 가치판단의 축출이라는 바로 이 명분하에 우리는 가령 〈사실이 말하도록 한다〉 라는 잘 알려진 도식에 따라 매우 강력한 암시적 방법을 통해 실천적 가치판단들을 불러일으킬 수 있다는 점이다. 우리의 의회연설 또는 선거유세연설 가운데 그래도 들을 만한 연설은 바로 이 수단을 이용하고 있으며 이것은 그들의 목적으로 볼 때는 전적으로 정당한 일이다. 그러나 이런 수단이 강단에서 이용될 경우—그것도 명분상으로는 가치판단과 사실확인의 분리를 요구하면서 말이다—그것은 악용 중에서도 가장 바람직하지 못한 악용이라는 것은 두말할 나위도 없다. 그러나 이렇게 어떤 원칙을 마치 준수하는 듯한 옳지 못한 허상이 곧잘 이 원칙의 진정한 준수로 잘못 간주될 수 있다고 해서 우리는 이 원칙 자체를 비판할 수는 없는 것이다. 이 원칙이 요구하는 것은 다름이 아니라, 만약 선생이 실천적 가치판단을 포기해서는 안 된다고 믿는다면, 이 가치판단을 학생들 및 자기 자신에게 절대적으로 명료하게 밝혀야 한다는 것이다.

끝으로, 가장 강력하게 배척되어야 할 것은 아래와 같은 그리 드물지 않은 생각이다. 즉, 과학적 〈객관성〉에 이르는 길은, 여러 가지 상이한 가치판단들을 서로 견주어보고 그들 간에 하나의 〈정치가적인〉 타협점을 창출해내는 것이라는 생각이다. 〈중도적 입장〉도 그리고 〈극단적〉 가치판단들도 경험과학의 수단으로는 정확히 과학적으로 증명해낼 길이 없는 것이다. 가치판단의 영역에서는 오히려 중도적 입장이야말로 규범적으로 가장 불분명한 것이다. 이런 중도적 입장은 강단에 속하는 것이 아니라, 정치적 프로그램, 관청 및 의회에 속한다. 학문이—규범학문이든 경험과학이든—정치적 행위자들에게 그리고 서로 반목하는 정당들에게 제공할 수 있는 단 하나의 봉사는 그들에게 아래와 같이 말해주는 것이다. ①이 실천적 문제에 대해서는 이러이러한 여러 가지 〈궁극적〉 입장들을 생각할 수 있다. ②너희들이 이 궁극적 입장들 가운데 하나를 택할 경우 고려해야 할 객관적 사실들은 이러이러하다.

이로써 우리는 이제 우리의 〈본래의 주제〉에 도달했다.

2. 가치판단과 가치중립

1) '가치판단'의 의미

〈가치판단〉이라는 용어에 대해서는 지금까지 엄청난 오해가 있었으며 그리고 무엇보다도 용어상의 논쟁, 따라서 전적으로 무용한 논쟁이 진행되어 왔는데, 이것은 분명히 문제의 규명에는 전혀 기여하지 못하고 있는 것이다. 한 가지 점은 명백하다. 즉, 서두에서 이미 언급했듯이, 우리 분야에서 일어나는 이러한 논의에서 문제가 되는 것은, 우리가 사회적 사실에 대해 그것이 윤리적, 문화적 이유 또는 다른 어떤 이유에서 현실적으로 바람직하다 아니면 바람직하지 못하다라고 내리는 실천적인 가치판단들이다. 우리의 이러한 문제제기에 대해서는 아래와 같은 관점들이 〈반론〉으로 — 지금까지 이들에 대한 우리의 모든 반박에도 불구하고[13] — 진지하게 제시되어 왔다. 즉, 과학은 ① 논리적, 객관적으로 평가했을 때 올바르다는 의미에서 〈가치 있는〉 결과를 얻기를 원하고, ② 또한 과학은 과학의 목적을 기준으로 볼 때 중요하다는 의미에서 〈가치 있는〉 결과를 얻기를 원하며 더 나아가 소재의 선택 그 자체가 이미 하나의 〈가치판단〉을 내포하고 있다는 반론이 제시되어 왔다. 이에 못지않게 자주 발생한, 거의 이

---

13) 원주: 내가 아래 논문들에서 이미 서술한 것을 참조하기 바란다. 〈사회과학적 그리고 사회정책적 인식의 '객관성'〉, 〈애두아르트 마이어(Eduard Meyer)와의 논쟁〉, 〈슈탐러(R. Stammler)의 유물론적 역사관의 '극복'〉(이 논문들에서 몇몇 서술은 — 이것은 능히 가능한 일이다 — 정확성이 부족하지만 이것이 문제의 핵심을 건드리지는 않고 있다고 필자는 믿는다). 한 중요한 문제영역에서의 특정한 궁극적 가치평가들의 〈중재불가능성〉의 문제에 대해서 필자는 특히 라트브르흐(G. Radbruch)의 《법학개론》(제 2판. 1913)을 참조하도록 권하고자 한다. 몇 가지 점에서 나는 그와 의견을 달리하지만, 그와의 이러한 견해 차이는 여기서 논의되고 있는 문제에는 중요하지 않다.

해할 수 없을 정도로 심한 오해는, 우리가 경험과학은 인간의 〈주관적〉 가치판단들을 객관적 대상으로 다룰 수 없다고 주장하고 있다는 오해이다(오히려 사회학 그리고 국민경제학에서는 한계효용론 전반이 바로 정반대의 전제에 바탕하고 있다).

그런데 우리는 단지 아래와 같은 지극히 평범한 요구를 하고 있을 뿐이다. 즉, 연구를 하거나 또는 연구결과를 서술하는 자는 한편으로는 경험적 사실(여기에는 그가 경험적 조사대상자들에게서 발견한 그들의 〈가치판단적〉 행위도 포함된다)의 확인과 다른 한편으로는 그 자신이 행하는 실천적 가치판단, 즉 확인된 경험적 사실들(조사대상이 된 실제 인간들의 〈가치판단〉도 여기 포함된다)이 바람직하다 또는 바람직하지 못하다는 식으로 평가하는, 이런 의미에서 〈값을 매기는〉 입장 사이를 절대적으로 서로 구분해야 한다는 것이다. 왜냐하면 이 둘은 서로 이질적인 문제들이기 때문이다. 한 저술가는 그의—아래 지적될 사항만 제외하면—훌륭한 어느 논문에서, 연구가는 자기 자신의 가치판단도 하나의 〈사실〉로 간주하고 거기서 결론을 도출할 수 있다고 말한다. 그의 주장은 반론의 여지가 없이 옳은 반면에 그가 택한 표현방식은 오해의 소지가 다분하다. 물론 우리는 어떤 토론에 앞서 하나의 특정한 실천적 의도에 대해서 미리 합의를 볼 수 있다. 가령 육군증강의 비용조달은 부유층만이 부담하도록 한다는 의도는 토론의 〈전제〉이며 단지 이 의도를 실현하는 수단만이 논의의 대상이 되어야 한다는 점에 대한 합의가 그런 경우일 것이다. 이런 합의는 흔히 매우 합목적적이다. 그러나 이렇게 공동으로 전제된 실천적 의도를 우리는 〈미리 확정된 목적〉이라고 부르지, 〈사실〉이라고 부르지는 않는다. 이 두 가지가 객관적으로도 서로 다르다는 것은 〈수단〉에 관한 토론에서 곧 밝혀진다. 물론 만약 토론의 여지없이 전제된 목적이 가령 지금 궐련에 불을 붙인다는 것만큼이나 구체적이라면 사정이 다르겠지만. 그러나 목적이 만약 이렇게 구체적이라면 우리는 수단에 관해서도 별다른 토론을 필요로 하지 않을 것이다. 실제로는 어느 정도 일반성을 띤 목적의 경우 거의 대부분 우리는 수단의 토론과정에서 일견 명백한 것으로 보이는 목적을 사실은 각자가 서로 매우 달리 이해하고 있다는 점을 경험하게 된다. 뿐만 아니라, 똑같은 목적도 여러 가지 매우 상이한 궁극적 근거에서 추구되며 이것은 수단의 토론에도 영향을 끼침을 확인하게 될 것이다. 그러나 이 문제는 여기서 논외로 치자. 왜냐하면 특정한 목적에 대해 전반적인 합의가 이루어져 있다면 이제 단지 그 목적의 실현수단만이 토론의 대상이 될 수 있다는 것을 부인한 사람은 지금까지 없었으며, 그리고 이럴 경우 이 토론은 전적으로 경험적 사실들에 바탕해 진행될 수 있다는 것을 부인할 생각을 한 사람도 없었기 때문이다. 그러나 우리 문제의 핵심은 (위의 경우에서와 같이 주어진 목적에 대한 〈수단〉의 선택이 아니라) 바로 목적의 선택 그 자체인 것이다. 다시 말하여, 우리는 각자가 근거로 삼고 있는 가치판단을 〈사실〉로 간주하는 것이 아니라 어떻게 그것을 학문적 비판의 대상으로 삼을 수 있는가 하는 문제를 중점적으로 제기하고 있는 것이다. 이 점을 분명히 하지 않으면 이 문제에 대한 더 이상의 논쟁은 무용한 것이다.

우리가 전혀 논의의 대상으로 삼고 있지 않는 문제는, 실천적 가치판단, 특히 윤리적 가치판단은 예를 들어 갈색 머리의 여인보다는 금발의 여인을 더 선호해야 할지 또는 이와 유사한 취향판단의 경우와는 그 성격이 어떻게 다른지의 문제, 다시 말하여 윤리적 가치판단은 어떤 의미에서, 가령 방금 예를 든 취향판단과는 달리, 하나의 규범적 존엄성을 주장해도 좋은지 라는 문제이다. 이것은 가치철학의 문제이지 경험과학적 방법론의 문제가 아니다. 경험과학적 방법론에서 보는 이 문제의 핵심은—규범으로서의 실천적 명령이 가진 타당성과 경험적 사실확인이 가진 진리타당성은 전혀 이질적인 문제 차원에 속하며, 만약 우리가 이것을 간과하고 이 두 영역을 억지로 결합시키려고 시도한다면, 이 두 영역 각각의 존엄성이 해를 입게 된다는 사실이다. 특히 슈몰러 교수의 경우[14] 필자의 소견으로는 이 두 영역의 혼합이 매우 심하다. 그래서 필자는 바로 우리 스승에 대한 존경심 때문에, 필자가 그와 의견을 달리하는 부분을 그냥 넘어갈 수가 없다.

2) '가치중립'의 의미

우선, 〈가치중립〉 명제의 추종자들은 아래와 같은 입장을 가지고 있는 것으로 주장된다. 즉, 이 추종자들은 윤리란 필연적으로 〈주관적인〉 성격을 가지고 있다고 믿으며, 그 증거로 그때그때 타당한 가치판단적 입장은 시대에 따라 역사적으로 그리고 개별적으로 변화한다는 단순한 사실을 제시하고 있다는 것이다. 그러나 가치중립 명제 추종자들의 입장에 대한 이러한 해석에 대해 필자는 반론을 제기하고자 한다. 우선 지적할 것은 주관적 성격을 가진 윤리적 문제뿐 아니라 객관적 경험적 사실확인도 흔히 매우 격심한 논쟁의 대상이 된다는 점이다. 가령 어떤 파손된 비문을 두고 (그것도 바로 전문가들 사이에서) 일어나는 해석문제(즉, 경험적 사실확인 문제)에 대해서보다는 특정인을 악당으로 간주해야 할지의 여부(즉, 윤리적 문제)에 대해서 우리는 흔히 더 큰 일반적 합의를 볼 수 있다. 실천적 가치판단의 핵심적 관점들에 대해 모든 종파와 인간들 사이에 관습적인 합의가 증대하고 있다는 슈몰러 교수의 가정은 필자 자신의 인상과는 극단적인 대조를 이루고 있다. 그러나 이런 합의의 증대가 우리의 현안에 있어서는 별 의미가 없다. 왜냐하면 특정한, 매우 널리 퍼진 실천적 가치입장들이 위에서 언급한 바와 같이 관습에 의해 실질적으로 당연한 것으로 통용된다고 해서 학문적으로 안심해도 되는 것은 아니기 때문이다. 필자가 보기에 학문의 독특한 기능은 정반대로, 관습상 당연한 것을 문

14) 원주: 《국가학 사전》(*Handwörterbuch der Staatswissenschaften*) 제 3판 VIII권, pp. 426~501에 수록된, 〈경제학〉에 관한 그의 논문 참조.

제화하는 것이다. 바로 이것이 슈몰러 및 그의 동료들 스스로도 그 당시 했던 바이다. 더 나아가, 우리가 가령 특정한 윤리적 또는 종교적 확신의 사실적 존속이 경제생활에 끼치는 인과적 영향을 조사하고 또 경우에 따라 이 영향을 높이 평가한다고 해서, 이것이 우리가 상기한, 인과적으로 매우 큰 영향력을 행사했던 확신들을 — 이런 영향력 때문에 — 신봉해야 하거나 또는 최소한 〈가치 있는 것〉으로 간주해야 한다는 결론으로 이끄는 것은 아닌 것이다. 오히려 정반대로, 어떤 윤리적 또는 종교적 현상의 높은 가치를 인정한다는 것과, 이 현상의 실현이 야기하거나 야기할 수 있는 막대한 결과들마저도 높이 평가할지 여부의 문제는 전혀 별개의 것이다. 이런 문제들은 사실적인 확인을 통해서는 전혀 해결될 수 없으며, 단지 개개인이 자신의 사적인 종교적 또는 다른 실천적 가치판단에 따라 해결할 수 있을 뿐이다. 이 모든 것들은 논쟁의 여지가 없는 사안들이다.

그에 반해 필자는, 윤리적인 것에 대한 하나의 〈현실주의적〉 학문, 다시 말하여 한 특정한 인간집단 내에서 주도적인 윤리적 확신들이 이 집단의 여타 생활조건을 통해 받은 영향 및 거꾸로 이 윤리적 확신들이 생활조건에 끼친 영향들을 규명하는 〈현실주의적〉 학문 그 자체가 하나의 〈윤리〉를 창출하며, 이 윤리는 당위적으로 타당한 것에 대한 진술을 내포하고 있을 수 있다는 의견에 명백히 반박하고자 한다. 이것은 우리가 가령 중국인의 천문학적 발상들을 〈현실주의적〉으로 서술하는 것이, 즉 그들이 어떤 실천적 동기에서 그리고 어떠한 방법으로 천문학을 운용했으며 어떤 결과들을 얻었으며 왜 그런 결과들을 얻었는지 등을 서술하는 것이 중국 천문학이 옳았는지의 여부를 증명하려는 목적을 가질 수 없음과 마찬가지이다. 이와 똑같이, 로마시대의 대농업가 또는 플로렌스의 은행가들이 (이들의 경우 심지어 큰 재산의 상속분할의 경우에서도) 그들의 계산방법으로 산출해 낸 결과가 흔히 삼각법 또는 구구표의 규칙에 어긋나는 것이라는 사실이 확인되었다고 해서 삼각법과 구구표의 타당성이 논란의 대상이 되는 것은 아닌 것이다. 한 특정한 가치판단 입장의 개별적, 사회적 그리고 역사적 규정성에 대한 경험적-심리학적 그리고 역사적 연구를 통해 우리가 성취할 수 있는 유일한 성과는 이 가치판단 입장을 이해하면서 설명한다는 것이다. 이 성과는 결코 작은 것이 아니다. 이런 이해적 설명은 자신과는 진정으로 또는 외견상 달리 생각하는 자에게 개인적으로 더 쉽게 〈대처할 수〉 있게 된다는 사적인(학문적이 아닌) 부수효과 때문에만 바람직한 것은 물론 아니다. 이해적 설명은 학문적으로도 아래와 같은 목적을 위해 지극히 중요하다. ① 인간행위의 진정한 궁극적 동기를 규명하기 위해 행위를 경험적으로 인과분석하려는 목적, ② 만약 자신과는 (진정으로 또는 외견상) 다른 가치판단을 내리는 자와 토론할 경우, 자신의 입장과는 다른 상대방의 진정한 가치판단 입장이 무엇인지를 규명하려는 목적이 그것이다. 그리고 이것이 가치토론의 본래의 목적이다. 다시 말하여, 상대편이 (또는 자기 자신이) 진정으로 의미하는 바가 무엇인지, 즉 두 당사자에게 단지 외견상이 아니라 진정으로 중요한 가치가 무엇인지를 파악하고 이를 통해 비로소 이 가치에 대한 입장표명을 가능하게 하자는 것이 가치토론의 본래의 목적이다. 따라서 경험적 논의는 〈가치중립〉적이어야 한다는 입장에서 볼 때, 가치판단에 대한 논의는 무용하거나 더 나아가 무의미한 것이 아니라, 오히려 바로 이 가치판단들의 의미에 대한 인식이 모든 경험적 논의의 전제조건이다. 경험적 논의는 원칙적으로 그리고 중재될 수 없이 서로 상치되는 궁극적 가치판단들의 가능성에 대한 이해를 전제로 하는 것이다. 왜냐하면 '모든 것을 이해한다'는 것이 반드시 '모든 것을 용서한다'는 것을 의미하지도 않으며 또 생소한 입장을 단순히 이해한다는 것 자체가 이 입장의 수용을 의미하지도 않기 때문이다. 생소한 입장의 이해가 낳는, 훨씬 더 가능성이 큰 결과는 오히려, 무엇에 대해서 그리고 왜 우리가 합의를 보지 못하는가에 대한 인식이다. 이 인식이야말로 진리인식이며, 〈가치판단 논의〉는 바로 이 인식에 기여하는 것이다. 우리가 이런 과정을 통해 결코 획득할 수 없는 것은 어떤 규범적 윤리 또는 어떤 윤리적 〈계율〉의 구속성인데, 왜냐하면 이것은 전혀 다른 사안이기 때문이다. 누구나 알고 있는 사실은, 이와 같은 규범적 윤리의 정립이라는 목적의 달성은 가치판단 논의를 통해 더 어려워진다는 점인데, 그것은 가치판단 논의가 최소한 겉보기에는 가치들을 〈상대화〉하는 결과를 낳기 때문이다. 그렇다고 우리가 이런 이유에서 가치판단 논의를 피해야 된다는 뜻은 아니다. 오히려 정반대이다. 왜냐하면 어떤 〈윤리적〉 확신이, 자신과는 다른 가치판단들을 심리학적으로 〈이해〉하게 되었다고 해서 이 다른 가치판단들에 의해 압도당한다면, 이 〈윤리적〉 확신의 가치는 과학적 인식을 통해 파괴당하는 종교적 견해 — 이런 파괴 역시 관찰될 수 있는 일이다 — 정도밖에 되지 않는 것이기 때문이다. 끝으로, 슈몰러의 가정, 즉 경험과학의 〈가치중립〉을 옹호하는 자들은 단지 〈형식적〉 윤리적 진리들(그는 이 개념을 실천이성의 비판이라는 의미에서 쓰고 있음이 분명하다)만을 인정할 수 있다는 가정에 대해서 — 이것이 우리의 현안과 반드시 관련이 있는 문제는 아니지만 — 잠시 논하고자 한다.

3) '윤리'와 '문화가치' 사이의 갈등

우선, 윤리적 계율과 〈문화가치〉를 — 이것이 최고의 가치라고 하더라도 — 동일시하는 슈몰러의 견해는 받아들일 수가 없다. 왜냐하면 모든 윤리와 불가피한, 해소될 수 없는 갈등관계에 있는 문화가치를 수호하는 입장도 있을 수 있기 때문이다. 정반대로, 모든 문화가치를 부인하는 윤리도 내적 모순 없이 가능한 것이다. 아무튼 이 두 가지 영역은 동일한 것은 아니다. 이에 못지않게 큰 오해는(그리고 이 오해는 널리 퍼져 있다), 칸트 윤리에서 보는 바와 같은 〈형식적〉 명제들은 어떠한 내용적 지침도 내포하고 있지 않다는 오해이다. 물론, 실천적 문제 중에는 윤리 그 자체로부터는 어떠한 명료한 지침도 얻을 수 없는 그러한 종류의 실천적 문제가 있다(이에는 특정한 제도적, 따라서 바로 〈사회정책적〉 문제가 매우 독특한 방식으로 속한다). 또한 윤리가 현실세계에서 〈타당한〉 유일한 것이 아니라, 윤리 이외에도 다른 가치영역들이 있는데, 이 가치들은 경우에 따라서는 윤리적 〈과오〉를 감수할 때만 그 실현이 가능하다. 그러나 이러한 사실들이 규범적 윤리의 가능성을 부인하는 것은 아니다. 가령 정치적 행위영역이 바로 이런 가치영역, 즉 윤리적 과오를 감수할 때만 그 실현이 가능한 가치영역에 속한다. 정치행위영역이 윤리적인 것에 대해 가지고 있는 긴장관계를 부인하려고 하는 것은 필자의 견해로는 나약한 태도이다. 그러나 〈사적 도덕〉과 〈정치적〉 도덕의 통상적인 대비가 암시하는 것과는 달리, 이런 긴장관계는 비단 정치행위영역에만 고유한 것은 결코 아니다. 윤리가 가진 이러한 〈한계들〉 중 몇 가지를 검토해보자.

어떠한 윤리에 의해서도 명료히 결정될 수 없는 문제에 속하는 것으로는 〈정의〉 계율에서 도출할 수 있는 결론들을 들 수 있다. 가령 우리가—아마 이것이 슈몰러가 그 당시 언급했던 견해에 가장 근접할 것이다—많은 것을 성취하는 자에게는 그만큼 많은 것을 주어야 하는지, 또는 역으로 많은 것을 성취할 수 있는 자에게는 오히려 그만큼 많은 것을 요구해야 하는 것인지, 다시 말하여, 우리가 예를 들어 〈정의〉의 이름하에 (왜냐하면 다른 관점들—가령 필요한 〈고무〉〔鼓舞〕의 관점—은 여기서 제외되어야 하기 때문이다) 탁월한 재능에 대해서는 충분한 기회를 제공해주어야 하는 것인지, 아니면 정반대로 (바뵈프[15]가 주장하듯이) 정신적 재능의 불평등한 분배 그 자체가 가진 불공정성을 엄격한 사전조치를 통해 상쇄하려고 시도해야 하는지, 즉 정신적 재능은 그것의 소유 자체만으로도 이미 행복감을 주는 영예의

15) François-Noël Babeuf(1760~1797). 프랑스 혁명가, '평등자단'의 지도자로서, 유토피아적 평등공산주의를 대변했다.

식을 창출하는데, 거기다 추가로 또 현실세계에서 이 재능이 더 좋은 기회들을 자신을 위해 활용할 수 있도록 해서는 안 되므로 이를 차단하는 사전조치를 취해야 하는지 말이다. 위에서 열거한 문제들은 〈윤리적〉 전제들을 기준으로 해서는 해결될 수 없는 문제들이다. 그러나 대부분의 사회정책적 현안들의 윤리적 문제성은 바로 이런 유형에 속한다.

4) 신념윤리와 책임윤리

그러나 개인적 행위의 차원에서도 윤리가 그 자체의 전제조건으로부터는 해결할 수 없는 특별한 윤리적 기본문제들이 존재한다. 이에는 무엇보다도 아래와 같은 근본문제가 속한다. 즉, 윤리적 행위의 내재가치 — 흔히 이것을 〈순수한 의지〉 또는 〈신념〉이라고 부른다 — 가 그 자체만으로 이 행위의 정당화에 충분한지 여부이다. 가령 기독교 윤리학자들이 표현했듯이, "기독교도는 올바르게 행동하고 그 결과는 신에게 맡긴다"라는 원칙에 따라서 행동하는 것이 정당한지의 여부. 아니면 행위자는 개연성이 있는 것으로 예측할 수 있는 행위의 결과들에 대한 책임까지도 고려해야 할지 여부(왜냐하면 우리의 행위는 윤리적으로 비합리적인 현실세계 속에 연루되어 있고 이 연루상황은 우리 행위의 결과들에 영향을 미치기 때문이다) 등이 위에서 언급한 근본문제들에 속한다. 사회적 영역에서 모든 급진적 혁명적 정치관, 특히 급진적 노동조합주의는 전자의 원칙, 즉 내재가치의 원칙에서 출발하고 있으며, 그리고 모든 〈현실정치론〉은 후자의 원칙, 즉 책임의 원칙에서 출발하고 있다. 혁명적 정치관이든 현실정치론이든 양자 모두 이러한 윤리적 원칙들을 자신들의 행동의 준거로 내세운다. 그러나 이 원칙들은 서로 영원한 갈등관계에 있는데, 이 갈등은 순전히 윤리 그 자체에만 근거하는 (자기정립적인) 윤리의 수단으로는 전혀 해결 불가능한 것이다.

이 두 가지 윤리적 원칙 즉, 신념윤리와 책임윤리는 엄격히 〈형식적〉 성격이며 이 점에서 《실천이성비판》의 잘 알려진 공리들과 유사하다. 흔히 실천이성의 공리들은 그것이 가진 바로 이런 형식적 성격으로 인해, 행위의 평가를 위한 어떠한 내용적 지침도 내포하고 있지 않다는 것으로 해석된다. 그러나 위에서도 언급했듯이, 이것은 사실이 아니다. 아래에서는 의도적으로 〈정치〉와는 가능한 한 멀리 떨어진 예를 하나 들어 많이 논의되어 온, 칸트 윤리의 〈단순히 형식적인〉 성격이라는 것이 도대체 무엇을 의미하는지를 밝혀 보고자 한다. 한 남자와 한 여자의 에로틱한 관계에 대해 남자가 "처음에는 우리 관계가 단순히 정열에 불과했는데, 지금은 이 관계가 하나의 가치이다"라고 말했다고 가정해보자. 냉정히 조율된 칸트 윤리는 이 문장의 전반부를, "처음에는 우리는 서로 단순히 수단에 불과했다"라고 표현할 것이며 이와 함께 위의 전체 문장을 자신의 유명한 원칙[16]의 특수 경우로 간주할 것이다. 이상하게도 사람들은 칸트의 이 원칙을 순전히 그 당시 시대상황에 의해 규정된 〈개인주의〉의 표현이라고 치부하는데, 사실 이것은 윤리적 사안들의 무한한 다양성에 대한 가히 천재적인 진술인바, 단지 우리는 이 진술을 옳게 이해해야 한다. 정언명령은 부정형태를 가지고 있으며 그리고, 상대방을 〈단지 수단〉으로만 취급하는, 따라서 윤리적으로 거부되어야 할 행위의 긍정적 대안이 무엇인지에 대해서는 어떠한 언급도 하지 않고 있지만, 아무튼 이 정언명령은 아래와 같은 관점들을 내포하고 있음이 분명하다. ① 윤리외적인 독자적 가치영역들의 인정, ② 이 가치영역들에 대해 윤리적 영역의 한계를 설정하는 것 및 ③ 그럼에도 불구하고 윤리외적 가치에 봉사하는 행위들 간에도 윤리적 존엄성의 차원에서는 차이가 있을 수 있음을 확인하는 것. 실제로, 상대방을 〈단순히 수단〉으로 취급하

16) 칸트의 정언명령, "네 자신의 인격과 다른 모든 사람의 인격에 내재하는 인간성을 단지 수단으로서가 아니라 언제나 목적으로서 대우하는 것이 되도록 행위하라."

는 것을 허용하거나 또는 명령하는 가치영역들은 윤리와는 이질적인 것이다. 그러나 이 문제는 여기서 더 이상 논하지 않겠다. 아무튼 분명한 것은, 상기한 지극히 추상적인 윤리적 원칙의 〈형식적〉 성격이 행위의 내용에 대해 결코 무관심하지 않다는 점이다. 그런데 문제는 더욱더 복잡해진다. 위의 문장에서 '단순히 정열에 불과하다'라고 표현된 부정적 술어 그 자체는, 어떤 특정한 관점에서 볼 때는, 내적으로 가장 진솔하고 삶의 가장 본질적인 것 즉, 정열에 대한 모독이라고 주장될 수 있다. 다시 말하여, '단순히 정열에 불과하다'라는 표현은, 객관적이거나 또는 초개인적이며 바로 그래서 생에 대해 적대적인 〈가치〉기제들에서 해방될 수 있는 유일한 왕도, 일상적 생활의 생명 없는 바윗돌에 쇠사슬로 묶여 있는 상황에서 탈출할 수 있는, 그리고 〈과제로 주어진〉 현실들의 지나친 요구들에서 탈출할 수 있는 유일한 왕도 즉, 정열에 대한 모독이라고 주장될 수 있는 것이다. 그래서 위의 표현을 '정열'에 대한 모독이라고 보는 이런 견해의 체계화를 생각할 수 있는데, 이 체계는—설사 자신이 의미하는 구체적인 체험의 대상에 대해 〈가치〉라는 표현을 사용하는 것을 경멸한다 하더라도—하나의 가치영역을 구성하게 되는데, 이 '정열'이라는 가치영역은 모든 성스러움, 선함, 모든 윤리적 또는 심미적 법칙성, 모든 문화적 중요성 또는 개성적인 평가에 대해 동일하게 생소하고 적대적인 입장을 취할 수 있으며 그럼에도 불구하고 또는 바로 그러하기 때문에 그 자신 하나의 고유한 〈내재적〉—이 말의 가장 극단적인 의미에서—존엄성을 주장할 수 있을 것이다. 이 주장에 대한 우리의 입장이 어떠한 것이든 간에, 〈과학〉의 수단으로는 우리는 이 존엄성을 증명할 수도, 또 〈반박할 수도〉 없는 것이다.

5) 가치갈등론: '절대적 다신주의'

이런 문제상황에 대한 모든 경험적 고찰은 불가피하게, 노년의 밀(Mill)이 지적했듯이, 절대적 다신주의가 이 문제상황에 적합한 유일한 형이상학이라는 결론에 도달할 것이다. 더 나아가, 경험적이 아니라 의미해석적 고찰, 즉 가치철학적 고찰은 이러한 결론을 넘어서, 〈가치들〉에 대한 아무리 잘 정돈된 개념도식도 이 상황의 가장 핵심적 문제는 해결할 수 없다는 점을 간과해서는 안 될 것이다. 왜냐하면, 가치들 간의 관계는 어디서나 그리고 항상 대안(代案)의 관계가 아니라 해소될 수 없는 사생결단적(死生決斷的) 투쟁의 관계, 마치 〈신〉과 〈악마〉 간의 투쟁과 같은 관계이기 때문이다. 가치들 간에는 상대화도, 타협도 있을 수 없는 것이다. 그러나 주의할 것은, 이것은 원칙 또는 원래의 의미의 차원에서 볼 때 그러하다는 것이다. 왜냐하면 우리 모두가 현실에서 경험하듯이, 실질적으로는, 따라서 외견상으로는 상대화와 타협이, 그것도 어디서나 존재하기 때문이다. 현실에서의 인간의 거의 모든 중요한 결정에는 여러 개의 가치영역들이 서로 교차하고 뒤엉켜 있는 것이다. 가장 본래적 의미에서의 〈일상〉이 가지고 있는, 우리를 천박하게 하는 힘은 다음과 같은 사실에 근거하는 것이다. 즉, 성찰 없이 일상 속에서 그냥 살아가는 인간은 서로 철천지원수지간인 가치들이, 심리적 또는 현실적 조건들 때문에 상호 혼합되어 있음을 의식하지 못할 뿐 아니라, 더 나아가 의식하려고 하지 않는다는 사실, 오히려 그는 〈신〉과 〈악마〉 간의 선택을 회피하며 그리고 서로 충돌하는 가치들 중 어느 것이 〈신〉에 의해서, 그리고 어느 것이 〈악마〉에 의해서 지배되고 있는지에 대한 자기 자신의 결단 역시 회피하고 있다는 사실에 근거한다. 선악과를 먹음으로써 우리가 처하게 된 상황은 (이 상황은 인간의 나태성향에는 달갑지 않지만 그러나 불가피한 것이다) 다름이 아니라 바로 이러한 대립관계를 인지하지 않을 수 없다는 것이다. 다시 말하여 모든 중요한 행위, 더 나아가 삶 전체가—만약 이 삶이 마치 자연현상 같이 흘러가는 것이 아니라, 의식적으로 사는 삶이어야 한다면—궁극적 결단의 연속이며 이 결단들을 통해 영혼은, 플라톤에서 보듯이, 자기 자신의 운명을—또는 자신의 존재와 행위의 의미를—선택한다는 사실을 인식하지 않을 수 없다는 점이다. 따라서 가치갈등론자들의 의도에 대한 가장 조잡한 오해는 이 입장을 〈상대주의〉로 해석하는 것이다. 왜냐하면 상대주의는 가치영역들 간의 관계에 대해 가치갈등론자들과는 바로 정반대되는 견해에 바탕하고 있으며 이 견해의 일관된 견지는 매우 특수한 형태의 〈유기체적〉 형이상학을 준거로 삼을 때만 가능하기 때문이다.

위에서 언급한 정치적 가치판단에 대한 우리의 주제로 다시 돌아오자. 필자의 견해로는 아래와 같은 점은 의심의 여지가 없다. 즉, 만약 경험과학이 실천적-정치적(특히 경제 및 사회정책적) 가치판단들로부터 어떤 중대한 조치를 위한 행동지침을 도출해야 할 경우, 경험과학은 자신의 힘으로는 다만 ① 불가피한 수단, ② 불가피한 부차적 결과들, ③ 이와 연관되어 야기되는 여러 개의 가능한 가치판단들의 상호경쟁과 그것의 실제적 결과들을 밝혀낼 수 있을 뿐이다. 철학적 학문은 이런 작업을 넘어서 자신들의 사고수단으로 가치판단들의 〈의미〉, 즉 이들의 궁극적 의미구조와 이들의 의미상의 결과들을 규명할 수 있으며 따라서 가능한 모든 〈궁극적〉 가치들의 총체 내에서 이들이 차지하는 〈위치〉를 지정할 수 있으며 이들이 가지는 의미상의 타당성 범위를 한정할 수 있다. 그러나 벌써 아래와 같이 단순한 문제들만 해도 순전히 선택 또는 타협의 문제이다. 즉, 어느 정도까지 목적이 불가피한 수단들을 정당화해야 하는지, 어느 정도까지 의도되지 않은 부차적인 결과를 감수해야 할 것인지 그리고 어떻게 구체적 상황에서 충돌하는 여러 개의 의도된 또는 당위적인 목적들 간의 갈등을 조정해야 하는지 등의 문제들. 이런 문제들을 결정할 수 있는 어떤 과학적인(합리적인 또는 경험적인) 방법도 없는 것이다. 개개인들에게 이 선택의 짐을 덜어주겠다고 감히 나설 자격이 가장 적은 과학이 바로 우리 분야 같이 엄격한 경험적 과학이며 따라서 우리는 마치 우리가 이것을 할 수 있는 듯한 인상을 불러일으켜서는 안 된다.

6) '가치논의'의 필요성과 그 기능

마지막으로 다시 한 번 분명히 언급해야 할 것은, 상기한 바와 같은 사실, 즉 경험과학은 가치선택의 문제를 해결할 수 없다는 사실이 우리 분야에 관한 한 타당하다는 것을 인정하는 것과, 위에서 극도로 축약된 형태로 제시된 가치이론적인 진술들에 대해 우리가 어떤 입장을 취하는가의 문제는 전혀 별개의 문제라는 점이다. 왜냐하면, 교회의 교리에 의해 명백히 규정된 가치위계의 입장을 제외한다면, 경험과학이 가치선택의 문제를 해결할 수 없다는 상기사실을 거부할 수 있는, 논리적으로 설득력 있는 입장이란 없기 때문이다. 필자는 아래와 같은 주장을 내세우는 사람들이 정말 있을지 궁금하다. 즉, 하나의 구체적 사실이 어떤 내용을 담고 있는지, 왜 이 구체적 상황이 다른 모습이 아니라 지금과 같은 모습을 띠게 되었는지, 하나의 주어진 상황 A에 다른 하나의 상황 B가 실제적 행위규칙에 따라 그리고 얼마만큼의 가능성을 가지고 통상적으로 따라 일어나는지 등의 문제는 그 의미상 가령 아래와 같은 문제들과 근본적으로 다른 것이 아니다 라고 주장하는 사람, 즉 우리가 하나의 구체적인 상황하에서 실천적으로 무엇을 당위적으로 해야만 하는지, 어떤 관점하에서 이 상황이 바람직한 것으로 또는 바람직하지 못한 것으로 보이는지, 이 관점들을 귀속시킬 수 있는, 보편적 진술이 가능한 명제(공리)—이것이 어떤 형태를 지녔든 간에—가 있는지 등의 문제들. 더 나아가, 한편으로는 하나의 구체적으로 주어진 실제적 상황(또는 일반적으로, 어느 정도 분명히 규정된 상황유형)이 어떤 방향으로, 또 어느 정도의 가능성을 가지고 이 방향으로 장래 발전할 것인지(또는 통상적으로 발전하곤 하는지) 라는 문제와 다른 한편으로는 우리가 하나의 구체적 상황이 하나의 특정한 방향으로 발전하도록 — 이 방향이 실제로 가능성이 큰 방향이든 또는 그 정반대이든 또는 다른 어떤 방향이든 간에 — 하는 데 기여해야만 하는지 라는 문제. 그리고 마지막으로, 한편으로는 특정한 인간들이 구체적인 상황하에서, 또는 불특정다수가 같은 상황하에서 한 특정한 문제에 대해 — 이 문제가 어떤 종류든 간에 — 어떠한 견해를 아마도 (또는 심지어 확실히) 형성하게 될 것인지 라는 문제와, 다른 한편으로는 아마도 또는 확실히 형성될 이 견해가 옳은 것인지 라는 문제. 이와 같은 상반되는 질문군들이 그 의미상 서로 조금이나마 연관관계가 있다는 것인가? 이 문제들이, 흔히 주장되듯이, 정말 〈서로 분리될 수 없는〉 것인가? 그리고 이 분리될 수 없다는 주장은 과학적 사고의 요구조건들과 모순되지 않는다는 것인가? 이와 경우가 다른 것은 가령 누가 상기한 두 종류의 문제의 절대적인 이질성을 인정하면서도 동일한 책, 동일한 페이지, 심지어는 동일한 구문의 주 문장 및 부 문장에서 한편으로는 위의 두 가지 이질적인 문제 종류 가운데 첫 번째 것인 사실확인에 관해서, 다른 한편으로는 두 번째 것인 당위적 판단에 관해서 발언할 수 있다고 주장한다면, 그것은 그가 결정해야 할 문제이다. 단지 우리가 그에게서 요구해야 할 것은, 그가 상기한 문제들의 절대적 이질성에 대해 본의 아니게(또는 고의적인 빈정거림에서) 독자들을 현혹시켜서는 안 된다는 점이다. 필자 개인적으로는 세상의 어떤 수단도, 만약 그것이 이 혼동을 피하도록 하는 데 적합하다면 결코 고루하지 않다는 생각이다.

따라서 (논의에 관여된 자들 자신의) 실천적 가치판단들에 대한 논의는 단지 아래와 같은 네 가지 의미를 가질 수 있을 뿐이다.

(1) 이 가치논의의 첫 번째 의미는, 상충하는 견해들이 출발점으로 삼고 있는 궁극적인, 내적으로 일관된 가치공리들을 규명하는 데 있다. 단지 상대편의 궁극적 가치공리에 대해서뿐 아니라, 우리는 우리 자신의 궁극적 가치공리에 대해서도 흔히 잘못 생각하고 있다. 이 규

명과정은 그 본질상 개별가치판단 및 그것의 의미상의 분석에서 출발하여 점점 더 고차원적이고 원칙적인 가치판단의 차원으로 상승해나가는 작업이다. 이 과정에서 우리는 경험과학의 수단으로 작업하는 것이 아니며 또 사실인식에 도달하는 것도 아니다. 이 과정은 마치 논리가 타당한 것과 같은 방식으로 〈타당하다〉.

⑵ 가치논의의 두 번째 의미는, 우리가 특정한 궁극적 가치공리를, 그리고 이것만을 사실적 상황을 실제로 평가하는 데 그 기초로 삼을 경우, 우리는 이 가치공리가 가치판단적 입장정립에 관해 가질 〈영향들〉을 연역해낼 수 있다. 이 연역은 논증에 관련해서는 순전히 의미의 차원에 머무르지만, 그에 반해 실천적 가치판단을 위해 고려될 수 있는 모든 경험적 상황의 가능한 한 완벽한 결의론(決疑論)[17] 을 구성하는 작업은 경험적 사실확인에 예속되어 있다.

⑶ 가치논의의 세 번째 의미는, 한 문제에 대한 어느 특정한 실천적 가치판단입장이 가져다줄 실질적인 결과들을 확인하는 데 있다. 이 결과들은 ① 특정한 불가피한 수단에 구속되어 있다는 사실에서 연유할 수 있고, ② 직접적으로는 의도되지 않은 특정한 부차적 결과들의 불가피성에서 연유할 수 있다. 이러한 순전히 경험적인 확인은 가령 다음과 같은 결론을 낳을 수 있다. ⓐ 한 가치입장을 어느 정도나마 실현하는 것이 절대적으로 불가능하다는 결론, 왜냐하면 그 실현의 방법을 규명할 수가 없기 때문이다. ⓑ 이 가치입장을 완전히 또는 어느 정도나마 실현할 수 있는 개연성이 매우 적다(불가능하지는 않지만)는 결론. 그 이유는 ①의 경우와 같은 것이거나 아니면, 이 가치실현을 통해 발생할 가능성이 있는 의도되지 않은 부작용들이 이 가치실현을 직·간접적으로 비현실적인 것으로 보이게 하는 경우. ⓒ 위의 실천적 가치입장을 주장하는 자가 미처 고려하지 못한 불가피한 수단

17) 구체적인 도덕적 문제의 해결을 온갖 상황을 고려하여 해결하려는 방법론. 또는 한 개념 또는 주제에 대한 해설적 예증.

과 부작용들이 밝혀지고 그래서 이 가치주창자가 목적과 수단 및 부작용 간에 내려야 할 가치결단이 그 자신에게 하나의 새로운 문제로 등장하게 되며 따라서 이 결단은 다른 사람들에 대해 설득력을 상실하게 되는 경우.

(4) 가치논의의 마지막 의미는, 새로운 가치공리와 이것에서 추론되는 가치명제들이 제시될 수 있다는 점이다. 이 가치공리는 새로운 것이기 때문에 이 공리의 발견 이전에 특정한 가치입장을 대변하던 사람은 이 공리를 고찰하지 않았을 것이고 따라서 그는 이것에 대해 사전에 입장을 정립하지 않았을 것이다. 그 결과, 경우에 따라서 이 공리는 그의 기존의 가치입장의 실현과 충돌하는 것일 수 있다. 이 충돌은 두 가지 형태를 취할 수 있는데, 첫째, 원칙적인 충돌, 둘째, 실제적 결과에 연유한 충돌, 즉 의미상의 충돌 또는 실제적 충돌이다. 원칙적인 충돌의 경우 우리는 위의 (1) 유형의 제반 문제들을 접하게 될 것이고 실제적인 충돌의 경우는 위의 (2) 유형에 해당한다.

이런 유형의 가치논의는 〈무의미〉하기는커녕 매우 주목할 만한 의미를 지니고 있다. 물론 이 논의의 목적이 정확히 이해된다는 전제하에 그리고 이 전제하에서만.

실천적 가치판단에 대한—적합한 맥락에서 그리고 적합한 의미에서 수행되는—논의가 가진 유용성은, 비단 위와 같은 직접적 〈결과들〉의 획득에만 한정되는 것은 아니다. 이런 논의는—만약 옳게 수행되기만 한다면—오히려 경험적 연구에 심대한 지적 자극을 줄 수 있는데, 왜냐하면 이 가치논의는 경험적 연구에 문제설정을 제공해줄 수 있기 때문이다.

이렇게 설정된 경험과학적 문제들 그 자체의 규명은 물론 〈가치중립적으로〉 수행되어야 한다. 즉 이들은 〈가치의 문제들〉이 아니다. 그러나 이 문제설정들은 우리 분야의 경우 현실을 〈가치〉에 연관시키는 과정에 의해 영향을 받는다. 〈가치연관성〉 개념의 의미에 대해서는 필자 자신이 다른 논문에서 서술한 것[18] 및 무엇보다도 리케르트의 잘 알려진 저술들을 참조하기 바란다. 이 자리에서 이 개념을 다시 한 번 상술한다는 것은 불가능하며 그래서 아래와 같은 점, 즉 〈가치연관성〉이라는 표현은, 경험적 연구의 대상의 선택과 구성을 지배하는 특수한 학문적 〈관심〉에 대한 철학적 해석에 불과하다는 점만을 다시 한 번 지적해두고자 한다.

이런 순전히 논리적 사실이 경험적 연구과정 내에서의 〈실천적 가치판단〉을 정당화하는 것은 결코 아니다. 그러나 이 사실에서 도출될 수 있는 것은—이것은 역사적 경험과도 일치하는 것이지만—순전히 경험과학적 연구에서도 이 연구의 방향을 결정하는 것은 문화적 관심, 즉 가치관심이라는 점이다. 그리고 분명히 이 가치관심의 구체적 해설적 예증은 가치논의를 통해 전개될 수 있다. 가치논의는 학자, 특히 역사학자에게 무엇보다도 〈가치해석〉의 작업을—이것은 본격적인 경험연구에 앞서는 지극히 중요한 전초작업이다—거의 전적으로 덜어주거나 또는 더 용이하게 해줄 수 있다. 가치판단과 가치연관성 간의 구분뿐 아니라 가치판단과 가치해석(즉, 하나의 주어진 현상에 대해 가능한 유의미한 입장들을 개발하는 것) 간의 구분 역시 흔히 명료히 행해지지 않고 또 이로 인해 특히 역사의 논리적 본질에 대한 평가 역시 불분명해지기 때문에 이 문제에 관해 필자의 논문 〈에두아르트 마이어와의 논쟁〉[19]의 서술을 참조해줄 것을 권한다(물론 이 서술이 최종적인 것이라고 주장하는 것은 아니다).

이런 방법론적 근본문제들을 여기서 다시 한 번 논의하는 대신 아래에서 필자는 우리 분야를 위해 실제적으로 중요한 몇 가지 개별관점들을 좀더 상세히 다루고자 한다.

아직도 널리 퍼져 있는 견해는, 〈발전경향〉에서 우리는 실천적 가치판단을 위한 지침을 도출해야만 하며 또 도출할 수밖에 없다는 견

18) 예를 들어 앞의 〈객관성 논문〉.

19) 〈*Zur Auseinandersetzung mit Eduard Meyer*〉, 《과학론 논문집》 245쪽 이하에 수록.

해 또는 도출할 수 있다는 견해이다. 그러나 우리가 명백한 〈발전경향〉에서—이 명백성이 아무리 크다고 하더라도—간취할 수 있는 것은 단지 주어진 가치입장의 실현에 (아마도) 가장 적합한 수단에 관련된 명백한 행위지침이지 결코 이 가치입장 자체에 대한 것은 아니다. 물론 여기서 〈수단〉의 개념은 생각할 수 있는 가장 광의의 개념이다. 가령 국가의 권력이해를 최종목적으로 간주하는 자는 주어진 상황에 따라 어떤 때는 절대왕조적 국가조직을, 또 어떤 때는 급진민주주의적 국가조직을 상대적으로 더 적합한 수단으로 간주해야만 할 것이다. 따라서 가령 수단으로서의 이런 합목적적 국가조직이 가진 유용성에 대한 평가의 변화를 〈궁극적〉 가치입장 그 자체의 변화로 간주하는 것은 당치 않은 일이다. 물론, 위에서도 언급했듯이, 개개인은 빈번히 다음과 같은 문제에 봉착하게 된다. 즉, 그가 지향하는 실천적 가치의 실현에 대한 희망을, 현존하는 하나의 명백한 발전경향을 고려할 때, 포기해야 할지 여부의 문제에 봉착하게 된다. 왜냐하면 이 발전경향으로 인해 상기한 가치의 실현은 자신이 보기에 윤리적으로 또는 다른 이유에서 문제가 있다고 여겨지는 새로운 수단의 사용을 통해서만 가능하거나 또는 자신이 혐오하는 부작용을 감수해야만 가능하거나 또는 이 가치의 실현가능성이 너무나 희박하여 그의 실현노력이, 성공의 가능성을 기준으로 보면, 마치 〈돈키호테적 만용〉으로 여겨질 수 있기 때문이다. 그러나 이와 같은 거의 변동불가능한 〈발전경향〉을 인식한다고 해서 이 인식이 우리의 실천적 가치설정 그 자체에 어떤 지침을 제시해주는 것은 결코 아니다. 모든 개별적인 새로운 사실은, 목적과 불가피한 수단 간의 형평관계, 그리고 의도된 목표와 불가피한 부작용 간의 형평관계를 다시 결정하도록 하는 것이다. 그러나 이 결정이 이루어져야 할지 여부 및 어떠한 실제적 결과를 각오하고 이 결정이 이루어져야 할지라는 문제는 비단 경험과학이 다룰 수 있는 문제가 아닐 뿐 아니라, 위에서도 언급했듯이, 어떤 종류의 과학도 다룰 수 없는 문제인 것이다. 가령 확신에 찬 급진조합주의자에게, 그의 행위는 사회적으로 〈소용이 없을〉 뿐 아니라, 다시 말하여 프롤레타리아의 외적 계급상황의 변화에 기여할 가능성이 없을 뿐 아니라, 오히려 그의 행위는 〈반동적〉 분위기의 조성을 통해 프롤레타리아의 상황을 틀림없이 더 악화시킬 것이라는 점을 우리가 아무리 설득력 있게 증명한다고 하더라도, 이것은 그에게—만약 그가 진정으로 자신의 견해를 끝까지 일관되게 견지한다면—추호도 증명의 효과가 없는 것이다. 그러나 이것은 그가 망상가이기 때문에 그런 것이 아니라, 곧 논의하겠지만, 그가 자신의 입장을 중심으로 볼 때는 〈옳을 수〉도 있기 때문이다. 전반적으로 볼 때 인간은 아래와 같은 강한 성향을 가지고 있다. 즉, 성공의 조건 또는 성공을 보장하는 듯한 조건 쪽으로 비단—이것은 당연한 일이지만—자신의 행위수단을 적응시키고 또 자신의 궁극적 이상의 실현욕구의 정도를 적응시킬 뿐 아니라, 더 나아가 성공을 위해서는 이 이상 자체의 포기까지도 감수하는 성향을 지닌다. 독일에서는 이러한 성향을 〈정치적 현실주의〉[20]라는 이름으로 장식할 수 있다고 사람들은 믿는다. 아무튼 이해할 수 없는 것은, 왜 하필 경험과학의 대변자들이 이러한 〈정치적 현실주의적〉 성향을 조장하고 싶은 욕구를 느끼는가 하는 점이다. 즉, 이들은 스스로를 그때그때의 〈발전경향〉에 대한 박수갈채단으로 구성하여 이 경향에 〈적응〉할지 여부의 문제를 가치판단의 문제, 즉 개개인이 개별적인 경우에 따라 자신의 양심에 근거해서만 해결할 수 있는 가치판단의 문제로부터 이른바 〈과학〉의 권위에 의해 보장된 듯한 원칙으로 전환시킴으로써 이러한 〈정치적 현실주의적〉 성향을 조장하는 것이다.

성공적인 정치란 항상 〈가능성의 예술〉이라는 명제는, 만약 옳게만 이해한다면 타당한 것이다. 그러나 이에 못지않게 타당한 사실은, 많

20) Realpolitik의 역어. 직역을 하면 '현실정치'이지만 의미상 '정치적 현실주의'로 옮기는 것이 적절하다.

은 경우에 있어서 인간은 가능한 것 범위 바깥에 있는 불가능한 것을 시도함으로써만 비로소 가능한 것을 성취할 수 있었다는 사실이다. 따지고 보면, 우리 모두가 바로 서구문화에서 — 다른 모든 점에서는 서로 의견을 달리 하더라도 — (주관적으로) 아마도 다소간 긍정적으로 평가하는 우리 문화 고유의 특성들이, 가능한 것에의 〈적응〉이라는 윤리를 진정으로 일관되게 발전시킨 유일한 경우인 유교의 관료윤리와 같은 윤리에 의해 창출된 것은 아니지 않은가? 최소한 필자는 우리 국민이 위에서 서술했듯이, 행위는 〈성공가치〉와 함께 〈신념가치〉도 가져야 한다는 점을 망각하도록 체계적으로 (그것도 과학의 이름하에) 교육받기를 원하지 않는다. 어떻든 이 상황의 잘못된 인식은 우리로 하여금 현실을 옳게 이해하는 것을 방해한다. 왜냐하면, 앞에서 든 급진적 노동조합주의자(생디칼리스트)의 예를 다시 들자면, 〈신념가치〉를 — 만약 그가 일관되게 행동한다면 — 행위의 원칙으로 삼을 수밖에 없는 어떤 행동을 〈비판〉할 때 단순히 그것의 〈성공가치〉만을 기준으로 이 행동을 평가하는 것은 논리적으로도 무의미한 일이기 때문이다. 진정으로 일관된 급진적 노동조합주의자가 원하는 것은 단지, 자기 자신에게는 절대적으로 가치 있고 신성해 보이는 하나의 특정한 신념을 스스로의 내면에 간직할 뿐 아니라, 가능하다면 다른 사람들에게도 일깨워주고자 하는 것일 뿐이다. 그의 외적인 행동, 그중에서도 처음부터 아예 절대적으로 실패할 수밖에 없는 바로 그런 행동이 가진 궁극적인 목적은 이 신념이 진정한 것이라는 것, 다시 말하여 이 신념이 단순한 허풍이 아니라 행동을 통해 〈증명〉될 수 있는 힘을 가졌다는 확실성을 자신의 양심의 재판소 앞에서 스스로에게 보여주는 것이다. 이런 목적을 위해서는 실제로 그러한 실패할 수밖에 없는 행동만이 (아마도) 유일한 수단일 것이다. 덧붙이자면, 생디칼리스트의 세계는 — 만약 그가 시종일관한다면 — 모든 신념윤리의 세계가 그러하듯이, 속세의 세계가 아니다. 〈과학적으로〉 우리가 할 수 있는 것은 단지, 자신의 이상에 대한 이러한 견해가 내적으로 모순이 없는 유일한 견해이며 어떠한 외적인 〈사실들〉에 의해서도 반증될 수 없는 견해라는 것을 확인하는 것일 뿐이다. 내가 보기에 이러한 확인은 급진 노동조합주의의 지지자와 반대자에게 모두 도움이 되는 것이다. 그리고 이 도움은 양자가 과학으로부터 당연히 기대하는 바로 그런 성격의 도움이다. 그에 반해, 어떤 특정한 현상(가령 총파업)에 대해 일곱 개의 〈찬성〉이유와 여섯 개의 〈반대〉이유를 담고 〈한편으로는 … 다른 한편으로는〉 이라는 도식을 사용하여 이 이유들을 독일의 구식 중상주의 방식 또는 현대 중국의 건의서 방식에 따라 서로 견주어보는 것은 내가 보기에 어떠한 학문을 위해서도 — 이 학문의 성격이 어떠하든지 상관없이 — 득 되는 바가 없다. 오히려 급진 노동조합주의적인 입장을, 위에서 그랬듯이, 그것의 가능한 한 합리적이고 내적으로 일관된 형태로 환원시키고, 이 입장의 경험적인 발생조건들, 가능성 및 경험으로 미루어 볼 수 있는 실제적 결과들을 확인하는 것이 과학이, 아니면 적어도 가치판단 중립적인 과학이 이 입장에 대해 할 수 있는 것의 전부이다. 우리가 당위적으로 생디칼리스트가 되어야 할지 또는 되어서는 안 되는지 여부는 특정한 형이상학적 전제 없이는 도저히 증명될 수 없고, 이 형이상학적 전제는 이 경우 그 어떤 종류의 과학으로도 실증될 수 없는 것이다. 한 장교가 항복하느니 차라리 자신의 보루(堡壘)를 폭파시키는 것은, 그 결과를 기준으로 볼 때, 경우에 따라서는 모든 관점에서 전적으로 무익한 짓일 수 있다. 그러나 유익, 무익을 묻지 않고 이런 일을 하도록 하는 힘을 가진 신념이 도대체 존재하는지 여부는 아마도 우리에게 전혀 상관없는 일은 아닐 것이다. 아무튼 그런 신념이 〈무의미〉하지 않은 것은 시종일관한 생디칼리스트의 신념이 무의미하지 않은 것과 똑같다. 만약 교수가 안락한 강단 위에서 내려다보며 그런 '신념주의'[21]를 추천한다면, 그것

21) Catonismus. 옛 로마의 철학자, 정치가로서 시저의 집권에 반대하여 자결한 Cato 2세의 신념주의를 지칭한다.

은 물론 그렇게 적절한 행동으로 보이지는 않을 것이다. 그렇다고 그가 신념주의의 정반대를 찬양하면서 이상을 바로 그때그때의 발전경향과 상황이 제공하는 가능성에 적응시키는 것이 의무라고 설교한다면 이것 역시 적절치 못한 행동일 것이다.

3. 사회과학적 개념들의 가치함의 분석

1) '적응' 개념

방금 위에서 여러 번 〈적응〉이라는 표현을 사용하였다. 거기서 사용된 표현방식을 두고 보면 이 용어의 뜻은 아마도 오해의 소지가 없이 충분히 명료했을 것이다. 그러나 가만히 보면, 이 표현은 원래 이중의미를 지니고 있다. 우선, 그것은 특정한 궁극적 입장의 관철을 위한 수단을 주어진 상황에 적응시키는 것을 뜻할 수 있고(좁은 의미에서의 〈정치적 현실주의〉), 아니면 그것은, 가능한 모든 궁극적 입장들 가운데서 이 궁극적 입장들이 그때그때 실제로 가지고 있는 또는 가지고 있는 듯이 보이는 즉각적 실현 가능성에 적응하여 그 중 하나를 선택한다는 것을 뜻할 수 있다(이것은 독일의 정치가 지난 27년 동안—즉, 1890년 이래— 그렇게 묘한 성공들을 거두는 데 사용되었던 그런 유의 〈정치적 현실주의〉이다). 그러나 이것으로 〈적응〉이라는 개념이 가질 수 있는 의미가 전부 다 거론된 것은 전혀 아니다. 그래서 내가 보기에 우리의 문제들, 가령 〈가치판단〉의 문제 또는 다른 문제를 논의하는 데서는, 이 매우 오용된 개념을 차라리 완전히 배제하는 것이 좋을 것이다. 왜냐하면, 이 개념은 하나의 과학적 논증의 표현으로는 너무나 오해의 소지가 많기 때문이다. 그럼에도 불구하고 이 개념은 흔히 〈설명〉이나 또는 〈가치판단〉을 위한 과학적 논증으로 등장한다. 〈설명〉의 경우 가령 어떤 특정한 시기에 어떤 특정한 집단에서 어떤 특정한 윤리관이 경험적으로 존재한다는 사실을 적응의 개념으로 설명한다든지, 〈가치판단〉의 경우 가령 상기한 실제로 존재하는 윤리관이 객관적으로 〈적합하며〉, 바로 그런 이유에서 객관적으로 〈옳으며〉 가치가 있는 것이라고 평가하는 것 등이 그 예일 것이다. 그러나 방금 열거한 어느 관점에서도 적응이라는 개념은 기여하는 것은 없는데, 왜냐하면 이 개념은 항상 그 자신 해석을 필요로 하는 개념이기 때문이다. 적응개념은 원래 생물학에서 유래한다. 이 개념을 정말 생물학적 의미에서 파악한다면, 즉 한 인간집단이 자신의 심리적-물리적 유전인자를 풍부한 후손생산을 통해 유지할 수 있는 가능성—이 가능성은 상황에 의해 주어진, 어느 정도 추산될 수 있는 가능성이다—이라는 의미에서 파악한다면, 가령 경제적으로 가장 풍부한 자원을 가졌고 자신의 삶을 가장 합리적으로 규제하는 계층이 출산통계의 잘 알려진 경험들에 의하면 〈가장 적응이 되지 못한〉 계층이 될 것이다. 솔트 레이크[22]의 환경조건들에 생물학적 의미에서—또는 다른 수많은 가능한, 정말 순전히 경험적인 의미에서도—〈적응된〉 정도는 모르몬교도들의 이주(移住)가 시작되기 전 거기 살았던 몇 안 되는 인디언들이나 이주 이후 형성된 대규모 모르몬집단들이나 차이가 없는 것이다. 다시 말하여, 우리는 이 개념을 통해서는 한 현상을 경험적으로 추호도 더 잘 이해하지 못하지만, 그러나 우리는 쉽게 마치 더 잘 이해할 수 있게 된 듯이 착각하게 되는 것이다. 그리고—이 점은 이 자리에서 미리 확인해 두고자 한다—모든 관점에서 전적으로 동질적인 두 개의 조직에 한해서만 우리는, 한 특정한 구체적인 개별적 차이가 원인이 되어 이 두 조직 중 하나가 다른 조직에 비해 자신의 존속을 위해 경험적으로 볼 때 〈더 적절한〉, 다시 말하여 주어진 조건들에 〈더 잘 적응된〉 상황을 가지게 되었다고 주장할 수 있는 것이다. 그러나 가치판단의 차원에서 보면, 어떤 사람은 모르몬교도의 숫자가 더 많았다는 점과 이들의 물질적 그리고 그 외의 업적들과 또 이들이 도입하고 발전시킨 제 속성들은 모르몬교도의 인디언들에 대한 우월성의 증거로 보는 입장을 취할 수 있는가 하면, 또 다른 사람은, 이러한

22) Salt Lake City. 미국 유타주의 주도. 1847년 B. 영이 이끄는 신자들에 의해 모르몬의 중심도시로 건설되었다.

업적들을 성취하는 데 최소한 일익을 담당한 모르몬교 윤리의 수단과 그 부작용을 철저히 혐오하면서 심지어 인디언이 전혀 없는 이 습지를 선호하거나, 아니면 인디언들이 그저 낭만적으로 거기서 배회하는 그런 습지를 선호할 수도 있는 것이다. 이럴 경우 이 세상의 어떤 과학도—그 과학의 성격이 여하하든 간에—이 사람이 가진 위의 태도를 바꾸어놓을 수는 없는 것이다. 왜냐하면 벌써 여기서부터 문제가 되는 것은 목적과 수단과 부차적 결과 간의 해결 불가능한 균형의 문제이기 때문이다.

단지, 절대적으로 명백하게 주어진 목적하에 이 목적의 실현에 적합한 수단만이 문제가 될 때, 이 문제는 진정으로 경험적으로 결정될 수 있는 문제이다. X가 Y를 위한 유일한 수단이라는 말은, 사실 X 다음에는 Y가 따른다는 말을 단순히 뒤집어놓은 것에 불과하다. 그러나 〈적응되었다〉라는 개념(또는 모든 이와 유사한 개념들)은—그리고 이것이 핵심적인 관점이다—궁극적 가치판단들에 대해서는 어떠한 정보도 제공해주지 않으며, 오히려 이 개념은 이러한 가치판단들을 단지 은폐할 뿐이다(이 점에서는 최근에 애용되나 나의 생각으로는 전적으로 불분명한 개념인 〈인간경제학〉이라는 개념도 마찬가지이다). 가령 〈문화〉의 영역에서는, 우리가 적응 개념을 어떻게 규정하느냐에 따라, 모든 것이 〈적응되었거나〉 아니면 아무것도 적응된 것이 없다. 왜냐하면 모든 문화생활에서 배제될 수 없는 것은 **투쟁**이기 때문이다. 우리는 투쟁의 수단을, 그 대상을, 심지어 그 기본방향과 담지자층을 바꿀 수는 있지만 투쟁 그 자체를 제거할 수는 없다. 투쟁은 적대적 인간들과 외적인 재화를 두고 일어나는 외적인 갈등뿐 아니라 서로 사랑하는 인간들 간에 내적인 재화를 두고 일어나는 갈등일 수도 있으며 따라서 외적 강요가 아니라 (특히 성애적〔性愛的〕 또는 자선적 헌신의 형태에서도 있을 수 있는) 내적 강압일 수 있으며, 끝으로 한 개인의 영혼 내에서 일어나는 자기 자신과의 내적 갈등을 의미할 수도 있다. 어떻든 투쟁은 항상 존재한다. 그리고 투쟁은 감지되지 못하면 못할수록, 또 그것의 경과가 무감각한 또는 안이한 방관의 형태 또는 환상에 찬 자기기만의 형태를 띠면 띨수록, 또는 사회적 〈도태〉의 형태로 진행되면 될수록 그 결과는 더 심각할 수 있는 것이다. 〈평화〉가 의미하는 바는 다름 아니라 투쟁방식 또는 투쟁상대 또는 투쟁대상 그리고 끝으로 도태가능성의 변화를 뜻할 뿐이다. 이러한 변화가 어떤 윤리적 또는 다른 가치평가적 판단에 의해 수용될지의 여부, 그리고 어떤 조건하에서 수용될지의 여부에 대해서는 어떤 일반적 명제도 불가능하다는 것은 분명하다. 그러나 단 한 가지만은 명백하다. 사회적 관계가 이루는 모든 유형의 질서체계에서, 만약 우리가 이 질서체계를 가치평가하려고 한다면, 우리는 이 질서체계가 외적 도태과정과 내적(동기-) 도태과정을 통해 어떠한 인간유형에게 지배적 인간유형이 될 수 있는 가장 적절한 가능성을 제공해주는가 라는 문제를 기준으로 이 질서체계를 검토해보아야 한다. 왜냐하면 그렇게 하지 않으면 경험적 연구가 진정으로 완벽하다고 할 수 없고 또한 가치평가에 필요한 사실적 기초도 마련되지 않기 때문이다. 이 가치평가가 의식적으로 주관적 타당성을 주장하는 가치평가이든 아니면 객관적 타당성을 주장하는 가치평가이든 그것은 상관없다. 이 점은 최소한, 사회적 발전을 확인하는 데 있어서 명료한 〈진보〉[23] 개념을 가지고 작업할 수 있다고 믿는 동료들에게는 상기시켜 줄 필요가 있다. 이를 계기로 이제 이 중요한 개념을 좀더 상세히 고찰해보자.

2) '진보' 개념

우리는 물론 〈진보〉라는 개념을 전적으로 가치중립적으로 사용할 수 있다. 가령 이 개념을 어떤 구체적이고, 유리된 채 고찰되는 발전과정의 〈더 나아감, 더 진행됨〉이라는 뜻으로 사용할 경우가 그런 경

23) Fortschritt의 역어.

우일 것이다. 그러나 대부분의 경우 사안은 훨씬 더 복잡하다. 여기서는 서로 이질적 영역들에서, 가치문제와 가장 밀접히 결합된 몇 가지 사례를 뽑아 고찰하고자 한다.

우리의 정신적 생활이 가지고 있는 비합리적, 감정적 그리고 정서적 내용의 영역에서는 가능한 행동방식의 양적 그리고,—이것과 대개 연계되어 있지만—질적 다양화는 가치중립적으로 정신적 〈분화〉의 진보라고 표현할 수 있다. 그러나 이와 즉각 연계되는 것은 가치개념이다. 즉, 구체적 특정 〈개인〉의 〈역량〉 및 이 역량의 〈폭〉의 증대 또는— 그리고 이것은 이미 그렇게 명료하지 않은 개념구성이지만— 한 〈시대〉의 〈역량〉 및 그것의 〈폭〉의 증대(가령 짐멜은 그의 《쇼펜하우어와 니체》[24]에서 이런 표현들을 쓰고 있다)라는 의미에서의 가치개념이다.

상기한 〈분화의 진보〉가 실제로 일어났다는 것은 물론 의심의 여지가 없다. 단지 한 가지 유보사항은, 이 진보는 우리가 그것이 일어났다고 믿는 바로 그 영역에서 항상 일어나는 것은 아니라는 점이다. 현대에서는 감정의 뉘앙스들에 대해 점점 더 주목하는 경향이 있다. 이 경향은 모든 생활영역의 합리화와 지성화의 결과이기도 하고 동시에 개개인이 자신의 생(生)의 모든 표현들(이 표현들은 다른 사람들에게는 흔히 전혀 관심의 대상이 되지 않는 것이지만)에 부여하는 주관적인 중요성이 증대한 결과이기도 하다. 그런데 이런 경향은 매우 쉽게 마치 분화과정이 증대하는 듯한 환상을 불러일으킨다. 물론 감정의 미세한 차이들에 대한 이러한 관심은 분화과정을 의미할 수도 있고 또 이 과정을 촉진시킬 수도 있다. 그러나 이것은 착각일 수도 있으며, 필자는 솔직히 말해서 이 착각의 실제적 가능성을 매우 높게 잡고 있다. 어쨌든 이러한 상황이 존재하는 것은 사실이다. 그런데 누가 분화의 진전을 〈진보〉라고 표현한다면, 이것은 그 자체로서는 용어상의

24) Georg Simmel(1858~1918)의 《*Schopenhauer und Nietzsche*》(1907년 출판).

적절성의 문제이다. 그러나 우리가 이 분화를 〈내적인 풍부성〉의 증대라는 의미에서의 〈진보〉라고 가치평가해야 할지 여부(즉, 이 진보 자체를 '가치 있는 것'으로 인정해야 할지 여부)는, 아무튼 어떤 경험과학도 결정할 수 없는 문제이다. 왜냐하면, 새로이 개발되거나 또는 새로이 의식되는 감성적 가능성들—이것들은 경우에 따라서는 새로운 〈긴장〉과 〈문제〉를 내포할 수 있다—이 과연 〈가치〉로 인정될 수 있는 것인지 여부는 경험과학과는 무관한 것이기 때문이다. 그러나 누군가가 이러한 분화라는 사실 그 자체에 대해 가치판단적으로 접근하려고 한다면,—물론 어떤 경험과학도 이것을 금지할 수는 없다—그리고 그가 이 현상에 대한 하나의 입장을 정립하고자 한다면, 그는 현대의 많은 현상들에 대해 아래와 같은 질문을 던지게 될 것이다. 즉, 이 분화과정은, 만약 그것이 단순한 주지주의(主知主義)적인 환상 이상의 것이라면, 무엇을 〈대가로 치르면서〉 진행되고 있는가? 예를 들어 그는 〈체험〉—이것은 현재 독일의 진정한 유행가치이다—에 대한 추구는 상당 부분 〈일상적인 것〉을 내적으로 감당해낼 수 있는 힘의 감소의 결과라는 것을 간과하지 않을 것이다. 또한 그가 간과하지 않을 것은, 현재 개인들이 자신의 〈체험〉을 일반에 널리 알리고 싶어 하는 욕구를 점점 더 많이 느끼고 있는데, 이러한 공개경향은 아마도 거리감, 즉 양식(스타일)과 품위에 대한 감각의 상실로도 평가될 수 있다는 점이다. 아무튼 주관적 체험에 대한 가치판단의 영역에서, 〈분화의 진보〉가 곧 〈가치〉의 증대와 동일시될 수 있는 경우란 단지 한 가지 경우일 뿐인데, 즉 우리가 이 가치를 점점 더 의식적인 체험의 증대 또는 표현능력과 의사소통능력의 증대라는 주지주의적인 의미에서 이해할 경우뿐이다.

3) 예술적 진보

(가치평가라는 의미에서의) 〈진보〉개념의 적용문제가 좀더 복잡해지는 영역은 예술영역이다. 간혹 예술영역에 대한 이 개념의 적용가능성 자체가 강력히 부인된다. 그리고 이런 입장은 그 의미하는 바에 따라 옳을 수도, 그를 수도 있다. 지금까지 있어온 예술에 대한 가치평가적 성찰 가운데 〈예술〉-〈비예술〉이라는 배타적 대립항만을 가지고 성찰작업이 수행된 경우는 없다. 가치평가적 예술평론은 이 대립항 이외에 시도(試圖)와 성취 간의 구분, 여러 가지 종류의 성취가 가진 가치 간의 구분, 즉 완벽한 성취와, 어느 한 특정 부분 또는 여러 가지 부분, 심지어 중요한 부분에서 실패했으면서도 그렇다고 전적으로 무가치하지는 않은 그런 성취 간의 구분을 사용해왔으며, 이러한 구분을 특정한 구체적 구성의도에 대해서만이 아니라 한 시대 전체의 예술성향에 대해서도 적용해왔다. 보통 순전히 기술적인 문제들에 대해 사용되는 〈진보〉라는 개념은 방금 언급한 상황들에 적용될 경우, 별 의미가 없어 보이는 것은 사실이다. 그러나 이 개념은 그 자체로서 무용한 것은 아니다. 문제가 또 달라지는 경우는 순전히 경험적인 예술사 및 경험적인 예술사회학의 경우이다. 예술사의 경우에는, 유의미한 성취를 이룩한 예술작품들에 대한 심미적 가치평가라는 의미에서의 예술의 〈진보〉를 논할 수 있는 여지란 물론 있을 수 없다. 왜냐하면 이러한 심미적 가치평가는 경험적 분석의 수단으로는 수행될 수 없는 것이며 따라서 전적으로 예술사의 관할영역 밖의 일이기 때문이다. 그에 반해 예술사야말로 하나의 전적으로 순전히 기술적이고 합리적이며 따라서 명료한 〈진보〉개념을 사용할 수 있는 영역이다. 이 개념 자체에 대해서는 곧 상론하겠지만, 진보개념이 경험적 예술사에서 사용될 수 있는 이유는 다름 아니라, 여기서는 어떤 특정한 예술의지를 가진 자가 하나의 확고히 주어진 의도를 실현하기 위해 사용하는 기술적 수단을 규정하는 용도로만 쓰이기 때문이다.

사람들은 이렇게 엄격히 자기 분수를 차리는, 즉 순전히 기술적 발전의 규명에 집중하는 연구들이 가진 예술사적 의의를 흔히 과소평가하거나 아니면 이런 연구를 현재 유행하고 있는, 지극히 하찮고 진실되지 못한 자칭 〈전문가〉들이 제시하는 그런 유의 연구로 오해한다. 이들 자칭 전문가들은 한 예술가의 아틀리에의 커튼을 젖히고 그의 외적 표현수단, 즉 예술적 〈수법〉을 면밀하게 조사한 후, 이것으로 이 예술을 〈이해〉한 것이라고 주장하는 것이다. 그러나 옳게 이해된 기술적 진보는 바로 예술사의 핵심 전문분야인데, 왜냐하면 바로 이 기술적 진보 및 이것이 예술의지에 끼친 영향만이 예술의 발전과정을 구성하는 다양한 요소들 가운데서 순전히 경험적으로, 즉 심미적 가치판단 없이, 확정될 수 있는 요소를 내포하고 있는 유일한 영역이기 때문이다. 이제 진정한 의미에서의 〈기술적인 것〉이라는 개념이 가지고 있는 실제적 예술사적 의의를 조명해주는 몇 가지 예들을 고찰해 보도록 하자.

고딕양식은 원래 순전히 건축기술적인 문제의 기술적 해결이 성공한 결과로 탄생하였다. 이 건축기술적 문제란 특정한 형태의 공간들 위에 둥근 천장(아치)을 만드는 것이었는데, 즉 교차궁륭의 아치(推力)를 위한 받침대를 건축하는 데(이것은 다른 몇 가지, 여기서는 논의하지 않을 세부적 문제들과 연계되어 있다) 필요한 최적의 기술을 찾는 문제였다. 이 과정에서 아주 구체적인 건축기술적 문제들이 해결되었다. 이와 함께 비정방형적 공간들 위에도 특정한 형태의 아치 건설이 가능하다는 것이 밝혀졌고, 이 인식은 몇몇 건축가들을 열광시켰는데, 이들이 결국 고딕이라는 새로운 양식을 창출했던 것이다. 물론 우리는 이 건축가들이 구체적으로 누구였는지는 아직 모르고 있으며 아마 영원히 알 수 없을 것이지만, 이들의 기술적 합리주의는 이 새로운 원칙을 전면적으로 관철시켰다. 이들의 예술의지는 이 원칙을, 그때까지는 상상도 할 수 없었던 예술적 과제를 실현할 수 있는 가능성으로 활용했다. 이와 함께 이제 조형미술은 하나의 새로운 〈물체감각〉의 길을 가게 되었는데, 이 감각은 주로 건축에서의 전혀 새로운 공간형성 및 평면형성에 의해 일깨워진 것이다. 이렇게 주로 기술적 원인을 가진 대혁신이, 상당 부분 사회학적 그리고 종교사적인 원인을 가진 특정한 감성적 내용과 접합하게 되었고 이 과정은 고딕시대의 예술적 창조행위에서 다루어졌던 소재들의 중요한 구성요소가 되었다. 예술사적 그리고 예술사회학적 고찰은 고딕이라는 새로운 양식의 이러한 객관적, 기술적, 사회적 그리고 심리적 조건들을 규명함으로써 자신의 순전히 경험적인 과제는 다 완수한 것이다. 그러나 이 예술사적 그리고 예술사회학적 고찰은 고딕양식을 가령 로마네스크 양식 또는 르네상스 양식(이 양식의 발생도 역시 반구〔半球〕 천장의 기술적 문제에 강하게 준거하고 있었으며 그 외에 사회학적 요인이 야기한 건축의 과제영역 변화에도 준거하고 있었다)과 비교하여 〈가치평가〉하지도 않으며, 또한 예술사적 고찰은, 이 고찰이 경험적 예술사로 남아 있는 한, 개별적 건축물을 심미적으로 〈가치평가〉하지도 않는다. 오히려 예술품에 대한 관심 및 예술품이 가진 심미적으로 중요한 개별적 특이성들에 대한 관심, 다시 말하여 예술사적 고찰의 대상 그 자체는 예술사가에게 심미적 가치를 통해 이를테면 선험적인 것으로 타율적으로 주어진 것이다. 왜냐하면 이 심미적 가치는 예술사 자체의 수단으로는 전혀 규정할 수 없는 것이기 때문이다.

음악사의 영역에서도 상황은 비슷하다. 음악사의 핵심적 문제는, 근대 유럽인의 관심(〈가치연관성〉!)이라는 시각에서 볼 때, 역시 다음과 같은 문제이다. 거의 모든 민속음악에서 개발되었던 다성음악으로부터 왜 유독 특정한 시기의 유럽에서만 화성음이 발전되어 나왔는가라는 문제이다. 그에 반해 다른 모든 곳에서는 음악의 합리화 과정은 다른 길, 그리고 대부분 유럽과는 정반대되는 길을 갔던 것이다. 가령 음정의 발전은 유럽에서와 같이 화성적 분할(5도 음정)을 통해서가 아니라 간격분할(대개 4도 음정)을 통해서 이루어졌다. 다시 말하여, 핵심적인 것은 화성음적으로 해석되는 3도 음정의 발생문제이다. 즉,

삼화음의 한 구성요소로서, 더 나아가 화성음적 반음계법의 구성요소로서, 또한—순수하게 박절기적 박자잡기가 아니라—(적절한 또는 부적절한 박자부분들에 대한) 근대의 음악적 운율론의 구성요소로서의 3도 음정(그런데 이 절주론이 아니었다면 근대의 기악은 상상할 수도 없었을 것이다)의 발생문제이다. 여기서도 역시 논의의 초점은 순수하게 기술적이고 합리적 〈진보〉의 문제이다. 왜냐하면, 가령 반음계법이 화성음 훨씬 이전에 이미 〈정열〉의 표현수단으로 알려져 있었다는 사실은, 근래에 발견된 유리피데스의 미완성 작품의 정열적인 운율에 대한 고대의 반음계법적(심지어 주장되기를, 준화성음적) 음악이 보여주고 있기 때문이다. 다시 말하여, 이 고대음악과, 르네상스 시대의 위대한 음악적 실험가들이 격렬한 합리적 발견욕에서 창출한 반음계법 간의—이 반음계법 역시 〈정열〉을 음악적으로 형상화하기 위해 창출되었다—차이는 예술적 표현의지에 놓여 있는 것이 아니라 기술적 표현수단에 놓여 있는 것이다. 그러나 근대에 와서 기술적으로 새로운 것은, 이 반음계법이 그리스식의 멜로디적 반음과 사 분의 일 음 간격의 반음계법으로 발전한 것이 아니라 유럽적 화성음적 음정의 반음계법이 되었다는 점이다. 그리고 이렇게 될 수 있었던 원인은 다시금, 그 전에 이미 이루어진 기술적-합리적 문제들의 해결에서 찾을 수 있다. 특히 가령 합리적 악보법의 발명(이 악보법 없이는 근대 작곡이란 상상할 수도 없다)이라든지, 이것보다 더 전에 음정의 화성음적 해석을 요구하는 그런 특정한 악기들의 발명이라든지, 그리고 무엇보다도 합리적 다성적인 합창의 발명 등이 상기한 기술적 문제해결의 예들이다. 이러한 업적들을 이룩해낸 주된 집단은 중세 초기에는 북유럽의 전도(傳道)지역의 수도승들로서, 이들은 자기들의 음악을, 비잔틴 수도승들이 그러했듯이, 그리스 방식으로 훈련받은 예술가들에게 맡기지 않고, 민속적인 다성음악을 자신들의 목적을 위해 합리화시켰던 것이다(물론 이들은 자신들의 행동이 후에 끼치게 될 영향은 전혀 짐작도 못하고 이런 작업을 했지만). 서양 기독교 교회의 외적 그리고 내적 상황의 구체적 특성들 — 이 특성들은 사회학적 그리고 종교사적 원인을 가졌다 — 이 서구 수도승들만의 독특한 합리주의로부터 위와 같은 음악적 문제가 발생하게 하였는데, 이 문제는 그 본질상 〈기술적〉 성격의 문제였다. 다른 한편으로 춤 박자 — 이것은 후에 소나타로 발전하는 음악형식의 아버지였다 — 의 수용과 합리화는 르네상스 시대의 특정한 사회적 생활양식들에 의해 야기되었다. 끝으로 피아노의 발전 — 피아노는 근대음악의 발전 및 근대음악의 시민층 침투에서 가장 중요한 기술적 대들보 중의 하나였다 — 은 북유럽 문화의 독특한 옥내생활적 성격에 그 뿌리를 가지고 있다. 이 모든 것은 음악의 기술적 수단의 〈진보〉이며, 이 진보는 음악의 역사에 심대한 영향을 끼쳤다. 경험적 음악사는, 그 자신이 음악적 예술작품들에 대한 심미적 가치판단을 내리지 않고서도, 역사적 발전의 이러한 요소들을 발굴해낼 수 있고 또 해내야만 한다. 기술적 〈진보〉는 매우 흔히 우선은, 심미적인 관점에서 평가한다면, 지극히 열등한 작품들에서 이루어졌다. 관심의 방향, 즉 역사적으로 설명되어야 할 대상 그 자체는 음악사가에게는 이 대상의 심미적인 중요성을 통해 타율적으로 주어진 것이다.

회화 발전이라는 문제영역의 경우, 뵐프린[25]의 저서 《고전미술》에 담긴 문제제기의 고결한 겸손함은 경험적 연구가 얼마나 많은 것을 성취할 수 있는가에 대한 탁월한 예를 제공해주고 있다.

가치영역과 경험영역이 철저히 서로 분리되어 있다는 점을 특별히 잘 보여주는 것은, 한 예술작품에서 최고도로 〈발전된〉 어떤 특정한 기술이 사용되었다는 사실 그 자체는 한 예술작품의 심미적 가치에 대

25) Heinrich Wölfflin(1864~1945). 스위스 미술사학자. 20세기 초 미술사학 연구에 새로운 방법론을 제창하고, 예술학에도 커다란 업적을 남겼다. 그는 양식 변천의 근원을 시대정신, 민족성, 개인기질에서만 추구하지 않고, 눈으로 본, 즉 경험적으로 확인 가능한 형식 자체의 전개에서 파악하려고 했다.

해서는 어떠한 함의도 가지고 있지 않다는 점이다. 지극히 〈원시적〉 기술을 사용한 예술품—가령 원근법에 대한 지식이 전혀 부재한 회화들—도 심미적으로는, 합리적 기술에 바탕한 가장 완벽한 회화들과 전적으로 대등할 수 있는 것이다. 물론 그 전제조건은, 전자에서 예술적 의지가 상기한 〈원시적〉 기술에 적합한 형상화에 한정되어 있다는 것이기는 하지만 말이다. 새로운 기술적 수단의 창출이란 우선 단지 분화가 증대한다는 것을 의미할 뿐이며, 가치상승이라는 뜻에서의 예술의 〈풍부성〉이 증대할 수 있는 가능성을 제공해줄 뿐이다. 실제로, 새로운 기술의 등장이 오히려 형식감각의 〈빈곤화〉라는 정반대의 효과를 야기한 경우도 드물지 않다. 그러나 경험적-인과적 고찰에서는 바로 〈기술〉(이 말의 최상의 의미에서)의 변화가 예술의, 일반적 차원에서 확인될 수 있는, 가장 중요한 발전요소인 것이다.

그런데 예술사가들뿐 아니라 역사학자들도 일반적으로 이러한 입장에 대해 흔히 반론을 제기하곤 한다. 즉, 이들은 자신들이 정치적, 문화적, 윤리적 그리고 심미적 가치판단의 권리를 포기하지도 않을 것이며, 또한 이러한 평가 없이는 자신들의 작업을 수행할 수도 없다는 것이다. 방법론은, 어느 누구에게도 그가 문예적(文藝的) 저술에서 제공해야 하는 것이 무엇인가에 대해 지침을 정해줄 힘도, 의도도 없다. 단지 방법론은 그 나름대로 아래와 같은 사실을 확인하는 권리를 취할 뿐이다. 즉, 특정한 문제들은 서로 이질적인 의미를 가지고 있다는 것, 그리고 이 문제들을 서로 혼동하는 경우 그 결과는 서로 딴 이야기를 하는 것밖에 안 된다는 것, 그리고 이 문제들 중 어떤 것에 대해서는 경험과학적 또는 논리적 수단을 사용해 토론하는 것이 적절한 반면, 이들 중 어떤 문제들에서는 이 수단의 사용이 불가능하다는 것이다. 이 자리에서 일반적인 관찰결과 하나를—지금 이 관찰에 대한 증거는 아직 제시하지 않겠지만—더 추가하고자 한다. 즉, 역사학적 저술들을 주의 깊게 검토해보면, 경험적-역사적 인과연쇄에 대한 마지막까지의 철저한 추적이, 역사학자가 〈가치판단〉을 시작하는 순간 중단되고 이 중단은 거의 예외 없이 이 저서들의 학문적인 성과에 손상을 입히게 된다는 사실을 확인할 수 있다. 이럴 경우에 역사학자는, 가령 역사적 행위자들이 가졌던, 그러나 역사학자 자신에게는 이질적인 이상들의 결과로 나타난 어떤 현상을 이 행위자들의 〈실수〉 또는 〈타락〉의 결과라고 잘못 〈설명〉하게 되는 위험에 처하게 된다. 그리고 이와 함께 그는 자신의 가장 고유한 과업을 놓치게 되는 것이다. 즉, 〈이해〉라는 과업 말이다. 상기한 학자의 이러한 오해(즉, 역사적 행위자의 〈실수〉 또는 〈타락〉이라고 잘못 오해)는 두 가지 원인을 가지고 있다. 첫째, 예술의 예를 계속 사용하자면, 예술의 세계에 접근하는 데에는 순전히 심미적으로 가치판단하는 작업과 순전히 경험적으로 그리고 인과적으로 귀속시키는 작업 이외에 제3의 길이 있는데, 그것은 가치해석적 작업이다. 이 해석의 본질에 대해서는 위에서 이미 논의를 했으므로 여기서는 반복하지 않겠다. 이러한 해석작업이 역사학에서 가진 고유가치와 또 그것의 필요불가결성에 대해서는 추호의 의심도 있을 수 없다. 또한, 예술사적 저술을 읽는 일반독자는 이러한 해석작업도, 아니 바로 이런 해석작업을 예술사적 저술에서 기대한다는 것 역시 추호도 의심의 여지가 없다. 단지 이 해석작업은, 그것의 논리적 구조를 두고 볼 때, 경험적 분석과는 동일하지 않은 것이다.

둘째, 예술사 분야에서 학문적 업적을—이 업적이 제아무리 순전히 경험적인 것이라 할지라도—성취하려는 자는 예술적 창조과정을 〈이해〉할 수 있는 능력을 필요로 한다. 그런데 이 능력은 심미적 판단능력, 다시 말하여 가치판단을 할 수 있는 능력 없이는 생각할 수도 없는 것이다. 이것은 정치사가, 문학사가, 종교사가 또는 철학사가에게도 똑같이 적용된다. 하지만 이 사실은 역사적 작업의 논리적 본질에 대해서는 아무런 함의도 가지고 있지 않다.

그러나 이에 대해서는 후에 상론하기로 하고 여기서는 단지 아래와 같은 문제만을 논의하기로 한다. 즉, 어떤 의미에서 우리는, 심미적 가치판단의 영역을 벗어나서도, 예술사적 〈진보〉를 논할 수 있는가? 우리가 보았듯이, 가치판단영역 밖에서의 진보개념은 기술적 그리고 합리적 의미, 즉 하나의 예술적 의도에 대한 수단을 지칭하는 의미를 가진다. 그런데 이 의미는 특히 경험적-예술사적 차원에서는 실제로 중요한 위상을 가질 수 있는 것이다. 이제 〈합리적〉 진보라는 개념을 이 개념이 쓰이는 가장 원래적인 영역으로 가져가서 그것이 가진 경험적 또는 비경험적 성격을 중심으로 검토할 때가 왔다. 왜냐하면 지금까지 서술된 것은 하나의 매우 일반적인 상황의 특수경우에 불과하기 때문이다.

4) '합리적 진보'

빈델반트[26]는 자신의 저서 《철학의 역사》의 주제를 "유럽인이 자신의 세계관을… 학문적 개념으로 표현해온 과정"(위의 책 제4판, 제2절, 8쪽 참조)이라고 한정하고 있다. 주제를 이런 식으로 한정함으로써 그는 '유럽인의 세계관'이라는 형태의 문화가치연관성에서 도출되는 하나의 특수한 〈진보〉개념을 사용할 수 있는 근거를 마련하며 이 진보개념이 그의 (필자가 보기에) 탁월한 서술작업방식에 깔려 있다(이 개념의 제 함의들에 대해서는 위의 책, 15~16쪽 참조). 진보개념은 일반적으로 철학사에서는 결코 당연한 개념이 아니지만, 다른 한편으로는, 만약 빈델반트 유의 문화가치연관성을 그 밑에 깐다면, 단순히 철학사에만이 아니라 다른 학문영역의 역사에도 적용될 수 있으며, 더 나아가 빈델반트가 가정하고 있는 것과는 달리(위의 책, 제1장 제2절, 7쪽을 참조) 모든 역사에 적용될 수 있는 것이다. 그러나 아래에서는 단지 사회학과 경제학의 영역에서 일정한 역할을 하고

26) Wilhelm Windelband(1848~1915). 독일 신칸트주의 '바덴' 학파의 대표적 철학자. 《철학의 역사》(*Geschichte der Philosophie*)는 1901년 작이다.

있는 합리적 〈진보〉개념만을 논하고자 한다. 우리 유럽적-미국적 사회생활 및 경제생활은 특정한 의미에서 〈합리화〉되어 있다. 따라서 이 합리화 과정을 설명하고 이 과정에 상응하는 개념들을 형성하는 것은 우리 학문분야의 주된 과업 중의 하나이다. 여기서 우리가 예술사를 예로 삼아 다루었던, 그러나 미해결로 남겨두었던 문제가 다시 등장한다. 즉, 어떤 특정한 과정을 〈합리적 진보〉라고 규정한다는 것은 도대체 무엇을 의미하는가?

'합리적 진보'라는 개념의 사용에 있어서도 아래 세 가지 의미의 〈진보〉개념의 혼합이 일어나고 있다. 즉, ① 단순히 분화가 〈진척된다〉는 의미, ② 수단의 기술적 합리성의 진척이라는 의미, ③ 가치증대라는 의미. 우선, 주관적으로 〈합리적〉 행동과 합리적으로 〈올바른〉[27] 행동, 즉 과학적 인식에 의거해 볼 때 객관적으로 적절한 수단을 사용하는 행동은 동일하지 않다. 주관적으로 합리적인 행동이란 그 자체로서는 단지, 행위자가 어떤 주어진 목적의 실현을 위해 자신이 올바르다고 간주하는 수단들에 자신의 행위를 체계적으로 준거시키겠다는 주관적 의도를 가지고 있음을 의미할 뿐이다. 따라서 행위의 주관적인 합리화의 진척이 반드시 객관적으로도 합리적이며 〈적절한〉 행위의 〈진보〉를 뜻하는 것은 아니다. 예를 들어 옛 사람들은 주술을 물리학 못지않게 체계적으로 〈합리화〉시켰다. 가령, 최소한 그 의도로 볼 때 최초의 〈합리적〉 치료법은 거의 어디서나, 경험적 증상들을 순전히 경험상으로 검증된 약초와 탕약으로 치료하는 것을 거부하고 그 대신 병의 (추측컨대) 〈진정한〉 (주술적, 마귀적) 원인을 몰아내는 것으로부터 시작되었다. 다시 말하여, 이 '최초의 합리적 치료법'은 형식상으로는 근대 치료법의 발전 중 가장 중요한 일련의 발전과 똑같은 구조, 즉 그전보다는 〈더 합리적〉 구조를 가지고 있는 것

27) richtig의 역어. 여기서 '올바른'이란 물론 규범적으로 '옳다'는 뜻이 아니라 기술적으로 '적절하다'라는 뜻이다. 아래에서는 문맥에 따라 이 두 가지 역어 중 하나를 택했다.

이다. 그러나 우리는 사제들의 이러한 주술적 치료법을 그 전까지의 경험치료법에 비해 〈올바른〉 행위로의 〈진보〉라고 가치평가할 수는 없을 것이다. 다른 한편으로는, 〈올바른〉 수단의 사용이라는 방향으로의 〈진보〉가 모두 첫 번째 의미에서의 진보, 즉 주관적 합리성의 진보를 통해 달성된 것은 아니다. 주관적으로 점점 더 합리적인 행동이 객관적으로 〈더 합목적적인〉 행동을 낳는다는 것은, 여러 가지 가능성 중의 하나일 뿐이며 (다양한 정도의) 개연성을 가진 현상이다. 그러나 개별적인 경우에서 만약 아래와 같은 명제, 즉 조치 X는 y라는 결과를 얻기 위한 ('유일한'이라고 가정하자) 수단이라는 명제가 옳다면 — 이것은 물론 하나의 경험적 문제이며, X 다음에는 y가 따른다는 인과명제의 단순한 도치일 뿐이다 — 그리고 이 명제를 사람들이 y라는 목적을 지향하는 자신들의 행동의 준거로 의식적으로 활용한다면 — 이것 역시 경험적으로 확인될 수 있는 문제다 — 그렇다면 이들의 행동은 〈기술적으로 올바르게〉 지향된 것이다. 인간의 행동이 (이 행동이 어떤 종류이든 간에) 어떤 관점에서든 그 전보다 상기한 의미에서 기술적으로 〈더 올바르게〉 지향되었다면, 이것은 〈기술적인 진보〉이다. 이런 진보가 일어났는지의 여부에 관한 문제는 — 물론 확고한 목적의 절대적 명료성이 주어져 있다는 것은 항상 전제되어야 한다 — 경험과학이 실제로 과학적 경험의 수단을 통해 확인할 수 있는 경험적인 일이다.

다시 말하여, 이런 의미에서는 — 그러나 여기서 유의할 것은, 명료히 주어진 목적이 전제된다는 사실이다 — 〈기술적〉 올바름 및 수단에서의 〈기술적〉 진보에 대해 명료히 규정될 수 있는 개념들이 존재한다(그런데 여기서 〈기술〉은 가장 광의의 의미로 쓰이고 있다. 즉, 이 개념은 모든 영역에서의 합리적 처신 자체를 뜻하며, 따라서 정치적, 사회적, 교육적, 선동적 인간관리 및 인간지배의 영역까지도 포함한다). 특히 우리는 (여기서는 우리에게 친숙한 사안들만 언급하겠다) 일반적으로 〈기술〉이라고 불리는 전문영역에서뿐 아니라, 통상(通商)기술 또는 법기술의 영역에서도, 만약 하나의 구체적 현상의 명료히 규정된 상황을 출발점으로 삼는다면, 어느 정도 명료하게 〈진보〉를 논할 수 있다. 그러나 단지 〈어느 정도만〉. 왜냐하면, 개개의 기술적으로 합리적인 원칙들은 — 이것은 전문가면 누구나 다 아는 사실이지만 — 서로 갈등을 일으키게 되는데, 이 갈등관계는 구체적인 이해(利害)당사자들의 그때그때의 입장에 따라 조정될 수는 있지만, 그러나 〈객관적〉으로, 즉 보편타당하게는 결코 해소될 수 없는 것이기 때문이다. 그리고 만약 아래와 같은 가정들을 전제로 한다면, 경제적 〈진보〉도 존재한다고 볼 수 있다. 이 가정들이란, 첫째, 욕구들이 고정되어 있다. 둘째, 이 모든 욕구들 그 자체 및 이들에 대한 주관적 우선순위 결정은 전혀 비판의 대상이 될 수 없다. 셋째, 확고히 주어진 경제질서. 다만 여기서도 이러한 욕구충족의 지속성과 안정성과 풍요성 문제를 둘러싼 이해관계들이 서로 갈등을 일으킬 수 있으며 또 일으킨다는 유보조건이 따른다. 만약 이런 가정들을 한다면 아래와 같은 의미에서의 경제적 〈진보〉도 있을 수 있다. 즉, 수단조달의 가능성이 그때그때 가진 한계 내에서 욕구충족을 상대적으로 최적정화하는 방향으로 진행되는 경제적 〈진보〉. 그러나 단지 이러한 전제조건들과 유보조건들 하에서만 이런 의미의 경제적 〈진보〉를 논할 수 있다.

5) 경제적 진보

그런데 방금 언급한 관점들로부터 명료하고 순전히 경제적인 가치판단들을 도출하려고 시도하는 학자들이 있었다. 이러한 시도의 전형으로는 리프만 교수[28]가 제시하는 고전적 사례를 들 수 있다. 즉, 생산가 이하로 떨어진 소비재를 생산자의 수익이해를 위해 의도적으로 폐기처분하는 사례가 그것이다. 그런데 이러한 파괴는 객관적으

28) Robert Liefmann (1874~1941). 독일 경제학자.

로 보아도 〈국민경제를 위해 올바른〉 것이라고 평가되어야 한다는 것이 그의 견해이다. 그러나 이러한 서술 및 — 이 점이 여기서는 중요하다 — 이와 유사한 모든 서술들은 일련의 전제들을 당연한 것으로 간주하는데, 이 전제들은 결코 당연한 것이 아니다. 첫째, 개개인이 가진 이해관계는 실제로 흔히 자기 개인의 생애기간에만 한정되지 않고 이 한계를 벗어나서 지속되는데, 상기 학자들은 이러한 경험적 사실의 확인에 그치지 않고 개개인의 이해관계는 반드시 그의 죽음이라는 한계를 벗어나는 것으로 간주되어야만 한다고 전제한다. 〈존재〉(*Sein*)의 영역, 즉 현실적 · 실제적 상황을 〈당위〉(*Sollen*)의 영역으로 전이하지 않고는 상기한 바와 같은, 순전히 경제적이라고 주장되는 가치판단은 수행될 수가 없는 것이다. 왜냐하면 이런 전이가 없이는, 우리는 가령 〈생산자〉와 〈소비자〉의 이해관계를 후손을 포함한다는 의미에서 영속하는 인간들의 이해관계로 거론할 수는 없기 때문이다. 그러나 개인이 자신의 상속자들의 이해를 고려한다는 것은, 이미 순전히 경제적인 조건은 아니다. 이 경우 살아있는 구체적 인간이, 〈기업〉을 통해 〈자본〉을 증식시키며 이 기업을 위해서 존재하는 그런 이익추구자라는 모습에 의해 대체된다. 이것은 이론적 목적을 위해서는 하나의 유용한 허구이다. 그러나 심지어 허구로서도 이것은 노동자의 상황, 특히 자녀가 없는 노동자의 상황에는, 맞지 않는다. 둘째, 소비재 폐기처분을 정당화하는 상기한 입장은 〈계급상황〉을 무시하고 있다. 이 계급상황은 시장원칙의 지배하에서는, 설사 자본과 노동이 제 생산영역들에 — 수익의 관점에서 보아 그때그때 가능한 한도 내에서— 〈최적으로〉 분배되더라도, 아니 바로 이렇게 최적으로 분배되었기 때문에 오히려 특정한 소비계층에 대한 재화공급을 절대적으로 악화시킬 수 있다(물론 반드시 그래야만 하는 것은 아니지만). 왜냐하면, 수익의 위와 같은 〈최적의〉 분배 — 이것은 자본투자의 지속성을 야기한다 — 는 그 나름대로 다시금 계급 간의 권력구도에 의존하고 있으며, 이 권력관계의 결과는 위에서 언급한 특정한 소비계층의 가격투쟁 입지를 약화시킬 수 있기 때문이다(물론 반드시 그래야만 한다는 것은 아니지만). 셋째로, 폐기처분을 정당화하는 상기한 입장은, 여러 개의 상이한 정치적 집단 구성원들 간의 지속적이고 해소될 수 없는 이해관계 대립의 가능성을 무시하고 있다. 그러면서 이 입장은 애초부터 〈자유뮤역론〉의 편을 드는데, 자유뮤역론은 그 자체로서는 지극히 유용한 발견적 수단이지만, 우리가 그것을 근거로 규범적 당위성을 가진 명제들을 정립하고자 하는 순간 이 이론은 하나의 결코 당연하지 않은 〈가치판단〉으로 변질되는 것이다. 그러나 상기한 입장이, 이러한 갈등을 피하기 위해, 세계경제라는 정치적 단위를 가정한다면—그리고 이것은 이론적으로는 전적으로 허용될 수 있는 일이다—(생산자와 소비자의) 주어진 여건하에서의 지속적인 최적 수익성을 보장하기 위해 멀쩡한 소비재를 파괴하는 데 대한 비판의 가능성(이 가능성은 근절될 수 없는 것이다)은 단지 그 범위가 변화할 뿐이다. 왜냐하면 이럴 경우 이제 우리는, 교환하는 개별경제들의 최적정수익 확보—이것은 화폐로 표현될 수 있다—라는 메커니즘의 요구에 따라 이루어지는 '시장에 의한 재화공급'이라는 원칙 그 자체를 비판의 대상으로 삼을 수 있기 때문이다. 재화공급을 비시장적으로 조직할 경우, 이 조직은 시장원칙에 의해 주어진, 개별 경제주체들의 이해관계의 구도를 고려할 필요가 없을 것이며, 따라서 위에서 언급한 재화들, 즉 이미 존재하고 소비 가능한 재화들을 사용 폐기하도록 강요받을 이유가 없다.

앞에서 예시한 리프만 교수의 견해는 아래와 같은 조건들이 전제될 때에 한하여 올바른 것이며 그리고 이 경우에도 이론적으로만 정확한 것이다. ① 불변의 욕구들을 가진 불변의 집단의 지속적인 수익이해관계만이 주된 목적이라는 조건, ② 전적으로 자유로운 시장교환을 통한 사적 자본주의적 수요충족이 완전히 지배한다는 조건, ③ 국가권력은 단순히 법을 보장하는 기능을 가졌을 뿐이고 이해관계를 초월하고 있다. 왜냐하면 이런 조건들이 갖추어졌을 경우에 가치판단은 단지, 재화공급에서 발생하는 기술적인 개별문제를 가장 적절하게 해결하기 위해서는 어떤 합리적 수단이 필요한가 라는 문제만을 그 대상으로 하게 되기 때문이다. 그러나 이론적 목적에 유용한 순수 경제학적 허구들이 실제적 사안들의 실천적 가치판단의 기초가 될 수는 없는 것이다. 정말 부인할 수 없는 사실은, 경제이론이 진술할 수 있는 것이라고는 아래와 같은 것 이외에는 전혀 없다는 점이다. 즉, 주어진 기술적 목적 X를 위해서는 y라는 조치가 유일하게 적절한 수단 또는 y^1, y^2 등과 함께 적절한 수단이라는 것, 그리고 후자의 경우에는 y와 y^1 및 y^2 사이에는 그 작용방식과 — 경우에 따라서는 — 합리성의 차원에서 이러이러한 차이가 존재한다는 것, 그리고 y 또는 y^1이라는 수단의 사용을 통한 목적 X의 달성은 z, z^1, z^2 등의 부작용을 감수할 때만 가능하다는 것. 이 모든 것은 인과명제들의 단순한 도치일 뿐이다. 그리고 만약 〈가치판단〉을 이러한 진술들에 연결시킨다면, 그것은 전적으로 (가상적) 행위의 합리성 정도에 대한 가치판단일 뿐이다. 가치판단은 아래와 같은 조건하에서만 명료하다. 즉, 경제적 목적과 사회적 구조조건들이 확고히 주어져 있고, 그래서 순전히 여러 개의 경제적 수단들 가운데 하나를 선택하는 것만이 문제이고, 거기다 이 수단들은 단지, 그것의 사용결과의 확실성, 신속성 그리고 양적인 성과라는 차원에서만 서로 다르고, 그 이외의 모든 차원, 즉 인간의 관심사안으로 경우에 따라서는 중요할 수 있는 그 이외의 다른 모든 차원에서는 전적으로 동일하게 기능한다는 조건이 그것이다. 이럴 경우에 한해서 한 수단은 진정 무조건적으로 〈기술적으로 가장 올바른〉 수단이라고 가치평가를 받을 수도 있으며 이 가치평가는 오해의 여지가 없다. 다른 모든 경우, 즉 순전히 기술적이지 않는 모든 경우에는 가치평가는 명료하기를 그치며, 순전히 경제적으로 규정될 수는 없는 가치판단들을 함께 내포하고 있다.

그러나 순전히 경제적인 영역 내에서의 기술적 가치평가의 명료성을 확인하는 것이 곧 궁극적인 〈가치판단〉의 명료성의 획득은 아니다. 오히려 이러한 기술적 가치평가에 대한 논의의 밖에서 비로소 여러 가지 가능한 가치판단들의 무한한 다양성의 혼란이 시작된다고 보아야 하며, 이 무한한 다양성은 단지 궁극적인 공리들로의 환원을 통해서만 통제될 수 있는 것이다. 왜냐하면 — 여기서는 단 한 가지 관점만을 언급하고자 한다 — 〈행위〉 뒤에는 인간이 있기 때문이다. 인간에게는 행위의 주관적 합리성과 행위의 객관적-기술적 〈올바름〉 그 자체의 증대는 어떤 일정한 정도를 벗어나면 — 아니, 보는 관점에 따라서는, 어떤 일정한 정도를 벗어나는 경우뿐 아니라 모든 경우에 — 중요한(가령 윤리적으로 또는 종교적으로 중요한) 정신적 재화들에 대한 위협으로 간주될 수 있다. 예를 들어, 모든 목적행위를, 단지 그것이 목적행위이기 때문에 구원으로부터 우리를 이탈시킨다면서 거부하는 불교적 (극한)윤리는 우리 중 아마 어느 누구도 수용하지 않을 것이다. 그러나 이 윤리를 가령 틀린 계산문제나 또는 잘못된 의학적 진단을 반증하듯이 〈반증〉할 수는 없는 것이다. 이렇게 극단적인 예가 아니더라도 우리가 쉽게 납득할 수 있는 것은, 아무리 의문의 여지없이 〈기술적으로 올바른〉 경제적 합리화 과정들이라 할지라도 이 합리화 과정은 가치를 판단하는 심판대 앞에 서면 이러한 기술적 적절성이라는 자격만으로는 결코 스스로를 정당화할 수가 없는 것이다. 이것은 예외 없이, 즉 가령 은행제도 같이 겉보기에 순전히 기술적인 영역들까지도 포함하는 모든 합리화 과정에 적용되는 명제이다. 따라서 이런 합리화 과정에 저항하는 사람들은 결코 우둔한 자들이 아니다. 오히려 우리는, 만약 가치를 판단하려고 한다면, 기술적 합리화 과정들이 외적 그리고 내적 삶의 조건들 전체의 변화에 미치는 영향을 항상 고려해야 한다. 우리의 전공영역에서 정당성을 가진 진보개념은 어디서나 그리고 예외 없이 〈기술적인 것〉에, 다시 말하여, 위에서도 언급했듯이, 하나의 명백히 주어진 목적에 대한 〈수단〉에 밀착되어 있다. 이 진보개념은 결코 〈궁극적인〉 가치판단의 영역으로까지 확대될 수는 없는 것이다.

지금까지 서술된 것을 기초로 필자는, 심지어 경험적으로 볼 때 그 사용이 별 문제가 없는 한정된 영역에서까지도 〈진보〉라는 표현의 사용은 적절하지 않다고 생각한다. 물론 우리는 누구에게도 어떤 표현을 금지할 수는 없지만, 가능한 오해들을 미리 방지할 수는 있을 것이다.

글을 끝맺기 전에, 경험과학영역 내에서의 합리성의 위상에 대한 마지막 문제군 하나를 논의하고자 한다.

6) '합리적 이해'의 방법

규범적으로 타당한 사안이 경험적 연구의 대상이 될 경우, 이 사안은 연구대상으로서는 규범 성격을 잃어버린다. 즉, 그것은 단순히 〈존재하는 것〉으로 취급되지, 〈타당한 것〉으로 취급되지는 않는다. 예를 들면, 통계학이 직업적 계산업무의 한 특정영역 내에서 발생하는 〈계산오류〉의 빈도수를 측정하려고 할 경우, — 이것은 아마도 학문적 가치가 충분한 시도일 것이다 — 통계학자에게는 구구표의 공식들이 두 가지 전적으로 상이한 의미에서 〈타당할〉 것이다. 첫째, 구구셈의 규범적 타당성은 통계학자 자신의 계산작업의 절대적 전제조건이다. 둘째, 그러나 구구표의 〈올바른〉 사용의 정도가 연구 대상이 될 경우, 상황은, 순전히 논리적으로 고찰할 때, 전혀 달라진다. 이 경우, 통계학적 검증의 대상이 된 이 계산들을 수행한 사람들의 구구표 사용행위는 이들에게 교육을 통해 습관화된 실제적 행위 규준(規準)으로 취급되며, 이 규준의 실제적 적용의 빈도수가 지금 통계적 확인의 대상인 것이다. 이것은 가령 특정한 광기(狂氣)현상들이 통계학적 검증의 대상이 될 수 있는 것과 마찬가지다. 구구표가 규범적으로 〈타당〉하다는 것, 즉 〈올바르다〉는 것은 그것의 적용이 연구의 〈대상〉이 되고 있는 이 경우에는 전혀 논의될 문제가 아니며 논리적으로는 이 연구와 전혀 무관한 것이다. 통계학자는 피조사자의 계산들을 통계학적으로 검증할 때 그 자신 역시 〈구구표에 따라〉 검산하는 관습에 순응해야 함은 물론이다. 그러나 그는 이와 마찬가지로, 만약 규범적으로 평가한다면 〈잘못된〉 계산방식이 한 특정한 집단에서 〈올바른〉 것으로 간주되고 있었고 그가 이 집단의 시각에서는 〈올바른〉 이 방식의 사용빈도수를 조사하고자 한다면, 그 스스로도 이 잘못된 계산방식을 적용해야 한다. 다시 말하여, 모든 경험적, 사회학적 그리고 역사적 고찰에서 구구표란, 이것이 연구의 대상으로 등장하는 한, 관습적으로 한 특정한 인간집단 내에서 타당성을 가지고 있고 대개 준수되는 실제적인 행위규준일 뿐이지 다른 아무것도 아니다. 가령 피타고라스의 음악론에 대해 서술하고자 하는 자는 누구든—우리의 지식에 비추어 볼 때—〈잘못된〉 계산, 즉 12개의 5도 음정은 7개의 옥타브라는 잘못된 계산을 우선은 일단 수용해야 한다. 이것은 논리학의 역사 전반, 즉 역사적으로 존재했던, 우리가 보기에는 모순에 찬 논리적 명제들에 대한 고찰에도 해당된다. 그리고 이러한 〈불합리성들〉을, 중세의 논리학에 대해 매우 탁월한 업적을 가진 한 역사학자가 한 것과 같이 분노에 찬 태도로 대하는 것은 인간적으로는 이해가 가는 일이지만 이미 학문적 자세는 아니다.

이렇게 규범적으로 타당한 진리가 관습적으로 타당한 의견으로 변신하는 과정은, 논리적 또는 수학적 사상을 포함하여 모든 정신적인 형상들이 (규범적으로) 올바른 의미가 아니라 경험적 실재를 성찰하는 연구의 대상이 되는 순간 반드시 거쳐야 하는 과정이다. 그런데 이러한 변신은, 논리적 그리고 수학적 진리들이 그 자체 모든 경험과학의 선험적 전제조건이라는 사실과는 무관하게 진행되는 것이다. 그러나 규범적으로 타당한 진리들이 정신적 현상에 대한 경험적 연구에서 수행하는 기능(이 기능은 위에서 이미 언급한 바 있지만)을 두고 보면, 이 규범적 진리들이 가진 논리적 구조의 문제는 그렇게 간단하지 않으며, 아무튼 이 기능은 방금 위에서 지적된 두 가지 관점, 즉 연구의 대상으로서 가진 위상과 또한 연구의 선험적 전제조건으로서 가진 위상과는 엄밀히 구분되어야 한다.

우선, 정신적 또는 사회적 현상에 대한 모든 과학은 인간의 행동에 대한 과학이다(여기서 행동의 개념에는 모든 정신적 사고행위와 심리적인 습관도 포함된다). 이 과학은 인간의 행동을 〈이해〉하고 이 이해를 통해 그것의 경과를 〈설명하면서 해석〉하고자 한다. 이 자리에서 〈이해〉라는 어려운 개념을 상론할 수는 없다. 현재의 맥락에서는 이해의 하나의 특수한 형태, 즉 〈합리적〉 해석이라는 형태에만 주목하고자 한다. 우리는 가령 한 사상가가 어떤 〈문제〉를 우리 스스로가 규범적으로 〈올바르다〉고 간주하는 방식으로 〈해결〉할 경우, 또는 어떤 사람이 〈올바르게〉 계산할 경우, 또는 그가 어떤 의도된 목적을 위해 — 우리 자신의 견해로 보아 — 〈올바른〉 수단을 사용할 경우, 이들을 즉각 이해한다. 이런 과정들에 대한 우리의 이해가 그렇게 명증한 것은, 이 과정들이 객관적으로 〈타당한 것〉의 실현이기 때문이다. 그럼에도 불구하고 이 경우에 규범적으로 올바른 것의 위상이, 논리적으로 볼 때, 그것이 모든 과학적 연구의 선험적 전제조건으로서 가진 일반적 위상과 똑같은 구조를 가진 것으로 나타난다고 믿어서는 안 된다. 규범적으로 올바른 것이 〈이해〉의 수단으로서 수행하는 기능은 오히려, 가령 비합리적인 감정과 흥분현상을 이해를 통해 인식하려고 할 경우에 사용되는 순전히 심리학적인 〈감정이입〉이 하는 기능과 동일한 것이다. 여기서 이해적 설명의 도구가 되는 것은, 규범적 올바름이 아니라, 한편으로는 연구자가 가진 일정한 방식으로 사고하는 관습적 버릇과, 다른 한편으로는, 필요한 경우에는, 이러한 관습에서 벗어나는 사고방식, 즉 자신의 버릇을 기준으로 볼 때 규범적으로 〈잘못된〉 것으로 보이는 사고방식 속에서 이해하면서 〈감정이입〉할 수 있는 그의 능력이다. 〈잘못된〉 사고, 즉 〈오류〉도 원칙적으로는 〈올바른〉 사고와 똑같이 이해될 수 있다는 사실 하나만도, 여기서 규범적으로 〈하자 없이〉 타당한 것이 그 자체로서가 아니라, 단지 특별히 이해하기 쉬운 관습적 유형으로서 고려되고 있다는 것을 증명해주고 있다. 이로써 우리는 이제 사회학적 인식영역 내에서 규범적으로 올바른 것이 하는 역할에 대한 마지막 논의의 길에 들어서게 된다.

하나의 〈잘못된〉 계산 또는 잘못된 논리적 명제를 〈이해〉하고 이들이 야기한 결과를 중심으로 이들의 영향을 확인하고 서술할 수 있기 위해서, 우리는 물론 우리 스스로도 검증과정에서 계산을 〈올바르게〉 하고 또 논리적으로 사고할 뿐 아니라, 〈올바른〉 계산과 〈올바른〉 논리의 수단을 통해 바로 어떤 점에서 지금 검증되고 있는 계산이나 논리적 명제가 우리 자신이 규범적으로 〈올바르다〉고 보는 것과 차이가 나는지를 명백히 지적하지 않으면 안 된다. 이것은 반드시 실제적-교육적 목적에서만 필요한 것은 아니다. 물론 가령 빈델반트는 그의 철학사 서문에서 바로 이런 교육적 목적을 전면에 내세우고 있기는 하지만 말이다(〈험난한 길〉에 대한 〈경고판〉을 설치하는 것). 이런 교육적 목적은 역사적 연구의 단지 부차적인 긍정적 성과일 뿐이다. 또한, 상기한 차이점을 명백히 하라고 요구하는 것은, 모든 역사적 문제 — 여기에는 논리적, 수학적 또는 다른 학문적 인식들도 속한다 — 의 밑에는 불가피하게 우리가 타당하다고 인정하는 〈진리가치〉만이 — 그래서 이 가치를 향한 〈진보〉만이 — 선택을 결정하는 유일한 궁극적 가치연관성으로 깔려 있기 때문만도 아니다(그리고 설사 이런 가치연관성이 깔려 있다고 하더라도, 우리는 바로 빈델반트가 자주 지적하고 있는 사안을 주목해야 한다. 즉, 상기한 의미에서의 〈진보〉는 매우 흔히 직접적인 길을 가는 대신 — 경제학적으로 표현하자면 — 〈오류들〉과 문제들의 착종을 거쳐서 〈수확이 많은 우회생산〉의 길을 갔었다). 위에서 언급한 차이점을 밝혀야 하는 이유는, 조사대상인 정신적 이념체가 조사자 자신이 〈옳다〉고 간주하는 이념체와 차이를 드러내는 관점들은 보통, 조사자가 보기에 이 대상의 〈특유한〉 관점들에 속하기 때문이다. 다시 말하여, 이 차이들은 조사자의 판단으로는 직접적으로 가치연관적인 관점들이거나 아니면 다른 가치연관적 사안들의 시각에서 볼 때 인과적으로 중요한 관점들에 속하기 때문이다. 이럴 가능성은 사상의 진리가치가 역사적 서술의 주도적인 가치일수록 더욱더 커질 것이다. 특히 한 특정한 〈학문〉의 역사(가령 철학 또는 이론경제학)의 서술에서 그러할 것이다. 그러나 이 상황은 이런 경우에만 한정되는 것은 결코 아니다. 이 상황은 오히려, 주관적으로 합리적 행위를 의도적으로 서술의 대상으로 삼는 곳이면 어디서나 발생할 것이다. 즉, 〈사고오류〉 혹은 〈계산오류〉가 행위과정의 인과적 요소를 형성하는 곳이면 어디서나 발생할 것이다. 예를 들어서, 어떤 전쟁의 수행과정을 〈이해〉하기 위해서는, 불가피하게—물론 반드시 명시적으로 또는 문서화된 형태일 필요는 없지만—양쪽 진영에 공히 이상적 최고지휘관을 상정해야 한다. 즉, 가정컨대 이 지휘관은 양쪽의 군사적 권력수단의 전체상황과 그 배치, 여기서 도출될 수 있는 목표달성 가능성, 즉 적의 섬멸이라는 명료하고 구체적인 목표달성의 가능성을 알고 그것을 항상 의식하고 있었으며, 그는 이러한 인식을 바탕으로 실수 없이 그리고 논리적으로도 〈오류 없이〉 행동하였을 것이다. 왜냐하면 이런 가정하에서만 우리는, 현실 속의 지휘관들은 상기한 지식도 또 그런 무오류성도 지니지 않았으며 그들은 결코 순전히 합리적인 사고기계들이 아니었다는 사실이 전쟁진행에 미친 영향을 확인할 수 있을 것이기 때문이다. 다시 말하여, 위에서 제시된 합리적 구성물의 가치는 올바른 인과적 〈귀속〉의 수단으로 기능한다는 데 있는 것이다. 〈순수〉경제이론이 만들어내는, 엄격히 그리고 오류 없이 합리적인 행위에 대한 유토피아적 구성물들도 이와 똑같은 의미를 가지고 있는 것이다.

경험적 과정들의 인과적 규명이라는 목적을 위해서 우리는 합리적 구성물을 필요로 하는데, 이 구성물은 사안에 따라 경험적·기술적 성격 아니면 논리적 성격을 가지며 아래와 같은 질문에 답을 준다. 즉, 만약 우리가 절대적 합리적, 경험적 그리고 논리적인 〈올바름〉과 〈무모순성〉을 전제할 때, 한 현상이—이것은 행위의 외적인 연관맥락에 관한 현상일 수도 있고 또는 사상적 현상(가령 어떤 철학체계)일 수도 있다—어떤 모습을 띠게 될는지(혹은 띠었을는지)라는 질문에 대한 답을 준다. 그런데 논리적으로 볼 때, 이러한 합리적으로 〈올바른〉 유토피아의 구성은 〈이념형〉—필자 자신 이러한 개념구성을 '이념형'이라고 이름 지은 바 있다(물론 필자로서는 이 용어가 다른 어떤 용어로 대체되어도 상관없다)—이 취할 수 있는 여러 가지 형태들 가운데 하나일 뿐이다. 왜냐하면, 위에서 이미 언급했듯이, 우리는 특이하게 틀린 추론방법이야말로 또는 전형적으로 목적에 부적절한 특정한 행동이야말로 이념형으로서 더 좋은 기여를 할 수도 있는 그런 경우들을 얼마든지 상정할 수 있기 때문이다. 뿐만 아니라 무엇보다도, 행위영역 중에는 논리적 합리성의 극대화가 아니라 유리시키는 추상화를 통해 얻어지는 명료성만이 위에서 언급한 유토피아적 개념 기능을 가장 잘 수행하는 그런 행위영역도 많은 것이다(가령 〈비합리성〉의 영역). 실제적으로 볼 때 학자는 매우 자주 규범적으로 〈옳게〉 구성된 〈이념형〉을 사용하는 것은 사실이다. 그러나 논리적으로 볼 때는 바로 이 점, 즉 이 유형들이 가진 규범적인 〈올바름〉은 결코 본질적인 것이 아니다. 가령 한 학자가 어떤 특정 시대 인간들의 전형적 신념의 구체적 성격을 특징지으려고 할 경우, 그는 자신의 시각에는 윤리적으로 규범에 맞고, 이런 의미에서 객관적으로 〈올바른〉 것으로 보이는 신념유형을 구성할 수도 있고 또는 자신의 시각에 전적으로 규범에 어긋나는 것으로 보이는 신념유형을 구성할 수도 있는 것이며, 이 유형을 그는 조사대상인 인간들의 행동과 비교할 수 있다. 끝으로 그는, 자기 스스로는 어떤 부정적 또는 긍정적 평가도 내리지 않는 그런 신념유형을 구성할 수도 있다. 다시 말하여, 상기한 조사목적에서는 규범적으로 〈올바른 것〉이 결코 어떤 독점적 위치를 가지고 있는 것은 아니다. 왜냐하면 합리적 이념형이 가진 내용이 무엇이든 간에—가령 이 내용은 윤리적, 법교리적, 심미적 또는 종교적 신념규범일 수도 있고 또는 기술적, 경제적, 법정치적, 사회정책적 또는 문화정책적인 준칙일 수도 있고, 또는 가능한 한 합리적 형태로 표현된 어떤 〈가치평가〉일 수도 있다 — 경험적 연구 내에서 이념형의 구성이 가진 유일한 목적은 아래와 같은 것이기 때문이다. 즉, 경험적 현실을 이 이념형과 〈비교〉하고, 현실과 이념형 간의 차이와 대비점 또는 둘 간의 상대적 접근 등을 확인하여, 현실을 가능한 한 명료하게 이해될 수 있는 개념들로 기술(記述)하고 인과적 귀속을 통해 이해하고 또 설명할 수 있도록 하는 것. 이러한 기능은 가령 합리적 법교리적(도그마적) 개념구성이 법제사라는 경험적 과학분야를 위해 수행하고 있으며, 합리적인 계산론은 영리경제체제의 개별 경제주체들의 실제적 행동의 분석을 위해 같은 기능을 수행한다. 물론 방금 언급된 두 가지 교리적 분야는 그 외에도 〈기술론〉으로서 중요한 규범적-실질적 목적을 가지고 있다. 이 두 가지 영역은 교리적 학문이라는 속성으로 인해 여기서 논의된 의미에서의 경험과학으로 간주될 수는 없다. 이것은 수학, 논리학, 규범적 윤리학, 심미학 등이 경험과학이 아닌 것과 마찬가지이며, 이 분야들은 — 물론 이들 각각 사이에는 또 여러 가지 차이점이 있지만 — 또 다른 이유에서 위의 두 분야와는 전적으로 상이한 분야들이다.

경제이론은 법교리론과는 분명히 논리적으로 매우 다른 의미에서 하나의 교리론이다. 경제이론의 개념들이 경제적 현실에 대해 가지는 관계는 법교리론의 개념들이 경험적 법제사와 법사회학의 대상으로서의 현실에 대해 가지는 관계와는 매우 다르다. 그러나 교리론적 법 개념들이 〈이념형〉으로서 법제사와 법사회학을 위해 활용될 수 있고 또 활용되어야 하듯이, 순수경제이론이 가진 유일한 의미 역시 이념형적 개념들을 현재와 과거의 사회적 현실의 인식을 위해 법교리론에서와 같은 방식으로 활용하는 것에 놓여 있다. 순수경제이론은 현실에서는 거의 실현될 수 없지만, 그러나 이 이론은 현실에 근접하는 — 물론 근접의 정도는 다양하다 — 가정들을 정립한 후 아래와 같은 질문을 던진다. 즉, 인간의 사회적 행위는, 만약 그것이 엄격히 합리적으로 진행된다면, 상기한 가정들하에서는 어떤 형태를 띨 것인가 라는 질문. 순수경제이론은 특히 전적으로 경제적인 이해(利害)만이 작용한다고 가정하며 따라서 가령 권력정치적 또는 다른 모든 경제외적인 행위지향성의 영향을 배제한다.

그러나 순수경제이론은 〈문제들의 착종〉의 전형적인 과정을 경험했다. 왜냐하면 위에서 언급한 의미에서의, 방법론적 보조수단으로는 필수적이었고 또 앞으로도 그러할 순수이론, 즉 〈국가배제적〉이고 〈도덕배제적〉이고 〈개인주의적인〉 순수이론을 급진적 자유무역론자들은 〈자연적〉 현실, 다시 말하여 인간의 어리석음을 통해 왜곡되지 않은 현실의 완벽한 모사(模寫)로 간주했으며, 더 나아가 이 견해를 바탕으로, 순수이론을 하나의 〈당위〉로 파악했기 때문이다. 즉, 실재하는 것의 경험적 탐구를 위해 유용한 이념형이 아니라 가치영역에서 타당성을 가진 하나의 이상으로 파악했던 것이다. 그러던 중에, 국가의 역할에 대한 경제정책적 그리고 사회정책적 평가의 변화(즉, 국가역할의 평가절상)로 인해 가치판단의 차원에서 반격[29]이 시작되자, 이 반격은 가치판단의 영역에서 실재의 영역으로까지 파급되어 순수 경제이론을 배척하게 되었다. 그런데 여기서 단순히 이상의 표현으로서의 경제이론뿐 아니라,—이런 이상으로의 위상은 경제이론이 원래부터 주장해서는 안 될 것이었지만—사실적인 것의 탐구를 위한 방법론적 도정(道程)으로서의 경제이론마저도 함께 배척되었던 것이다. 온갖 종류의 〈철학적〉 논의가 이제 합리적 실용성을 대체하게 되었고, 〈심리학적으로〉 실재하는 것과 윤리적으로 타당한 것이 동일시됨으로 인해 가치영역을 경험적 작업과 엄격히 구분하는 것은 이제 불가능하게 되었다.

---

29) 베버는 여기서 국민경제학 내의 '이론학파'에 대한 역사학파의 비판을 암시하고 있다. 앞에서도 이미 언급했듯이 특히 슈몰러를 중심으로 한 역사학파 국민경제학자들은 이른바 '강단 사회주의자'들로서 경제 및 사회정책에서 국가의 개입을 강력히 주장했으며 '윤리적' 국민경제학의 정립을 추구하였다.

역사학, 사회학 그리고 사회정책학의 영역에서 위와 같은 성격의 학문적 발전경향의 담지자층이 이룩한 탁월한 업적은 일반적으로 인정받고 있지만, 그러나 다른 한편으로 상기한 문제혼합의 결과로 지난 수십 년간 지속된, 이론적 그리고 순전히 경제학적인 연구의 완전한 쇠퇴 역시 편견 없는 관찰자에게는 자명한 일이다. 순수이론의 반대자들이 제시하는 두 가지 핵심명제 중의 하나는, 순수이론의 합리적 구성물은 〈순전한 허구〉이며 그래서 사실들의 현실세계에 대해서는 어떤 진술도 내포하고 있지 않다는 것이다. 옳게만 이해한다면 이 주장은 타당하다. 왜냐하면 이론적 구성물은 현실의 인식에 기여하고자 하지만, 이 현실 자체에 대한 인식을 이론적 구성물 자체가 제공해주지는 않기 때문이다. 그도 그럴 것이, 현실에서는 이론적 구성물이 가진 전제들에는 포함되어 있지 않은 다른 상황과 동기들이 작용하고 있으며 그 결과 설사 가장 극단적인 경우에마저도 이 현실은 이론적으로 구성된 진행모델에 단지 근접할 뿐이기 때문이다. 그러나 이것은, 위에서 서술한 바를 두고 보면, 순수이론의 유용성과 필수성을 부인할 수 있는 어떤 증거도 되지 못한다. 순수이론의 반대자들이 제시하는 두 번째 명제는, 여하간 가치판단을 배제하는 경제정책이론이란 과학으로는 있을 수 없다는 것이다. 물론 이것은 전적으로 잘못된 견해이다. 오히려 역으로 — 앞에서 이미 논증한 의미에서의 — 〈가치판단의 배제〉야말로 정책, 특히 사회정책과 경제정책에 대한 모든 순전히 과학적인 분석의 전제조건이다. 물론 아래와 같은 유형의 명제들을 개발하는 것이 가능하고, 학문적으로 유용하고 필요하다는 것은 여기서 다시 반복하지 않아도 될 것이다. 즉, X라는 (경제정책적인) 목표를 달성하기 위해 y가 유일한 수단이라든지, 또는 b^1, b^2, b^3의 조건하에서는 y^1, y^2, y^3이 유일한 또는 가장 효과적인 수단이라는 명제. 그리고 여기서 다시 한 번 강력히 하나의 관점을 상기시키고자 한다. 즉, 우리의 문제는 우리가 지향하는 목적을 절대적 명료성을 가지고 표현한다는 것이 어느 정도 가능한가

하는 것이다. 만약 이 명료성이 주어져 있다면, 나머지는 인과명제의 단순한 도치, 즉 순전히 〈기술적인〉 문제이다. 바로 이런 이유에서 상기한 모든 경우에서 학자들은 위와 같은 기술적-목적론적 명제들을 굳이 단순한 인과명제들로, 즉 b^1, b^2, b^3이라는 조건이 주어져 있을 경우 y 또는 y^1, y^2, y^3 다음에는 항상 X라는 결과가 따른다는 식으로 표현해야 할 이유가 없는 것이다. 왜냐하면 이 두 가지 방식이 의미하는 바는 동일하기 때문이며, 〈실천가〉는 어렵잖게 이런 명제들에서 〈해결지침〉을 이끌어낼 수 있다.

그러나 경제에 대한 과학적 이론의 과업은 아래 두 가지에 한정된 것은 아니다. 즉, 한편으로는 순전히 이념형적인 공식을 정립하고, 다른 한편으로는 인과적 경제적 개별 연관맥락들을 확인하는 과업(여기서 '개별적' 연관맥락이라는 관점이 강조되어야 하는데, 왜냐하면, 만약 〈X〉〔즉, 목적〕가 충분히 명료하고 그래서 결과를 원인에 귀속시키는 것, 즉 수단을 그것의 목적에 귀속시키는 것이 충분히 엄밀하게 진행되어야 한다면, 이런 작업의 대상은 예외 없이 개별적인 연관맥락일 것이기 때문이다). 경제학은 이 외에도, 경제적 역사해석 및 사회해석을 통해 어떻게 사회적 현상의 총체가 경제적 원인에 의해서도 함께 규정되고 있는가를 분석해야 한다. 다른 한편으로 경제학은 경제적 현상과 경제적 제도가 사회적 현상에 의해 규정되는 과정을 그 다양한 방식과 발전단계를 기준으로 연구해야 하며, 이것은 경제사와 경제사회학의 과제이다. 이러한 사회적 현상들에는 무엇보다도 정치적 행위와 제도, 특히 국가와 국가가 보장하는 법체계가 속한다. 물론 정치적 행위나 제도만이 이에 속하는 것은 아니다. 사회적 현상이라는 영역에는, 학문적 관심을 끌기에 충분할 만큼 중요할 정도로 경제에 영향을 끼치는 모든 현상의 총체도 속한다. 물론, 〈경제정책〉이론이라는 표현은 이 모든 문제를 지칭하는 표현으로는 매우 부적절하다. 그런데도 이 표현이 쓰이고 있는 요인으로는 두 가지를 들 수 있다. 외부적 요인으로는, 대학이 국가공무원의 교육기관으로서 가진 성격을 들 수 있으며, 내부적 요인으로는 경제에 큰 영향을 미칠 수 있는 막강한 국가의 권력수단 때문에 국가에 대한 고찰이 가지게 되는 실제적 중요성을 들 수 있다. 이 모든 연구들에서 〈원인과 결과〉에 대한 진술이 〈수단과 목적〉에 대한 진술로 전환될 수 있는 경우란 대상이 되고 있는 목적이 충분히 명료하게 지적될 수 있는 경우에 한한다는 것은 이제 다시 반복할 필요가 없을 것이다. 그러나 이것이 가치판단영역과 경험적 인식의 영역 간의 논리적 관계에는 전혀 변화를 가져오지 않음은 물론이다. 이제 이 맥락에서 마지막으로 한 가지 관점만 더 지적하고자 한다.

맺음말

지난 수십 년간의 발전, 그리고 무엇보다도 현재 우리가 그 증인이 되고 있는 전무후무한 사건들[30]은 바로 국가의 위상을 엄청나게 상승시켰다. 오늘날은 모든 사회적 공동체 가운데 국가에게만 우리의 생사와 자유에 대한 〈정당한〉 통제권력이 부여되어 있으며 국가조직은 전쟁 시에는 외부의 적에 대해서, 평화 시에는 내부적인 저항에 대한 전쟁에서 이 권력을 사용하고 있다. 국가는 평화 시에는 최대의 기업가이며 시민들에 대한 가장 막강한 세금징수자이며, 전쟁 시에는 그의 손이 닿는 모든 경제적 재화에 대한 가장 무자비한 처분권자이다. 국가의 근대적이며 합리화된 경영방식은 수많은 영역에서, 달리 조직된 어떤 공동행위도 도저히 이룩할 수 없었을 업적들을 가능하게 한 것은 사실이다. 이런 상황으로부터 아래와 같은 결론이 도출되는 것은 거의 피할 수 없는 일이었다. 즉, 국가는—특히 〈정치〉와 연관된 가치평가적 입장에서 보면—궁극적 〈가치〉이어야만 하며, 따라서 국가의 존속이라는 목적이 모든 사회적 생활을 평가하는 궁극적 기준이라는 결론. 그러나 이런 결론은 존재영역에서의 사실들을 가치판단영역에서의 규범들로 전환시키는 것으로서 전혀 용납될 수 없는 일이다. 여기서는 (국가의 〈존속〉 또는 〈강화〉라는 목적을 위한) 〈수단〉에 대하여 진행되는 모든 논의에서 금방 나타나기 마련인 가치판단의 문제점 즉 이 가치판단이 내포하고 있는 함의들의 불명료성이라는 문제는 차치한다고 하더라도 말이다. 순전히 사실적인 영역 내에서 본다면 바로 상기한 국가의 위상에 대해서 우선 지적할 수 있는 것은, 국가도 일정한 일들은 **할 수가 없다**는 점이다. 이것은 심지어 그의 가장

30) 베버는 그 당시(1917) 아직 진행 중이던 제 1차 세계대전을 염두에 두었을 것이다.

고유한 영역이라고 간주되는 곳, 즉 군사적 영역에서마저 그러하다. 현재 진행 중인 전쟁으로 인해 다민족국가들의 군대에서 발생하고 있는 현상들을 관찰해보면, 개인이 자신의 국가가 수호하고자 하는 대의명분에 대해 자발적으로 헌신하는 태도—이것은 국가가 강요할 수는 없는 태도이다—는 군사적 성공을 위해 결코 부차적인 일이 아니라는 사실을 확인할 수 있다. 그리고 경제적 영역에서는 한 가지만 지적하고자 한다. 전시경제체제의 제도와 원칙을 평화체제에도 지속적인 체제로 이양할 경우 이것은, 바로 국가이상의 확대를 주창하는 자들에게 좌절을 안겨줄 그런 결과를 조만간 초래할 수도 있을 것이다. 그러나 이 점은 여기서 더 이상 논하지 않겠다. 그렇지만 가치판단의 영역에서는 아래와 같은 입장은 얼마든지 설득력 있게 주장될 수 있다. 즉, 한편으로는 국가의 권력을 저항의 분쇄를 위한 강제수단으로 간주하며 그것이 가진 유용성의 관점에서 바라보고 그래서 이 권력을 극대화시키고자 하면서, 그러나 다른 한편으로는 국가가 어떤 고유가치를 가졌다는 것은 전적으로 부인하면서 국가를 다른 가치들의 실현을 위한 단순한 기술적 보조수단으로 낙인찍는 입장. 이 입장에 의하면 국가는 이런 다른 가치들로부터 자신의 존엄을 말하자면 일종의 봉록으로 부여받았을 뿐이며, 따라서 그는 자신의 이러한 하수인 역할을 벗어나려고 하지 않는 동안에만 자신의 존엄을 유지할 수 있다는 것이다.

그러나 물론 필자는 여기서 방금 언급된 가치판단적 입장, 또는 다른 어떤 가능한 가치판단 입장 중의 하나를 개진하거나 심지어 대변할 의사는 없다. 여기서는 단지 다음과 같은 점만을 상기시키고자 한다. 즉, 우리가 지켜야 할 의무가 있다면, 그것은 다름 아니라 특히 직업적인 〈사상가〉들에게 반드시 권하고 싶은 아래와 같은 의무이다. 즉, 그때그때 지배적인 이상에 대해, 그리고 가장 장엄한 이상들에 대해서까지도 냉철한 머리, 즉 필요에 따라서는 〈대세에 반하여 헤엄칠 수〉 있는 개인적 능력이라는 의미에서의 냉철한 머리를 가질 의무가 그것이다. 〈1914년의 독일의 이념들〉[31]은 문필가들의 작품이었다. 〈미래의 사회주의〉는, 특정한 이해당사자들이 관료화를 더 강화시키고 동시에 지방자치기구통합체들을 관장함으로써 달성하려는 경제의 합리화에 대한 하나의 상투어이다. 경제정책에 대한 관할권을 고수하고자 하는 자들의 광신주의는 이러한 순전히 기술적인 조치들을 두고, 이 조치들의 적절성 여부, 즉 상당 부분 아주 냉엄한 재정정책적 요인들을 기준으로 판단되어야 할 적절성 여부를 객관적으로 논의하지는 않고, 그저 독일철학의 권위, 더 나아가 종교의 권위까지 들먹이고 있는데, — 이런 현상은 오늘날 광범위하게 일어나고 있다 — 이것은 자신을 과대평가하는 문필가들의 매우 역겨운 취향타락 이상의 아무것도 아니다. 〈1918년의 독일의 이념들〉 — 이 이념들의 형성에는 전선에서 돌아오는 전사들이 반드시 참여해야 하지만 — 의 참모습이 어떤 것일지 또 어떤 것이어야 하는지에 대해서는 오늘날 아마 아무도 예견할 수는 없을 것이다.[32] 그러나 이 이념들이 우리의 미래를 위해서는 결정적으로 중요할 것이다.

---

31) 〈1914년의 독일의 이념들〉이란 매우 복합적인 배경을 가진 구호이다. 그 배경 중 하나는 제 1차 세계대전의 발발에 직면하여 1914년 8월 독일의 각 정파 간에 성립된 이른바 '정쟁(政爭) 중지'(*Burgfrieden*) 합의이다(이른바 '제국의 적'이라고 매도당했던 사민당까지도 이 합의에 참여했다). 이 합의를 계기로 독일은 역사상 보기 드문 민족적 통합을 이룩했다는 평가가 일반적이었던 데 반해 베버 자신은 이 통합을 현실적 갈등들을 은폐하고자 하는 '문필가'들의 작품으로 보는 것이다. 실지로 이러한 통합기운은 베버가 이 논문을 쓸 당시인 1917년경에는 거의 와해 상태에 있었다. 사회주의자들(리프크네히트, 룩셈부르크 등)은 반전운동과 함께 사회주의적 개혁('미래의 사회주의')을 주장하기 시작했고, 우파들은 독일의 문화적 '사명'을 내걸며 반동주의적 경향을 일층 강화했다.

32) 정치적 차원에 국한시켜 본다면 베버 자신은 철저한 의회민주주의화가 전후 독일 재편성의 기본이념이어야 한다고 주장했다.

사회학 기초개념

1976

| 원제 |

Soziologische Grundbegriffe

| 출처 |

Weber, Max, *Wirtschaft und Gesellscht: Grundriss der verstehenden Soziologie*, bsorgt von Johannes Winckelmann, 5. revi. Auflage, tübingen Mohr, 1~30 쪽

저술배경

〈사회학 기초개념〉은 베버의 주저인 《경제와 사회》의 제 1부 〈사회학적 범주론〉을 여는 첫 번째 장(1~30쪽까지)이다. 제 2장은 〈경제행위의 사회학적 기초범주〉, 제 3장은 〈지배 유형론〉, 제 4장은 〈신분과 계급〉을 다루고 있다. 이렇게 네 개의 장으로 이루어진 제 1부 〈사회학적 범주론〉의 집필 시기는 베버 생애의 말년인 1918~1920년 사이이며, 베버가 사망 직전 인쇄본의 교정까지 완료한 거의 마지막 원고이다. 따라서 여기 번역된 〈사회학 기초개념〉은 베버가 펼친 방법론적-사회이론적 성찰의 마지막 성숙 단계를 보여주고 있다. 실제로 우리는 여기서〈객관성 논문〉(초기 베버) 및 〈가치중립 논문〉(중-후기 베버)에서 제기되었던 거의 모든 의제들이 더욱더 체계화-엄밀화된 형태로 제시되고 있음을 확인할 수 있는바, 이는 '행위이론적 이해 사회학'이라는 베버-패러다임의 골격을 보여주고 있다.[1)]

〈사회학 기초개념〉은 그 유명한 '사회학 정의'를 필두로 하여 사회학의 행위

1) 물론 베버는 이미 1913년에 〈이해사회학의 몇 가지 범주에 대하여〉(*Über einige Kategorien der verstehenden Soziologie*)라는 논문을 통해 '이해 사회학'의 방법론에 관한 자신의 견해를 (특히 인식론적-과학철학적 차원에서) 상세히 밝힌 바 있다. 그러나 베버 학계의 일반적 평가 및 역자 자신의 소견에 의하면, 베버는 상기 논문에서 개발하기 시작한 이해사회학적 구상들을 여기 번역된 〈사회학 기초개념〉에서 더 체계적이고 명료하게 발전시키고 있다.

이론적 기반을 단계적으로 구축해나간다. 이 구축 작업은 미시 차원 — 개별적 행위자의 '사회적 행위' — 에서 출발하여 중범위 차원 — '사회적 관계' 및 '사회조직' — 을 거쳐 거시 차원 — '사회적 질서' — 에 이른다. 이 과정에서 우리는 사회학도들에게는 친숙한 일련의 '베버적' 이론과 개념들을 만나게 된다: 행위 이론, '행위 유형론'(합리적 행위, 전통적 행위, 정서적 행위 등), 합리성 유형(목적합리성-가치합리성), '정당성' 이론 및 정당성 유형, '권력'과 '지배' 개념 등이 그러한 예들이다.

끝으로, 〈사회학 기초개념〉을 읽을 독자에게 한 가지 점, 즉 베버가 원래 법학자 출신이었다는 점을 다시 한 번 상기시키고자 한다. 이 배경을 염두에 두는 독자는, 베버의 개념 정의들이 가진 고도의 치밀성과 정교성에 대한 감탄과 간혹 만나는 고도의 현학성(베버 자신 서문에서 이 점에 '양해'를 구하고 있지만)에 대한 당혹감을 아마도 더 잘 조화시킬 수 있을 것이다. 참고로, '개념 건축학의 대가'라는 베버의 별칭은 주로 〈사회학 기초개념〉이 실린 《경제와 사회》 제 1부 제 1~4장까지의 서술방식에서 유래한다는 점을 지적해둔다.

머리말

서론 역할을 할 아래 개념정의들은 어쩔 수 없이 추상적이고 현실과는 거리가 멀다는 인상을 주지만, 그러나 필요 불가결하다. 나는 나의 개념정의방식이 새롭다고 주장하는 것은 결코 아니며 오히려 내가 지향하는 바는 단지 아래와 같은 것일 뿐이다. 즉 경험 사회학자들 일반이 내가 여기서 다루는 사안과 동일한 사안을 논할 때 그들이 실제로 의미하는 바가 무엇인지를 — 바라건대 — 더 적절하고 더 정확한 표현방식을 사용해 서술하는 것이다(물론 이런 정확성 추구가, 서술이 현학적이라는 인상을 불러일으킬 수도 있을 것이지만). 그래서, 설사 내가 이 글에서 일견 익숙하지 않거나 또는 새로운 표현을 사용하는 일이 있더라도 이것 역시 독창성보다는 정확성을 추구하는 나의 이러한 의도의 반영일 뿐이다. 1913년 《로고스》 제 4권에 발표된 본인의 논문(1913, 253쪽 이하. 《과학론 논문집》(*Ges. Aufs. z. Wissenschaftslehre*) 제 3판 427쪽 이하에 재수록)에 비하면 여기서는, 가능한 한 쉽게 이해할 수 있도록 하기 위해, 용어들을 최대한 단순화하였고 많은 경우 표현을 바꾸기도 하였다. 물론, 어떻게든 평이하게 쓰겠다는 욕구와 가능한 최고수준의 개념엄밀성을 확보하겠다는 욕구는 항상 동시에 달성할 수 있는 것은 아니며 경우에 따라서는 평이성이 엄밀성을 위해 희생될 수밖에 없다.

'이해'(*Verstehen*) 개념에 관해서는 아래와 같은 문헌들을 참조하기 바란다.

- 야스퍼스(Karl Jaspers)의 《일반 정신병리학》(*Allgemeine Psychopathologie*)
- 리케르트(Heinrich Rickert)의 《자연과학적 개념구성의 한계》(*Grenzen der naturwissenschaftlichen Begriffsbildung*) 제 2판(1913, 514~523) 중 몇 가지 소견들

· 특히 짐멜(Georg Simmel)의 《역사철학의 제 문제》(*Probleme der Geschichtsphilosophie*) 중 몇 가지 견해들

방법론적 관점에 대해서는, 이미 여러 번 그랬듯이, 나는 여기서도 고틀(Friedrich von Gottl-Ottlilienfeld)이 그의 저서 《말의 지배》(*Die Herrschaft des Wortes*)에서 보여주고 있는 방식을 지적하고자 한다. 비록 그의 저서는 약간 이해하기 어렵게 씌어졌고 군데군데 사고가 철저히 수행되지 않은 곳도 있지만 말이다.

실제 내용상의 주제들에 관련해서는 무엇보다도 퇴니에스(Ferdinand Tönnies)의 훌륭한 저서인 《공동체와 이익사회》(*Gemeinschaft und Gesellschaft*)를 참조하기 바란다. 또한 우리를 잘못된 방향으로 이끌 여지가 큰 슈탐러(Rudolf Stammler)의 저서 《유물사관이 보는 경제와 법》(*Wirtschaft und Recht nach der materialistischen Geschichtsauffassung*) 및 이 논문에 대한 나의 비판을 참조하기 바란다. 나의 비판논문은 《사회과학과 사회정책 논총》(*Archiv für Sozialwissenschaften und Sozialpolitik*) 제 24권(1907)에 게재되어 있다(《과학론 논문집》 제 3판 292쪽 이하에 재수록). 나의 이 비판논문은 여러 면에서 아래 글의 기본논거를 이미 담고 있다.

짐멜이 그의 저서 《사회학》(*Soziologie*)과 《화폐철학》(*Philosophie des Geldes*)에서 보여주고 있는 방식과 나의 방식은 아래와 같은 점에서 서로 다르다. 즉 나는 주관적으로 의도된 '의미'와 객관적으로 타당한 '의미'를 엄격히 구분하고 있는 데 반해 짐멜은 이 두 가지를 항상 구분하고 있지는 않을뿐더러, 빈번히 의도적으로 이 둘을 서로 뒤섞어 놓고 있다.

1. 사회학 및 사회적 행위의 '의미': 개념정의

사회학이라는 용어는 매우 다양한 뜻으로 사용되고 있는데 여기서 우리가 의미하는 사회학을 정의내리자면 아래와 같다. 사회학은 사회적 행위를 해석하면서 이해하고 이를 근거로 사회적 행위의 과정과 그 결과를 인과적으로 설명하려는 학문이다. 우리는 행위자가 자신의 행동을 어떤 주관적인 의미와 결부시킬 경우 이런 행동을 '행위' 라고 부르고자 한다. 이 행동이 외부로 나타나는 행동이든 내면적 행동이든, 단념이든 소극적 묵인이든 여기서는 상관없다. 그런데 행위가 '사회적 행위'가 되기 위해서는 또 하나의 요건이 필요한바, 그 요건이란 행위자가 자신의 행동을 의식적으로 타인들의 행동에 연관 짓고, 이 연관성을 염두에 두고 행동한다는 점이다.

1) 방법론적 기초[1]

(1) 의미 개념

여기서 '의미'란 단수 또는 복수의 행위자가 주관적으로 의도한 의미이다. 그런데 이러한 '주관적으로 의도한 의미'는 두 가지 부류로 나눌 수 있다.

① 실제 주관적으로 의도된 의미. 이것은 다시 두 가지 경우로 나눌 수 있다. ⓐ 어떤 임의의 역사적 경우에서 한 행위자가 실제로 주관적으로 의도한 의미. ⓑ 임의의 다수 사례에서 행위자들이 주관적으로 의도한 평균적 그리고 대략적 의미.

② 단수의 행위자 또는 전형적이라고 상정된 복수의 행위자들이 주

1) 아래 〈방법론적 기초〉에 있는 소제목들은 역자가 독자들의 편의상 붙인 것이다.

관적으로 의도한 의미로서, 이것은 개념적으로 '성된 하나의 순수유형에 표현되어 있는 의미이다.

부연하자면, 여기서 말하는 '의미'란 객관적으로 '옳은' 의미 또는 형이상학적으로 규명된 '진정한' 의미가 아니다. 그리고 이 점이 행위에 대한 경험과학 — 사회학과 역사학 — 과, 자신의 연구대상에서 '올바르고', '타당한' 의미를 찾아내려고 하는 도그마 지향적 모든 학문 — 법학, 논리학, 윤리학, 미학 — 간의 차이이다.

(2) 반사적 행동

의미를 내포한 행위와 단순히(여기서는 이렇게 표현하고자 한다) 반사적인, 즉 주관적으로 의도한 의미를 내포하지 않은 행동 간의 경계는 전적으로 유동적이다. 사회학적으로 중요한 행동들 중 상당 부분은, 특히 순전히 전통적인 행위(아래 참조)는 위 두 가지 유형의 경계 선상에 있다. 심리물리학적 과정에는[2] 유의미한, 다시 말해 이해 가능한 행위가 많은 경우 전혀 존재하지 않으며, 또 설사 존재한다 하더라도 단지 전문가만이 그 의미를 이해할 수 있다. 신비적인, 따라서 말로는 적절히 전달될 수 없는 과정의 경우 그런 유의 체험에 민감하지 않은 사람들은 그것을 완전히 이해할 수는 없다. 이에 반해, 타인이 행한 것과 동일한 행위를 스스로 반복할 수 있는 능력은 타인의 행위를 이해하는 데 필요한 전제조건이 아니다: "시저를 이해하기 위해 우리 스스로가 시저이어야 할 필요는 없다." 완전한 '추체험가능성'은 이해의 명증성을 위해서 중요하기는 하지만, 그러나 의미해석의 절대적 전제조건은 아니다. 흔히, 한 행위과정의 이해 가능한 요소와 이해 불가능한 요소는 서로 뒤섞여 있고 또 결합되어 있다.

---

2) 여기서 심리물리학적 과정이란 물리적 자극강도와 심리적 감각강도 사이의 상호작용과정을 뜻한다.

(3) 해석의 명료성

모든 해석은, 과학 일반이 그러하듯이, '명료성'을 추구한다. 이해의 명료성은 아래와 같은 두 가지 성격을 지닐 수 있다.

① 합리적(더 나아가 논리적 또는 수학적) 성격의 명료성.

② 감정이입과 추체험(즉 정서적, 예술적 민감성)에 기반한 명료성.

행위의 영역에서 합리적으로 명료한 경우란 무엇보다도, 그 행위의 의도된 의미맥락이 남김없이 그리고 투명하게 감성적이 아니라 인지적으로 이해되었을 경우이다. 행위에서 감정이입적으로 명료한 경우란 그 체험된 감정맥락이 완전히 추체험되는 경우이다. 최고도의 합리적 이해가 가능한 경우, 다시 말해 여기서는 직접적으로 그리고 명백하게 인지적으로 그 의미를 파악할 수 있는 경우는 무엇보다 수학적 또는 논리적 판단을 통해 상호 연결되어 있는 의미맥락이다. 예컨대 우리는 누군가가 사고과정 또는 논증과정에서 2×2=4 또는 피타고라스 정리를 사용한다면, 또는 그가 삼단논법 등의 논리적 연결추리를—우리의 사고관행에서 볼 때—'올바르게' 수행한다면, 우리는 그것이 무엇을 의미하는지 아주 명료히 이해한다. 또한 가령 그가 우리에게 '알려진' '경험적 사실들'과 자신의 현재의 목적을 서로 견주어 숙고하고 이 과정을 통해 그가 자신이 사용할 '수단'의 종류에 대해 어떤 결론을 내린다고 치자. 그리고 이 결론이, (우리의 경험으로 미루어 볼 때) 그런 상황에서 명백히 도출되는 결론과 합치하고 또 그가 이런 결론을 자신의 행위에 반영한다고 치자. 이럴 경우 우리는 그의 행위를 위의 수학문제풀이의 경우와 같이 아주 명료히 이해하게 된다. 이런 식의 합리적 성향의 목적행위는—사용된 수단에 대한 우리의 이해에 관한 한—최고도의 명료성을 가지고 있다. 다른 한편, 같은 정도로 명료하게는 아니지만, 그러나 설명에 대한 우리의 욕구 충족에는 충분할 만큼 명료하게 우리는 오류, 즉 우리 스스로도 빠질 수 있는 '오류'('문제의 꼬임'도 포함하여) 또는 그 발생과정이 감정이입적으로 체험될 수 있는 그런 오류를 이해한다. 이에 반해 우리는 한 인간의 행위가, 경험으로 미루어 볼 때, 그 준거로 삼을 수 있는 많은 궁극적 '목적'과 '가치'는 완전히 명료하게 이해하지 못하는 경우가 다반사다. 우리는 이 가치를 경우에 따라서 인지적으로는 파악할 수 있겠지만, 그러나 다른 한편, 상기한 가치와 우리 자신의 궁극적 가치와의 차이가 극단적이면 극단적일수록 그만큼 우리가 이 가치를 감정이입적 상상을 통해 추체험적으로 이해하는 것은 더욱더 어려워진다. 이렇게 되면, 해당 경우의 상황에 따라, 우리는 이 가치를 단지 인지적으로 해석하는 것에 만족해야 하며 또는, 이마저도 성공하지 못한다면, 경우에 따라서는, 심지어 이 가치를 단지 주어진 여건으로 감수하는 수밖에 없다. 그러고는 이 가치에서 인지적으로 최대한 해석해낸 관점들 또는 감정이입적으로 최대한 어림잡아 추체험한 관점들을 중심으로 하여, 상기한 가치에 의해 동기화된 해당행위의 과정을 이해하는 수밖에 없다. 예를 들어, 많은 종교적 대가 그리고 박애(博愛)의 대가의 업적에 대해서 이런 것들에 둔감한 사람은 상기한 방식으로밖에 접근할 수 없으며, 이것은 가령 극단적으로 합리주의적인 광신주의('인권')를 이런 지향에 스스로 근본적 혐오감을 가진 사람이 이해하려고 할 경우 봉착하는 한계이기도 하다. 작동중인 감정들(불안, 분노, 야심, 시기, 질투, 사랑, 열광, 교만, 복수욕, 경건, 헌신, 모든 종류의 탐욕들) 그리고 이 감정들에서 파생되는 (합리적 목적행위의 관점에서 볼 때는) 비합리적인 반응들을 우리는, 우리 자신 이런 감정들을 느낄 수 있는 정도가 크면 클수록 더욱더 명료하게 감정적으로 추체험할 수 있다. 그러나 어쨌든, 설사 이 감정들이 그 정도에 있어서 우리 자신의 체험능력을 완전히 넘어서는 것이라 할지라도 그것들을 의미 차원에서는 감정이입적으로 이해할 수 있으며 이런 감정들이 행위의 방향과 수단에 미치는 영향을 인지적으로 추정할 수 있다.

그런데 유형을 구성하는 과학적 작업에 있어서, 행위에 영향을 주는 모든 비합리적이고 감정적 행동요인들을 가장 명료하게 탐색하고 서술할 수 있는 방법은, 해당행위가 순전히 목적합리적으로 진행되었을 경우를 설정하고 상기한 비합리적 요인들은 이러한 목적합리적 순수유형으로부터의 '일탈'로 보는 것이다. 예를 들어 〈주식시장 공황상태〉를 설명하려고 할 경우 우선, 비합리적인 감정들의 개입이 없었다면 주식시장에서의 행위는 어떻게 진행되었을까를 알아내는 것이 유용하다. 그런 다음 상기 비합리적인 요소들은 '교란요인들'로 해석한다. 이와 마찬가지로 정치적 또는 군사적 행동의 설명에서도 우선 다음과 같은 것을 확인하는 것이 유용할 것이다. 만약 당사자들이 모든 정황 및 상대편의 모든 의도를 알고 있고, 또한 우리에게 타당해 보이는 경험칙에 따라 엄격히 목적합리적으로 수단을 선택했다면 이 정치적 또는 군사적 행동은 어떻게 진행되었을까? 이렇게 했을 때만 우리는, 실제로 진행된 행위가 특정한 비합리성들로 인해 상기한 목적합리적 행위유형으로부터 벗어나게 되었다는 점을 인과적으로 확인할 수 있을 것이다. 다시 말해, 사회학이 위와 같은 경우들에서 엄격히 목적합리적인 행위를 구성하는 것은, 이 구성물이 가진 자명한 이해 가능성과 명확성 — 이것은 합리성의 속성이다 — 때문이며, 사회학은 이런 구성물을 **유형**('이념형')으로서 활용하는바, 이를 통해 사회학자들은 온갖 종류의 비합리성(감정, 오류 등)의 영향을 받는 실제적 행위를, 순수히 합리적인 행동에서 기대할 수 있는 진행경로로부터의 일탈로 이해할 수 있게 되는 것이다.

그런 한에서 그리고 단지 방법론적으로 적절하다는 이유에서만 '이해'사회학의 방법은 '합리주의적'이다. 따라서 상기한 절차를 사회학의 합리주의적 편견의 산물로 보아서는 안 되며, 단지 방법적 수단으로만 이해해야 한다. 다시 말해, 위의 입장을, 합리적인 것이 우리의 삶을 주도한다는 것에 대한 믿음으로 곡해해서는 안 되는 것이다. 왜냐하면 이 방법론적 수단을 사용함에 있어서 우리는, 행위의 목적에 대한 합리적 숙고가 현실에서의 실제적 행동을 얼마만큼 규정하는지에 대해서는 어떤 판단도 해서는 안 되기 때문이다(물론, 부적절한 곳에서 합리주의적인 해석들이 행해질 위험이 있을 수 있다는 점은 부인할 수 없다. 유감스럽게도 모든 경험은 이런 위험이 존재한다는 것을 확인해주고 있다).

(4) 의미가 부재한 현상

의미가 부재한 현상과 대상은 행위를 다루는 모든 과학에 있어서 인간행위의 계기, 결과, 촉진 또는 저지 요소로서 고려의 대상이 된다. '의미 부재'는 '무생물' 또는 '인간외적'인 것과 동일한 것은 아니다. 모든 인조물, 예컨대 '기계'는 인간이 (필시 매우 다양한 목표를 위해〔*Zielrichtung*〕) 이 기계를 제조하고 사용할 때 그것에 부여한(또는 부여하고자 했던) 의미로부터만 해석 가능하고 또 이해 가능하다. 이 의미를 고려하지 않고는 이 기계는 전혀 이해 불가능한 대상으로 남아 있게 될 것이다. 다시 말해, 이 기계에서 이해 가능한 부분은 그것이 인간의 행위와 가진 연관성인바, 그것은 '수단'으로서의 연관성일 수도 있고 '목적'으로서의 연관성일 수도 있다. 단수의 또는 복수의 행위자들은 이 목적을 염두에 두었고 또 이들의 행위는 이 목적에 준거했던 것이다. 기계 같은 인조물에 대한 이해는 단지 이러한 범주들을 통해서 진행될 수 있을 뿐이다. 그에 반해 의도된 뜻이 없는—생물계, 무생물계, 인간외적 세계, 인간세계의—모든 현상 또는 상황은, 이들이 행위에 대한 '수단'과 '목적'의 관계에 들어서지 않고 단지 행위의 계기, 촉진 또는 저지요소에 지나지 않는 한, 의미무관한 채로 남아 있게 된다. 13세기 말(1277년)에 일어난 돌라르 만[3]의 범람은 특정 이주과정을 촉발시켰으며 이것은 상당한 역사적 결과를 초래했는바, 따라서 이 붕괴는 (아마도!) '역사적' 의미를 지니고 있을 것이다. 생명의 점진적 쇠락원칙과 유기적 순환—아이의 무력함에서부터 노인의 무력함까지—은 그 자체로서 당연히 일급의 사회학적 의미를 가지고 있는바, 왜냐하면 인간의 행위는 다양한 방식으로 이런 상황에

3) Dollart: 북해의 만: 독일과 네덜란드 국경 부근의 엠즈 강 하구.

준거하여 왔으며 또 준거하고 있기 때문이다. 이와는 다시금 다른 범주를 형성하는 것은 심리적 또는 심리-생리적 현상들의 진행과정에 대한 이해할 수 없는 경험수칙들이다(피로, 연습, 기억 등 뿐 아니라 가령 특정한 형태의 고행에서 발생하는 전형적인 도취 상태, 〔자극의〕 속도, 종류, 명료성에 따른 반응방식들의 전형적인 차이들 등). 그러나 근본적으로, 위의 상황은 다른 이해 불가능한 현상들의 경우와 같은 성질의 것이다: 즉 현실 속의 행위자가 그렇게 하듯이, 이해사회학자도 이런 현상들을 고려해야 할 '자료'(*Daten*)로 그냥 받아들인다.

그런데 장래의 연구자들이, 현재로서는 의미 내포적 행위로 간주되는 행동에서 이해 불가능한 규칙들도 작용하고 있다는 점을 발견할 가능성은 존재한다. 물론 아직까지는 그럴 상황이 아니지만 말이다. 예를 들어, 사회학은 생물학적 유전질('인종')의 차이를 아래와 같은 전제조건하에, 그리고 이런 전제조건하에서만, 주어진 여건으로 그냥 받아들여야 한다. 즉 유전적 요인이 사회학적으로 중요한 행동양식, 특히 사회적 행위양식에 대해, 사회적 행위의 의미연관성의 성격 차원에서, 영향을 미친다는 것이 통계적으로 설득력 있게 입증된다는 전제조건이 그것이다. 이런 사정은 가령 영양섭취방식 또는 노화가 행위에 미치는 영향과 같은 생리적 사실의 경우에도 전적으로 동일하다. 그리고 이런 요인들의 인과적 의의를 인정한다고 해서 그것이 사회학(그리고 행위에 관한 과학 전반)의 과제, 즉 의미 지향적인 행위를 해석적으로 이해하는 과제를 변화시키는 것은 전혀 아니다. 왜냐하면 사회학은 자신이 이해 가능하도록 해석해낼 수 있는 행위동기맥락의 특정 지점에 단지 이러한 이해 불가능한 사실들을—이런 사실들은 오늘날 이미 확인되고 있다— 삽입만 하면 될 것이기 때문이다. 이런 이해 불가능한 사실의 사례로는 가령 특정한 행위목표의 빈도수 또는 행위의 전형적인 합리성의 정도 등이 두개골 지수, 피부색 또는 어떤 다른 생리적인 유전질과 가지는 전형적인 연관성을 들 수 있을 것이다.

(5) 이해 개념 I

이해는 두 가지 뜻을 가질 수 있다.

① 어떤 행위(여기에는 진술도 포함된다)의 의도된 의미의 즉각적(*aktuelles*) 이해. 예를 들어 우리는 2×2=4라는 문장을 듣거나 읽으면 그것을 즉각적으로 '이해'하며(사고의 합리적인 즉각적 이해), 또는 얼굴표정, 감탄사, 비합리적인 몸동작 등에서 나타나는 분노의 폭발 역시 즉각적으로 '이해'한다(감정의 비합리적인 즉각적 이해). 또는 나무꾼, 문을 닫기 위해 문고리를 잡는 사람, 총으로 동물을 겨냥하는 사람 등의 행동도 우리는 즉각적으로 '이해'한다(행위의 합리적 즉각적 이해). 그러나 이해에는 또 다른 유형이 있는바, 그것은 설명적 이해이다.

② 설명적 이해란 우리가 하나의 행동을 동기의 차원에서 '이해'하는 것이다. 앞서 든 예들을 살펴보자. 2×2=4라는 문장을 말하거나 쓴 사람이 상업적 계산, 학문적 예시, 기술적 계산 또는 다른 어떤 행위를 하고 있는 것을 보면, 우리는 그가 바로 지금 그리고 이런 맥락에서 어떤 의도로 상기한 계산을 수행하고 있는지를 그 동기의 차원에서 이해하게 되는 것이다. 다시 말해 2×2=4라는 문장은, 우리가 이해할 수 있는 의미를 가진 위의 행동들(상업적 계산, 학문적 예시 등) 중 한 특정맥락에 '속하게 되는바', 이로써 이 문장은 우리에게 이해 가능한 의미맥락을 얻게 되는 것이다(합리적 동기이해). 마찬가지로 우리는 나무 패기나 총 조준을 즉각적으로 이해할 뿐 아니라, 나무를 패는 자가 보수를 받고 일하는 것인지 아니면 자신의 필요에 따라 또는 기분전환을 위해(합리적 동기), 아니면 '자신의 흥분상태를 진정시키기 위해' 나무를 패는지(비합리적 동기)를 알게 될 경우 그의 행위를 동기의 차원에서도 이해하게 되는 것이다. 또한 총을 쏘는 자가 명령에 따른 사형집행을 위해 또는 적의 퇴치를 위해 총을 쏘는지(합리적 동기) 아니면 복수를 위해(감정적, 따라서 이런 의미에서는 비합리적 동기) 그렇게 하는지를 알면 우리는 그의 행동을 동기의 차원에서 이해하는 것

이다. 끝으로, 분노가 질투, 상처받은 허영심, 훼손된 명예 등에 근거하고 있다는 것을 알게 되면 우리는 이 분노를 동기의 차원에서 이해하게 되는 것이다(감정에 근거한, 따라서 비합리적 동기의 차원).

상기한 모든 것은 이해 가능한 의미맥락으로서, 이런 맥락의 이해를 우리는 행위의 실질적 과정의 설명이라고 간주한다. 다시 말해, 행위의 의미를 다루는 과학에 있어서 '설명'이란, 즉각적으로 이해 가능한 행위가 — 그 주관적으로 의도된 의미로 볼 때 — 속해 있는 의미맥락을 포착하는 것을 뜻한다(이러한 '설명'의 인과적 의의에 대해서는 아래 6번을 참조). 감정적 현상도 포함하여 이 모든 경우에 있어서, 우리는 상기한 행위들 및 의미맥락에 깔린 주관적 의미를 '의도된' 의미라고 지칭하고자 한다(이 점에서 우리는 통상적 언어관행에서 벗어나는바, 왜냐하면 우리가 여기서 사용하는 '의도하다'라는 용어는 통상적으로 단지 합리적이며 특정 목적을 지향하는 행위에 대해서만 사용되기 때문이다).

(6) 이해 개념 II

위 모든 경우에서 '이해'란 아래와 같은 세 가지 종류의 의미 또는 의미맥락을 해석적으로 파악한다는 뜻이다.

① 개별사례에 있어서 실제로 의도된 의미 또는 의미맥락(역사적 고찰의 경우).

② 평균적인 그리고 대략적인 의미 또는 의미맥락(다수 사례의 사회학적 고찰).

③ 어떤 빈번한 현상의 순수유형(이념형)을 얻기 위해 과학적으로 구성할 ('이념형적') 의미 또는 의미맥락. 예를 들어 경제학적 순수이론이 정립한 개념과 '법칙'은 이러한 이념형적 구성물이다. 이 구성물이 서술하고 있는 바는, 어떻게 한 특정한 성격의 인간행위가, 만약 이 행위가 오류와 감정의 방해를 받지 않고 엄격히 목적합리적 지향을 가지고 있다면, 더 나아가 만약 이 행위가 매우 명료히 단 하나의 목적(경제)만 지향한다면, 어떻게 진행될 것인가 라는 점이다. 실제적 행동은

극히 드문 경우에만 (가령 증권거래의 경우) 그리고 이런 경우에도 예외적으로만, 이념형에서 구성된 대로 진행된다(이러한 구성물의 목적에 대해서는 아래의 나의 논문들 참조: 《사회과학 및 사회정책 논총》(*Archiv für Sozialwissenschaften*) XIX 64쪽 이하. 《과학론 논문집》 190쪽 이하. 그리고 아래 〔11〕번 참조).

모든 해석은 명증성을 추구한다(위의 〔3〕번 참조). 그러나 의미상 아무리 명증한 해석이라 하더라도 그 자체로는, 그리고 명증하다는 이유만으로는 아직 그 해석이 인과적으로 타당한 해석이기도 하다고 주장할 수는 없다. 그것은 항상 그 자체로서는 단지 하나의 특별히 명증한 인과적 가설일 뿐이다. 그 이유는 아래와 같다.

ⓐ 핑계로 내민 '동기'와 '억압'(다시 말해: 자인하지 않은 동기들)은 매우 흔히 바로 행위자 자신에게조차 자신의 행위목표의 진정한 맥락을 은폐한다. 이럴 경우 사회학의 과제는, 이 진정한 맥락을 규명하고 해석적으로 확인하는 것이다. 비록 행위자가 이 맥락을 자신의 실제적 '의도'로 의식하지 못하거나 또는 대부분 적어도 완전히 의식하고 있지는 못하지만 말이다. 이것은 의미해석의 특수한 경우이다.

ⓑ 한 행위의 외적 과정에는, 비록 그것이 우리에게는 '동일한' 또는 '비슷한' 것으로 보일지라도, 단수 또는 복수의 행위자의 지극히 다양한 의향이 깔려있을 수 있다. 우리가 서로 '동일한 성격'이라고 간주하는 상황들에서 사람들이 서로 매우 다른 행위, 그리고 그 의미상 흔히 그야말로 정반대되는 행위를 해도 우리는 이 행위를 '이해'한다(이에 대한 예들은 Simmel의 《역사철학의 제 문제》를 참조).

ⓒ 행동하는 인간은 주어진 상황에서 많은 경우 서로 상반되고 서로 갈등하는 동기들에 노정되는바, 우리는 이 동기들 모두를 '이해한다'. 그러나 '동기갈등'하에 있으며 우리에게는 서로 같은 정도로 납득이 가는 이 다양한 의미연관성들이 상대적으로 얼마나 강하게 해당행위에서 표출되곤 하는지는, 모든 경험으로 미루어 볼 때, 통상 확실하게 평가할 수 없으며 매우 많은 경우 대략적으로도 평가할 수 없다. 동기

갈등의 실제적인 결과만이 이에 대한 정보를 줄 수 있을 것이다. 다시 말해, 납득이 가는 의미해석을 결과, 즉 실제적 행위과정의 결말을 통해 검증하는 것은, 모든 가설에서 그러하듯이, 필수적이다. 이런 검증의 상대적인 정확성은 유감스럽게도 단지 소수의, 그리고 이런 검증에 적합한 매우 특별한 사례들에 대한 심리학적 실험에서만 획득할 수 있다. 또한 통계학이, 수치화가 가능하고 그 인과귀속이 명료한 (역시 소수의) 대중현상에서만 근사치를 〔확보할 수 있는데〕, 이 근사치의 정확도는 지극히 다양하다. 그 외에는, 역사적 삶 또는 일상적 삶 속에서 다른 점에서는 동일한 성격을 가졌지만, 그러나 결정적인 한 가지 관점, 즉 그 실제적 중요성이 확인된 '동기' 또는 '계기'의 관점에서는 서로 상이한 성격을 가진 가능한 한 많은 현상들을 비교하는 수밖에 없다. 그리고 이것은 비교 사회학의 중요한 과제이다. 물론, 〔사회학에서〕 하나의 인과적 귀속을 성취하기 위해서는, 많은 경우 유감스럽게도 '사고(思考)실험'이라는 불확실한 수단을 활용하는 수밖에 없다. 다시 말해, 동기화의 연쇄고리의 몇몇 구성요소들을 없는 것으로 생각하고, 이런 전제하에서 해당 현상의 있을법한 진행과정을 구성하는 수밖에 없다.

예를 들어, 이른바 '그레샴 법칙'이란, 적절한 조건하에서 그리고 순전히 목적합리적으로 행위가 진행된다는 이념형적 전제하에 제시되는 인간행위에 대한 합리적이고 명료한 해석이다. 실제로 사람들이 어느 정도 이 법칙에 맞게 행동하는지는, 특정한 화폐제도하에서 그 때그때 너무 낮게 평가된 주화 종류들이 유통에서 실제로 사라지는 정도에 대한 경험적 결과만이 (원칙적으로는 결국 어떻게든 통계적으로 표현되어야 할 경험적 결과만이) 가르쳐줄 수 있다. 그리고 이 경험적 결과는 실제로 그레샴 법칙이 상당한 타당성을 지니고 있음을 보여준다. 그런데 사실 이 법칙의 인식과정을 들여다보면, 우선은 경험적 관찰들이 있었고, 그 다음 해석이 이루어졌다. 이러한 성공적인 해석이 없다면 우리의 인과적 욕구는 충족되지 못할 것임은 분명하다. 그러나 다른 한편으로, 사고를 통해 규명된—여기서는 규명되었다고 가정하자—행동의 진행이 실제로도 일정 정도 일어난다는 증거가 없으면 그레샴 법칙같이 제아무리 명료한 '법칙'도 실제적 행위의 인식에는 아무런 가치가 없는 구성물에 불과할 것이다. 그레샴 법칙의 경우에는 매우 논리정연하게 의미적합성과 경험적 검증이 일치하고 있으며, 검증도 충분히 확보되었다고 간주할 수 있을 만큼 사례들이 풍부하다. 에두아르트 마이어(Ed. Meyer)의 독창적인 가설에 의하면, 마라톤, 살라미스 그리고 플라타이아이 등의 전투들은 고대 그리스 문화(그리고 이와 함께 서양 문화) 발전의 특수성 형성에 인과적 의미를 지녔다. 이 가설은 의미 차원에서 추론 가능하고 또한 징후적 현상들(가령 그리스 신탁과 예언자들의 페르시아인들에 대한 태도)이 이 가설을 지지한다. 그러나 마이어의 가설을 입증할 수 있는 유일한 길은, 페르시아인들이 (예루살렘, 이집트, 소아시아 등에서) 승리했을 때 보여주었던 태도의 사례들을 검증하는 것뿐인데, 이마저도 여러 관점에서 불완전할 수밖에 없다. 이 가설이 가진 탁월한 합리적 명료성은 이러한 검증과정에서 그나마 하나의 버팀목으로서 활용되어야 한다. 그러나 수많은, 아주 명료하게 보이는 역사적 인과귀속가설에 있어서는, 마이어의 경우에는 그래도 가능했던, 그런 식의 검증가능성마저도 없다. 이럴 경우 그 귀속은 결국 '가설'로만 남게 되는 것이다.

(7) 동기 개념

'동기'란 행위자 자신 또는 관찰자에게 행동의 적절한 '근거'로 보이는 의미맥락이다. 우리는 연관성을 가지고 진행되는 어떤 행동을 아래와 같은 경우에 '의미적합적'인 행동이라 부르고자 한다. 즉 평균적인 사고-및 감정습관을 기준으로 볼 때 그 행동의 구성요소들 간의 관계가 전형적인 (흔히 말하듯 '올바른') 의미맥락이라고 우리가 판단하는 경우만큼 이 행동은 '의미적합적'인 것이다. 그에 반해 서로 연결되는 행위과정들이 경험규칙을 기준으로 볼 때, 실제로 항상 동일한 방식으로 진행될 가능성이 존재하는 경우 우리는 이 행위과정들을 '인과적합적'이라 부르고자 한다. 상기한 의미에서의 의미적합적 행동은, 예를 들어, 한 계산문제를 우리에게 익숙한 계산-또는 사고규범들에 따라 옳게 푸는 것이다. 인과적합적이란, 상기한 계산문제를 오늘날 우리가 익숙한 규범들에서 볼 때 '옳게' 또는 '틀리게'(여기에는 전형적인 '계산실수' 또는 '문제의 꼬임'도 포함된다) 풀 개연성을 뜻하는데, 이 개연성은 그 통계적 빈도수에 있어서는 검증된 경험규칙들에 따라 도출되는 것이다. 다시 말해, 인과적 설명이란, 어떻게든 추정할 수 있는 개연성 규칙—매우 드문 이상적인 경우 수치로 제시될 수 있는 개연성 규칙—에 따라 한 특정한 관찰된 (내적 또는 외적) 과정에 다른 한 특정한 과정이 뒤따라 (또는 그것과 함께) 발생한다는 것을 확인함을 뜻한다.

하나의 구체적인 행위에 대한 올바른 인과적 해석이란, 그 행위의 외적 진행과 동기를 정확하게 인식하고 또한 이 둘의 연관성을 의미 차원에서 이해 가능한 것으로 인식하였다는 것을 뜻한다. 전형적 행위(이해 가능한 행위유형)의 인과적 해석이란, 전형적이라고 제시되는 진행과정이 (어떤 정도이든 간에) 의미적합적으로 보일 뿐 아니라, (어떤 정도이든 간에) 인과적합적인 것으로 확인될 수 있음을 뜻한다. 만약 의미적합성이 결여되어 있다면, 행위의 진행(외적 및 심리적 진행)이 가진 규칙성의 개연성이 제아무리 크고 또 수치상으로 정확히 제시될 수 있다고 하더라도 그것은 어디까지나 이해 불가능한 (또는 단지 불완전하게만 이해된) 통계적 개연성일 뿐이다. 다른 한편, 사회학적 인식에 대한 함의의 관점에서 볼 때는, 제아무리 명료한 의미적합성이라 할지라도 그것이 올바른 인과적 진술이 되기 위해서는 아래와 같은 조건을 갖추어야 한다. 즉 한 행위가 의미적합적으로 보이는 진행방향을 (평균적으로 또는 '명백하게') 실제로 취하는 경향이 있을 개연성에 대한 증거가 제공되어야 한다는 조건. 이 증거는 빈도수 또는 근사치의 제시를 내포할 것이다. 오로지 이러한, 사회적 행위의 이해 가능하고 의도된 의미에 상응하는 통계적 규칙성만이 (여기서 사용되는 의미에서의) 이해 가능한 행위유형, 다시 말해, '사회학적 규칙'이다. 오로지 이러한, 의미 차원에서 이해 가능한 행위의 합리적인 구성물만이 실제적 과정에 대한 사회학적 유형인바, 이 유형들은 현실에서 적어도 그 근사치로는 관찰될 수 있는 것이다.

규명될 수 있는 의미적합성에 비례하여 항상 이 의미적합성에 상응하는 과정의 실제적 빈도수도 증가하는 것은 결코 아니다. 과연 증가하는지 여부는 매 경우마다 외적인 경험만이 보여줄 수 있다. 우리는 의미와는 무관한 현상들(사망률, 피로감 통계, 기계성능 통계, 강우량 통계 등)에 관해 통계치를 가지고 있는 것과 똑같이 의미연관적 현상들에 관해서도 통계치를 가지고 있다. 그러나 사회학적 통계(범죄율 통계, 직업 통계, 가격 통계, 경작 통계 등)는 단지 후자에 관해서만 존재한다(두 가지 다를 포함하고 있는 경우들 — 가령 수확 통계 — 도 흔하다는 것은 두말할 나위도 없다).

(8) 이해 불가능한 현상과 이해사회학

여기서 사용된 이해개념을 기준으로 볼 때는 이해될 수 없는 현상과 규칙성, 그리고 이런 이해 불가능성 때문에 '사회학적 상황' 또는 사회학적 규칙으로 간주되지 않는 현상과 규칙성은 그렇다고 해서 덜 중요한 것이 아님은 물론이다. 이런 현상들은 우리가 여기서 수행하고 있는 바와 같은 사회학(이것은 '이해사회학'에 한정되어 있는바, 이런 한정은 누구에게도 강요되어서는 안 되며 또 강요될 수도 없다)을 위해서도 덜 중요한 것이 아니다. 다만 상기한 이해될 수 없는 상황들은 이해 가능한 행위와는 다른 자리에, 즉 '조건들', '계기들', '억제요인들'의 자리에 들어서게 될 뿐인바, 이것은 사실 방법론상 전적으로 불가피한 일이다.

(9) 개별인간의 행위가 사회학의 대상: 집단개념과 기능주의적 방법의 문제점

우리의 관점에서는, 자신의 행동을 의미 차원에서 이해 가능하도록 조직한다는 뜻에서의 행위란 항상 단수 또는 복수의 개별적 인간의 행동으로서만 존재한다.

다른 종류의 인식목적을 위해서는 인간에 대한 다른 시각이 유용하거나 필요할 수도 있다. 가령 개별인간을 '세포들'의 결합 또는 생화학적인 반응들의 복합체로 보는 시각, 또는 인간의 '심리적' 삶을 개별요소들(이것들을 어떻게 규정하든 간에)로 구성되어 있는 것으로 보는 시각 등이 그러하다. 이를 통해 우리는 분명히 값진 인식(인과규칙)을 얻을 수 있을 것이다. 그러나 우리는 이러한 개별요소들의 동작—이런 동작은 자연과학적 규칙으로 표현된다—을 이해하지는 않는다. 이것은 심리적 요소의 경우에도 마찬가지다. 보다 정확히 말하면, 심리적 요소들이 자연과학적으로 더 정확히 포착되면(*gefasst*) 될수록, 더더욱 이해 가능성은 줄어든다. 즉 심리적 개별요소들의 자연과학적 포착을 통해서는 의도된 의미를 중심으로 한 해석에 결코 도달할 수 없다. 그러나 사회학(여기서 사용되는 뜻에서의 사회학뿐만 아니라 역사학)에 있어서는 바로 행위의 의미맥락이 해석의 대상인 것이다. 생리학적인 단위들의 동작, 가령 세포 또는 다른 어떤 심리적 요소의 동작을 우리는 (적어도 원칙적으로는) 관찰하려고, 또는 관찰을 통해서 규명하려고 시도할 수 있으며, 이들에 대한 규칙('법칙')을 얻을 수 있고 개별과정을 이 규칙을 이용해 인과적으로 '설명'할 수 있는바, 즉 이 규칙에 귀속시킬 수 있다. 그렇지만 행위의 해석에서 우리는 이런 사실들과 규칙들을 다른 여타 상황, 가령 물리학적, 천문학적, 지질학적, 기상학적, 지리학적, 식물학적, 동물학적, 생리학적, 해부학적 상황, 의미무관적인 정신병리학적 상황 또는 기술적 상황이 가진 자연과학적 조건들을 고려하는 만큼만, 그리고 그런 의미에서만 고려할 뿐이다.

그런가 하면, 또 다른 인식목적(가령 법학적) 또는 실천적 목표를 위해서는, 사회적 구성체(예컨대 '국가', '협동조합', '주식회사', '재단' 등)를 (가령 권리와 의무의 담지자 혹은 법적으로 중요한 행위의 수행자로서의) 개별인간을 다루는 것과 똑같은 방식으로 다루는 것이 적절할 뿐 아니라 더 나아가 불가피할 수 있다. 그에 반해 사회학이 채용하는 방법인, 행위의 이해적 해석에 있어서는 상기한 집단적 구성체들은 단지 개별적 인간들의 특정한 행위과정이 상호 연계되어 나타난 결과일 뿐인바, 왜냐하면 사회학자에게는 이러한 개별적 인간들만이 유의미한 지향을 가진 행위의 담지자이기 때문이다. 그럼에도 불구하고 사회학이, 자신의 목적을 위해서도, 다른 분야의 고찰방식이 사용하는 상기한 집단적 사유구성물을 무시할 수 있는 것은 아니다. 왜냐하면 사회학에서 행위의 해석은 그러한 집단개념과 아래와 같은 세 가지 관계를 가지고 있기 때문이다.

① 행위의 해석 자체도 많은 경우, 이해 가능한 전문용어를 얻기 위해서라도, 매우 유사한 (흔히 전적으로 동일하게 표현된) 집단개념을 가지고 작업할 수밖에 없다. 법률언어는 — 일상언어와 마찬가지로 — 가령 '국가'라는 말로 비단 법률개념뿐 아니라, 사회적 행위 중 법 규칙을 적용하고자 하는 대상인 사실적 정황도 표현하고 있다. 따라서 사회학에 있어서 '국가'라는 사실적 정황은 반드시 또는 특히 법적으로 중요한 요소들로만 구성되어 있는 것은 아니다. 아무튼 '행동하는' 집단인격이란 사회학에서는 존재하지 않는다. 사회학이 '국가', '민족', '주식회사', '가족', '군대' 또는 유사한 '구성체'를 언급할 경우, 사회학이 이런 표현들로 의미하는 바는 단지, 개별인간들의 실제적 사회적 행위 또는 가능하다고 상정된 사회적 행위의 특정한 진행과정일 뿐이다. 다시 말해, 사회학은 〔가령 '국가' 같은〕 법학적 개념을 그 엄밀성과 친숙성 때문에 사용하더라도 이 개념에 전혀 다른 의미를 부여하는 것이다.

② 행위의 해석은 아래와 같은 결정적으로 중요한 사실을 고려해야

한다. 일상적 사유 또는 법학적(아니면 다른 어떤 전문적) 사유에서 사용되는 위와 같은 집단개념들은 현실 속의 인간들(판사, 관료 등뿐 아니라 '일반 대중')의 머릿속에 있는 관념들이라는 점, 즉 일부는 실재하는 것, 일부는 당위적으로 타당한 것에 대한 관념들이라는 사실이 그것이다. 현실 속의 인간은 자신의 행위에서 이 관념들을 준거로 삼으며, 이 관념들 자체는 현실 속 인간의 행위가 어떻게 진행되는지에 대해 엄청난, 때로는 결정적인 인과적 의미를 가지는 것이다. 무엇보다도, 당위적으로 타당한 것(내지 타당하지 않은 것)에 대한 관념들이 그러하다(근대 '국가'가 현재와 같은 방식으로, 즉 인간들의 특정한 공동행위의 복합체로 존재하는 것은, 상당 부분, 특정한 인간들이 국가가 존재한다는 또는 존재해야 한다는 관념, 다시 말해 법률에 근거하는 그런 유의 질서체계들이 타당하다는 관념에 준거하여 행동하기 때문이다. 이에 대해서는 후술하겠다). 사회학이 사회학 고유의 전문용어를 창출하기 위해(위의 a항 참조), 일상 언어가 비단 법률상의 당위적 타당성에 대해서만이 아니라 실제적 상황에 대해서도 이미 사용하고 있는 그런 개념들을 완전히 제거하고 전적으로 새로이 구성된 용어들로 대체하려고 한다면, 그것은 가능하기는 하겠지만 극도로 현학적이고 장황한 형태를 띨 것이다. 그리고 적어도 국가라는 중요한 현상에 대해서는 이런 작업마저도 불가능할 것이라는 것은 자명하다.

③ 이른바 '유기체적' 사회학의 방법론(고전적 유형으로는 셰플레〔Schäffle〕의 기지에 찬 저서인 《사회적 신체의 구성과 활동》(*Bau und Leben des sozialen Körpers*, 1875~1878)를 들 수 있다)은 사회적 공동행위를 '전체'(가령 '국민경제')에서 출발하여 설명하고자 한다. 그럴 경우(*dann*) 개개인 및 그의 행동은 이 전체 내에서 해석되는바, 그 해석방식은 가령 생리학이 어떤 신체적 '기관'의 위상을 유기체의 '살림살이'라는 관점(즉 이 유기체의 '생존'이라는 관점)에서 다루는 것과 유사하다(한 생리학자의 아래와 같은 유명한 강의-명언을 참조하라: "제 10장: 비장〔위장의 뒤쪽에 있는 내장〕. 여러분, 비장에 대해 우리는 아무것도 모릅니다. 이로써 비장에

대한 강의는 마치겠습니다." 물론 상기한 생리학자는 비장에 대해 상당히 많은 것을 '알고 있었다'. 가령 비장의 위치, 크기, 형태 등. 다만 그는 그것의 '기능'을 제시할 수 없었는바, 이 무능을 그는 '알지 못한다'라고 표현한 것이다). 다른 분야에서는 '전체'와 '부분들'의 관계에 대한 이런 종류의 기능적 고찰이 어느 정도까지 (부득이하게) 최종적인 방법일 수밖에 없는지라는 문제는 여기서 논의하지 않겠다. 잘 알려진 바와 같이, 생화학적 그리고 생물역학적 고찰은 원칙적으로 이런 방식에 안주하려고 하지 않는다.

해석적 사회학에 대해 이러한 기능적 표현방식이 가진 의미는 아래와 같다.

① 이 방식은 실제적 예시의 목적과 잠정적인 방향설정이라는 목적에는 기여할 수 있다(그리고 이런 역할을 두고 보면 상기 방식은 매우 유용하고 또 필요할 수 있다. 그러나 동시에 그것의 인식가치를 과대평가하고 그릇된 개념실재론에 빠질 경우 이 방식은 지극히 해로울 수도 있다).

② 경우에 따라서는 기능적 고찰방식만이 사회학자들에게, 사회적 행위 가운데 과연 어떤 특정 행위의 해석적 이해가 행위들 간의 연관맥락의 설명을 위해 중요한지를 밝혀내는 작업에 도움을 줄 수 있다. 그러나 바로 이 지점에서 비로소 (우리가 사용하는 의미에서의) 사회학적 작업이 시작되는 것이다. 우리 사회학자들은 ('유기체'를 다루는 경우와는 달리) '사회적 구성체'를 다룸에 있어서 어떤 '자연과학'도 영원히 접근할 수 없는 한 차원을 다룰 수 있다(여기서 자연과학이란 과정과 구조에 대한 인과규칙을 제시하고 개별과정을 이 인과규칙으로 '설명'하는 분야를 뜻한다). 즉 기능적 연관성과 규칙들('법칙들')의 단순한 확인을 넘어서서 관여된 개개인의 행동의 이해라는 차원이 그것이다. 이와는 달리 우리는 가령 세포들의 동작을 '이해'할 수는 없으며 단지 이 동작을 기능적으로 포착하고 그 다음 이 동작의 경과를 규칙에 따라 확인할 수 있을 따름이다. 물론, 해석적 설명이 관찰적 설명에 대해 가진 이러한 추가적 인식능력은 아래와 같은 대가를 치러야 한다. 즉 해석

을 통해 얻게 되는 결과들은 훨씬 더 가설적이고 단편적인 성격을 가지고 있다는 대가. 그러나 그럼에도 불구하고 이 추가적 인식능력이야말로 사회학적 인식의 특성이다.

여기서는 전혀 논외로 할 두 가지 문제가 있다. 즉 한편으로는 동물들의 행동이 우리에게 얼마나 의미상으로 '이해 가능한지' 그리고 다른 한편으로는 그 역의 문제(즉 인간의 행동이 동물들에게 얼마나 이해 가능한지): 이 두 가지 문제 모두 그 의미가 불명확하고 또 그 범위 역시 불확실하다. 따라서 이론적으로 인간과 동물(가축, 야생동물 등)의 관계에 대한 사회학이 얼마나 가능할지 라는 문제 역시 여기서는 논외로 한다(많은 동물은 명령, 분노, 애정, 공격의도를 '이해'하고 이에 대해 적잖은 경우 분명히 전적으로 기계적-본능적으로만 반응하는 것이 아니라 어떻게든 의미를 의식하고 경험에 준거하여 반응하기도 한다). 따지고 보면 '원시인'의 행동에 대한 우리의 감정이입 가능성의 정도도 동물의 경우보다 훨씬 더 크지는 않다. 그러나 우리는 동물에게서 주관적 상황을 확인할 수 있는 확실한 수단은 전혀 가지고 있지 않으며 그나마 있는 수단들도 매우 불충분하다. 주지하다시피 동물심리학의 문제들은 흥미롭기는 하지만 그만큼 또 가시밭길이다. 잘 알려져 있다시피 동물계에는 지극히 다양한 종류의 사회조직이 존재한다: 일부일처 그리고 일부다처 '가족', 가축 무리, 짐승 떼, 끝으로 기능분업적인 '국가'(이러한 동물 사회조직들이 가진 기능분화의 정도가 결코 해당 동물 종의 생물학적 기관의 발전적 분화 또는 외부형태의 발전적 분화 정도와 병행하는 것은 아니다. 가령 흰개미 집단의 기능분화가 그러한 경우이며, 그 결과 흰개미 집단의 도구들은 일반개미와 벌의 경우보다 훨씬 더 분화되어 있다). 이 분야에서 연구자는 매우 많은 경우, 적어도 현재로서는, 순수히 기능적인 고찰을 할 수 있을 뿐이며 또 그것에 만족해야 한다는 것은 자명하다. 여기서 기능적 고찰이란 각 유형별 개체들('왕', '여왕', '노동자', '병사', '무위도식자', '생식전담자', '대리 여왕' 등등)이 해당 동물 사회의 생존을 위해, 즉 식량확보, 방어, 번식, 조직재건 등을 위해 수행하는 필수적인 기능들을 규명해내는 작업이다. 이 범위를 벗어나는 것은 오랫동안 단순히 억측들이었거나 또는 유전질 아니면 환경 중 어느 것이 상기한 '사회적' 기질들의 발전에 어느 정도 관여하고 있는지에 대한 조사였을 뿐이다(특히 바이스만〔August Weissman〕과 괴테〔Alexander Wilhelm Goette〕 간의 논쟁을 참조). 바이스만은 《자연 사육의 전능》(*Allmacht der Naturzüchtung*, 1893)에서 전적으로 비경험적인 연역들에 기반하여 논증하는 경향이 강하다. 그러나 물론, 과학적 연구가 상기한 바와 같은 기능적 인식에 국한되는 상황은 〔현재의 무지로 인한〕 부득이한 상황이고, 바라건대, 일시적인 체념에 불과하다는 점에 대해서는 진지한 연구자들은 모두 전적으로 합의하고 있다(가령 흰개미 연구의 현황에 대한 에셔리히〔Escherich〕의 저서 참조, 1909). 사실 연구자들은 단순히, 상기한 분화된 개별유형의 기능들이 가진 '종 생존에의 기여도'—이것은 비교적 쉽게 파악할 수 있는 부분이다—를 통찰하고 어떻게 이러한 분화가 설명될 수 있는지에 대한 논증만을 원하는 것은 아니다. 이 설명에서 후천적 속성들이 유전된다는 가정을 하지 않든 아니면 반대로 이런 가정을 하든(이 경우 이 가정의 어떤 해석에 근거하든) 상관없이 말이다. 연구자들은 더 나아가 다음과 같은 사항도 알고 싶어 하는 것이다.

① 무엇이 아직 중성적이고 미분화된 원생체가 분화를 시작하도록 결정하는가?

② 무엇이 분화된 개체로 하여금, 분화된 집단의 생존목표에 실제로 기여하는 그런 방식으로 (평균적으로 볼 때) 행동하도록 만드는가?

이 문제들에 대한 연구가 진척이 된 경우를 보면 어디서나 이것은 개별개체에게서 일어나는 화학적 자극 또는 생리학적 과정(영양공급과정, 기생충에 의한 거세 등)의 실험적 입증(내지 추측)을 통해 이루어졌다. 실험을 통해 '심리적' 또는 '의미 차원의' 지향성의 존재를 입증할 수 있게 되리라는 불확실한 희망이 어느 정도 현실성이 있는지에 대해서는 오늘날 심지어 전문가들도 알지 못할 것이다. 위와 같은 사회적 동물개체의 심리에 대해 의미 차원의 '이해'를 기초로 검증 가능한 그림을 얻는다는 것은, 설사 이상적 목표로 설정된다 하더라도, 매우 제한적으로만 성취될 수 있을 것이다. 아무튼 이러한 동물심리의 이해로부터 인간의 사회적 행위에 대한 '이해'를 기대할 수는 없으며, 오히려 역으로 인간행동에 대한 유추해석을 가지고 동물에 대한 이해 작업이 진행되며 또 그래야만 할 것이다. 아마도 이러한 유추해석이 언젠가는 아래와 같은 문제, 즉 인간의 사회적 분화의 초기단계에서 순전히 기계적-본능적 분화 영역의 역할이 다른 두 영역의 역할, 즉 개체를 의미 차원에서 이해할 수 있는 영역과, 더 나아가 의식적이고 합리적으로 창출된 영역의 역할과 비교할 때 어떻게 평가될 수 있는지 라는 문제의 해결에 도움을 줄 수도 있을 것이라고 기대한다. 이해사회학이 당연히 명심해야 할 것은, 다른 동물뿐 아니라 인간의 발전초기에도 기계적-본능적 요소가 전적으로 압도적이었다는 사실이며 또한 이해사회학은 그 이후의 발전단계에서도 이 요소가 항상 함께 관여하고(그것도 결정적으로 중요하게 관여하고) 있다는 사실을 늘 의식해야 할 것이다. 모든 전통적 행위와(제 3장 참조)[4], '카리스마' 현상의 상당 부분—카리스마는 심리적 '전념'의 씨앗이며 따라서 사회학적 '발전유발'의 담지자이다—은 상기한 바와 같은 순전히 생물학적으로만 이해할 수 있는 과정들, 따라서 이해의 방법으로는 전혀 해석할 수 없으며 그 동기도 설명할 수 없거나 아니면 극히 단편적으로만 이해하고 설명할 수 있는 과정들에, 그 경계가 불분명할 만큼 매우 근접하고 있는 것이다. 그러나 이 모든 것이 이해사회학을 자신의 과업, 즉 자신이 갇혀 있는 좁은 경계선을 의식하면서도 이해사회학만이 성취할 수 있는 것을 성취해야 하는 과업으로부터 면책시켜 주는 것은 아니다.

오트마르 슈판(Othmar Spann)의 다양한 저작에는 좋은 발상이 풍부

4) 이 역서에는 포함되지 않은 《경제와 사회》 제 3장 〈지배유형론〉.

한 경우도 많지만 다른 한편 간혹 잘못된 견해들도 있으며 무엇보다도 경험적 조사에는 어울리지 않는 순수한 가치판단에 근거한 논증들도 있다. 그런데 슈판은 그의 저작들에서 어떤 종류의 사회학에서든 사전에 기능에 관해 문제를 제기하는 것(그는 이것을 '보편주의적 방법'이라고 부른다)이 중요하다는 점을 강조하고 있는바, 이런 강조는 분명히 옳으며 사실 모두가 이에 기꺼이 동의할 것이다. 그도 그럴 것이 우리는 우선 아래와 같은 사항을 알아야 하기 때문이다. 즉 어떤 행위가 기능적으로, 다시 말해 '생존'의 관점(그러나 더 나아가 그리고 무엇보다도 문화적 특수성의 보존이라는 관점!)에서 중요한가, 그리고 한 사회적 행위유형이 특정방향으로 계속 발전하도록 하기 위해서는 어떤 행위가 중요한가를 알아야 하는 것이다. 그래야 비로소 우리는, "상기한 행위는 어떻게 이루어지는가?", "어떤 동기들이 그 행위를 규정하고 있는가?" 같은 질문을 던질 수 있는 것이다. 다시 말해, 우리는 우선 '왕', '관료', '기업가', '포주', '마술사'가 무엇을 성취해내는지, 즉 이들의 어떤 전형적인 '행위'(당연히 이 행위만이 이들을 상기한 범주 중 어느 하나에 귀속시킨다)가 분석을 위해 중요하고 고려대상이 되는지를 알아야 비로소 이 분석에 착수할 수 있는 것이다(이것이 리케르트가 말하는 '가치연관성'의 의미이다). 그런데 이러한 분석이야말로, 특징 있게 세분화된 개개 인간의 행위에 대한 사회학적 이해가 성취할 수 있고(그리고 이것은 인간의 경우에서만 가능하다) 또 마땅히 성취해야만 할 바이다. 아무튼, 마치 '개인주의적' 방법이 (그 어떤 가능한 의미에서건) 개인주의에 대한 긍정적 가치평가를 의미한다는 엄청난 오해는 불식되어야 한다. 이에 못지않게 배척되어야 할 견해는, 개인주의적 방법에서 개념구성이 불가피하게 (상대적으로) 합리주의적 성격을 가졌다고 해서 개인주의적 방법론은 합리적인 동기들이 현실에서 지배적이라고 믿고 있으며 또는 심지어 '합리주의'에 대한 긍정적 가치평가를 내리고 있다는 잘못된 견해이다. 우리는 사회주의적 경제도 사회학적으로는 '개인주의적'으로 해석하고 이해해야 할 것이다. 즉 개개인—사회주의 경제에서 등장하는 전형적 '관료'들—의 행위로부터 해석하고 이해해야 할 것이다. 이것은 한계효용이론(또는 앞으로 발견될, 이 이론보다 '더 나은', 그러나 행위로부터의 이해라는 이 관점에서는 유사한 방법)이 교역과정을 개인주의적으로 해석하는 것과 전혀 다를 바 없다. 왜냐하면 사회주의 경제의 분석에서도 결정적인 경험적-사회학적 작업은 아래와 같은 질문과 함께 비로소 시작하기 때문이다. 즉 어떤 동기들이 개개 관료 및 이 '공동체' 구성원들로 하여금 사회주의 경제가 발생하고 또 계속 존속할 수 있게 하는 그런 방식으로 행동하도록 하였고 또 하고 있는가? 모든 기능주의적(즉 '전체'에서 출발하는) 개념구성은 단지 이 문제에 대한 예비작업을 수행할 뿐이다. 물론 이러한 예비작업의 유용성과 필요불가결성은—만약 이 작업을 옳게만 수행한다면—전혀 이론의 여지가 없지만 말이다.

(10) 심리학과 이해사회학

'법칙'은—우리는 이해사회학의 많은 명제들을 이렇게 부르는 데 익숙해 있는바, 가령 그레샴 '법칙'이 그 한 예이다—관찰을 통해 입증된 전형적 개연성을 표현하고 있는바, 이것은 한 사회적 행위가 특정한 상황하에서 취할 수 있는, 예상 가능한 진행과정의 개연성이다. 이 개연성은 행위자들의 전형적인 동기와 이들이 전형적으로 행위에 부여하는 의미를 두고 볼 때 이해가 되는 개연성이다. 이 법칙들이 최고도의 이해 가능성과 명료성을 가지게 되는 것은 아래와 같은 두 가지 조건을 갖추었을 경우이다. 첫째, 전형적 진행과정을 보이는 행위가 순전히 목적합리적인 동기에 의해 인도될 경우(또는 편의상 목적합리적 동기를 우리가 방법적으로 구성하는 행위 유형의 기초로 삼을 경우). 둘째, 이 맥락에서 수단과 목적의 관계가 경험규칙에 비추어 볼 때 분명할 경우('불가피한' 수단이라는 상황이 그러할 것이다). 이럴 경우 다음과 같은 명제가 허용될 수 있다. 즉 만약 행위자가 엄격히 목적합리적으로 행동한다고 가정한다면, 그는 선택의 여지없이 이렇게 행동할 수밖에 없을 것이라는 명제(왜냐하면 그는—자신이 명료히 제시할 수 있는 —그런 목적을 달성하기 위해서는 '기술적' 이유에서 이 수단만을 사용할 수 있으며 다른 어떤 수단도 사용할 수 없기 때문이다). 그러나 동시에 바로 이 경우가 보여주는 바는, '심리학'—이것이 어떤 부류이든 간에—을 이해사회학의 가장 궁극적 '기초'로 간주하는 견해가 얼마나 큰 오류인지 하는 점이다. 물론 오늘날 심리학이 무엇인지에 대해서는 각양각색의 견해가 있다. 매우 특정한 방법론적 목적을 추구할 경우에는 어떤 현상의 자연과학적 분석을 위해 '물리적인 것'과 '심리적인 것'을 분리하는 것이 당연하지만, 이런 의미에서의 분리는 행위에 관한 학문분야에서는 생소한 것이다. 정말 오로지 자연과학적 방법을 통해서만 파악할 수 있는 그런 '심리적인 것'을 자연과학적 수단으로 탐구하는 심리학은, 인간의 행동을 그것의 의도된 의미를 중심으로 해석하는 학문과는 전혀 다른, 즉 의미문제를 다루지 않는 학문이다. 그렇지만 이런 심리학—그것이 방법론적으로 어떤 성격의 것이든 상관없다—의 연구결과들은, 물론 다른 어떤 학문의 연구결과와 마찬가지로, 경우에 따라서는 사회학적 인식을 위해 중요할 수 있으며 그리고 흔히 고도의 중요성을 가지고 있다. 그러나 사회학이 이런 종류의 심리학에 대해 다른 모든 학문분야들에 비해 일반적으로 조금이라도 더 가까운 관계를 가지고 있는 것은 아니다. 이런 사실에 대한 오해의 근원은 '심리적인 것'이라는 개념에 놓여 있다. '물리적인 것'이 아닌 것은 '심리적인 것'이라는 오해 말이다. 그러나 어떤 계산문제에 대해 그 행위자가 부여하는 의미는 '심리적'인 것이 아니지 않는가? 어떤 사람이, 주어진 특정한 이해관계에 따라서 한 특정한 행위가 자신이 기대하고 있는 결과획득에 유리한 것인지 아닌지를 합리적으로 숙고하는 행위 그리고 이 숙고의 결과에 따라 그가 내린 결정 등을 우리는 '심리학적인' 성찰을 통해서는 추호도 더 쉽게 이해할 수 있게 되는 것은 아니다. 그러나 사회학은 (경제학도 포함하여) 바로 이러한 합리적 전제조건들 위에 사회학적 '법칙'의 대부분을 구축하는 것이다. 그에 반해 행위의 '비합리성들'에 대한 사회학적 설명에서는 실제로 이해심리학이 분명 결정적으로 중요한 기여를 할 수 있을 것이다. 그러나 이 사실은 상기한 방법론적 기본상황에는 어떤 영향도 미치지 않는다.

(11) 유형 구성과 사회학: 이념형론

사회학은—이미 여러 차례 자명한 것으로 전제하였듯이—유형개념을 구성하고 사회과정의 일반적 규칙을 탐색한다(*suchen*). 이 점이, 문화적으로 중요한 개별적 행위, 제도 그리고 인물에 대한 인과적 분석과 귀속을 지향하는 역사학과는 다른 점이다. 사회학은 개념구성에서 자신의 자료를, 비록 결코 전적으로는 아니지만 상당 부분, 역사학의 관점에서도 중요한 행위들의 실제 상황에서 취하여 범례로 활용한다. 사회학은 이 실제 상황들에 대해 개념을 구성하고 그들의 규칙성을 탐색하는 데 있어서, 이 작업이 문화적으로 중요한 현상의 역사적 인과적 귀속에 기여할 수 있는지 라는 관점도 함께 고려한다. 그런데 모든 일반화하는 과학에서 그러하듯이, 사회학적 추상화의 특성이 낳는 결과는, 그 개념들이 역사적 현상의 구체적인 실상에 비해 상대적으로 그 내용이 빈약할 수밖에 없다는 점이다. 이런 결핍에 대해 사회학이 그 대신 제공해줄 수 있는 것은 개념들의 더 증가된 명료성이다. 이러한 증가된 명료성은 사회학적 개념구성이 지향하는 바인 의미적합성의 최적화를 통해 달성된다. 의미적합성의 최적화는—지금까지 중점적으로 고찰해 온 바대로—합리적(가치-또는 목적합리적) 개념 및 규칙에서 특히 완벽하게 성취될 수 있다. 그러나 사회학은 비합리적(신비적, 예언적, 성령적, 감정적) 현상도 이론적 개념으로, 보다 정확히 말하면 의미적합적인 개념으로 포착하고자 한다. 합리적 그리고 비합리적 경우들에 대한 이 모든 개념구성에 있어서 사회학은 현실로부터 멀어지지만, 그러나 동시에 현실의 인식에 기여한다. 왜냐하면 사회학은 역사적 현상이 상기한 형태의 사회학적 개념들 중 어느 하나 또는 여러 개에 얼마나 근접하는지를 제시함으로써 이 현상이 분류될 수 있도록 하기 때문이다. 예컨대 동일한 역사적 현상은 그 구성요소의 일부분에서는 '봉건적', 다른 부분에서는 '가산제적', 또 다른 부분에서는 '관료제적', 그리고 또 다른 부분에서는 '카리스마적' 성격을 가지고 있을 수 있다. 그런데 이런 용어들이 명료한 뜻을 가질 수 있도록 하기 위해, 사회학은 그 자신 상기한 종류의 현상들에 대해 '순수한' ('이념')유형들을 개발하는바, 이 유형들은 각각 내부적으로 가능한 한 완벽한 의미적합성의 일관된 통일체를 이루고 있다. 그러나 이 유형들은 바로 그렇기 때문에 이러한 절대적 이념적 순수형태로는 아마도 현실 속에서는 등장하지 않을 것인바, 이것은 절대적 진공을 전제로 하여 계산된 물리적 반응이 현실에서는 등장하지 않는 것과 똑같다. 사회학의 이론적 개념을 구체적 현실에 적용하는 길은 이러한 순수한 ('이념')유형을 중심으로 해서만 가능하다. 물론 사회학이 경우에 따라서, 경험적 통계적 유형과 같은 평균유형 — 이런 유형은 특별히 방법론적 설명도 필요 없을 것이다 — 을 사용한다는 것은 자명하다. 그러나 사회학이 '전형적' 사례들을 거론할 경우 사회학이 의미하는 바는 — 만약 이것이 명확치 않다면 — 항상 이념형이다. 이념형은 그 자체 합리적일 수도 비합리적일 수도 있지만, 대부분 (가령 국민경제학에서는 항상) 합리적이며, 어쨌든 항상 의미적합적으로 구성되어 있다.

사회학 분야에서는 '평균치' 그리고 '평균유형'은 아래와 같은 경우에만 어느 정도 명료하게 구성될 수 있음을 분명히 알아야 한다. 즉 질적으로 동질적이지만 단지 정도의 차이만이 존재하는 의미내포적 행동들의 경우가 그것이다. 그런 경우가 존재하기는 한다. 그러나 역사적으로나 사회학적으로 중요한 행위는 대부분 질적으로 이질적인 동기들에 의해 영향 받은 것이며, 이러한 이질적 동기들 사이에서 하나의 진정한 의미에서의 '평균'을 산출해낼 수는 없는 것이다. 따라서 가령 사회적 행위에 대해 경제이론이 구성하는 이념형들은 '비현실적'인바,

왜냐하면 이 이념형들이 일관되게 던지는 질문은, 만약 이상적 목적합리성, 그것도 순전히 경제적 지향을 가진 목적합리성을 전제할 경우 사람들은 어떻게 행동할 것인가 라는 것이기 때문이다. 물론 현실적 행위에서는, 목적합리적 동기 이외에도, 전통의 제약, 감정, 오류, 경제외적 목적이나 배려사항의 작용 등의 요인들이 적어도 함께 영향을 미친다. 이런 현실적 행위에 상기한 바와 같은 이념형을 적용함으로써 우리는 두 가지 성과를 얻을 수 있다: ① 한 구체적 경우에 있어서 현실적 행위가 실제로 어느 정도 경제적 목적합리성에 의해 함께 규정되어 있는지 또는 — 평균적으로 — 규정되는 경향이 있는지를 확인하고 이를 통해 이 행위의 경제적 합리성의 정도를 이해할 수 있게 되는 성과를 얻는다. ② 또한, 이 행위의 실제적 경과와 이념형적 경과 간의 바로 그 거리를 통해 이 행위의 진정한 비경제적 동기의 인식을 용이하게 하는 성과를 얻는다. 이와 전적으로 상응하는 방식으로 우리는 삶의 현실(가령 정치 그리고 경제)에 대한 일관된, 신비적이고 무관심한 태도를 이념형으로 구성할 수 있을 것이다. 이념형의 구성이 엄밀하고 명료하면 할수록, 다시 말해 이런 의미에서 현실과 동떨어지면 질수록 이념형은 그 기능을 더욱더 잘 수행하게 된다. 이것은 전문용어의 차원, 분류의 차원 및 가설 정립의 차원 모두에서 그러하다. 역사학자가 수행하는 개별 사건의 구체적 인과적 귀속도 본질적으로 위와 같은 방식으로 진행되는 것이다. 예컨대, 역사학자가 1866년의 전투를 설명하기 위해 수행하는 작업을 보자. 역사학자는 우선 양 진영의 사령관인 몰트케(Moltke)와 베네덱(Benedek)에 대해 (사고실험을 통해) 아래와 같은 점을 밝혀낸다(역사학자는 이 작업을 반드시 해야 한다). 즉 두 사령관 각각이 자신의 상황과 적수의 상황을 완벽하게 인식하고 있었다고 전제하고 또한 최상의 목적합리성을 전제할 경우에는 그들 각각이 어떤 조치를 취했을 수 있을 것인가? 이 작업을 바탕으로 역사학자는 이제 실제로 각 진영에서 어떤 조치들이 취해졌는지를 서로 비교하며 그 다음 이 과정에서 관찰된 실제 행위와 이념형

간의 바로 그 거리(이 거리는 잘못된 정보, 실제로 범한 오류, 사고오류, 개인적 기질 또는 전략외적인 고려 등에 의해 야기되었을 수 있다)를 인과적으로 설명하게 된다. 여기서도 (잠재적으로) 하나의 이념형적 목적합리적 도식이 사용된 것이다.

그러나 사회학이 구성하는 개념들은 외적으로만 이념형적인 것이 아니라 내적으로 그러하다. 현실적 행위는 대부분 행위자가 그 '의도된 의미'를 희미하게 대충 의식하거나 또는 의식하지 못하는 가운데 진행된다. 행위자는 이 의미를 알고 있거나 '분명히 인식하고' 있다기보다는 오히려 '느끼고' 있으며 대부분의 경우 충동적으로나 습관적으로 행동한다. 그는 그저 어쩌다 행위의 의미를 의식적으로 떠올릴 뿐이며, 그리고 다수가 동일한 성격의 행동을 할 경우에는 흔히 그 중 몇몇만이 그 행동의 (합리적 또는 비합리적) 의미를 의식적으로 떠올릴 뿐이다. 정말로 완전히 의식적이며 명료하게 의미자각적인 행위는 현실에서는 단지 특수한 경우일 뿐이다. 모든 역사적 그리고 사회학적 고찰은 현실의 분석에서 항상 이 사실을 고려해야 할 것이다. 그러나 사회학은 이런 사실에도 불구하고, 마치 행위가 실제로 의식적 의미지향적으로 진행되는 듯 전제하고 이 행위의 가능한 '의도된 의미'의 분류를 통해 자신의 개념들을 구성해야 할 것이다. 사회학은, 현실을 그 구체성의 차원에서 고찰할 때는 항상 사회학적 개념과 현실과의 거리를 고려하고 이 거리의 정도와 성격을 확인해야 한다.

사실 우리는 방법론상으로 매우 흔히 둘 중 하나를 선택할 수밖에 없다. 즉 불명료한 개념들 아니면 명료하지만 그 대신 비현실적이고 '이념형적인' 개념들. 이런 선택상황에 직면할 경우 우리는 과학을 위해서는 후자를 선호해야 할 것이다(이 모든 문제에 대해서는 《사회과학 및 사회정책 논총》 XIX에 실린 〈사회과학적 그리고 사회정책적 인식의 객관성〉 그리고 위의 〈이해〉 관련 6번 항 참조).

2) 사회적 행위 개념

(1) 사회적 행위(여기에는 단념 또는 묵인도 포함된다)는 타인의 과거와 현재의 행동 또는 미래에 예상되는 행동에 준거할 수 있다(예컨대 과거의 공격에 대한 복수, 현재의 공격에 대한 대응, 미래의 공격에 대한 방어조치 등). 여기서 '타인'은 개별인간일 수도, 지인일 수도 있으며 또는 불특정 다수 그리고 전혀 미지의 사람들일 수도 있다(가령 '화폐'는 교환재를 의미하는데, 행위자가 '화폐'를 받는 이유는, 수많은 미지의 불특정 타인들도 그들의 교환행위에서 화폐를 받을 용의가 있을 것이라는 기대에 그가 자신의 행위를 준거하고 있기 때문이다).

(2) 모든 종류의 행위(대외적 행위일지라도)가 여기서 견지하는 의미에서의 '사회적' 행위인 것은 아니다. 가령 단지 물적 대상들의 동작에 대한 기대에 준거하여 행해지는 대외적 행위는 사회적 행위가 아니다. 내면적 행동은 그것이 타인들의 행동에 준거할 때만 사회적 행위다. 가령 종교적 행동은 그것이 명상이나 고독한 기도 등에 머무를 경우 사회적 행위가 아니다. (한 개인의) 경제활동은 그것이 제 3자의 행동도 함께 고려할 경우, 그리고 이럴 경우에만 사회적 행위이다. 물론 매우 일반적이고 형식적인 관점에서 보자면: 위의 경제활동이, 경제적 재화에 대한 행위자 자신의 실질적인 처분권을 제 3자가 존중할 것이라는 것을 염두에 두고 행해지기만 해도 이 경제활동은 사회적 행위가 된다. 실질적인 관점에서 보면, 가령 소비에 있어서 제 3자의 미래의 수요도 함께 고려하고 자신의 '절약'방식을 그런 고려에 준거시킬 때 이 경제활동은 사회적 행위가 된다. 또는 이 경제활동이 생산에 있어서 제 3자의 미래의 수요를 자신의 판단의 기초로 삼을 때 이것은 사회적 행위가 된다.

(3) 사람들 간에 일어나는 모든 종류의 접촉이 사회적 성격을 가지는 것은 아니며, 단지 타인의 행동에 의식적으로 지향된 독자적 행동

만이 사회적 성격을 가진다. 자전거를 타는 두 사람이 부딪쳤을 경우 이것은 단지 자연현상과 같은 하나의 사건일 뿐이다. 그러나 상대편을 피하려는 서로의 시도, 그리고 충돌 이후 일어나는 욕지거리, 몸싸움 또는 평화적 상황설명 등은 '사회적 행위'이다.

(4) 사회적 행위는 ① 다수 사람들의 균일한 행위와 동일한 것은 아니며 또한 ② 타인의 행동에 의해 영향을 받은 행위가 모두 사회적 행위인 것은 아니다.

①에 대하여: 비가 오자 거리에서 많은 사람들이 동시에 우산을 펼친다면, 이것은 (통상적으로) 한 사람의 행위가 다른 사람의 행위에 준거하는 것이 아니라, 젖는 것을 피하고자 하는 욕구에 모두의 행위가 똑같이 준거하는 것이다.

②에 대하여: 잘 알려져 있다시피, 개인의 행위는 그가 공간적으로 밀집된 '군중' 가운데 있다는 사실 그 자체에 의해 강한 영향을 받는다 (이 현상은 '군중심리학'의 연구대상으로서, 가령 르 봉(Le Bon)의 저작들이 이런 문제를 다루고 있다). 이와 같은 행위는 군중에 의해 규정된 행위이다. 그리고 분산된 대중도 (가령 언론을 통해) 동시적 또는 연속적으로 개인의 행동에 영향을 미치거나 또는 다수가 그 영향을 느끼게 할 수 있고 이를 통해 개개인의 행동은 군중의 영향력하에 놓일 수 있다. 특정한 종류의 반응은, 개인이 '군중'의 일부라고 느낀다는 사실 그 자체로 인해 비로소 가능해지기도 하고, 또 어떤 종류의 반응은 이로 인해 오히려 저해되기도 한다. 그 결과, 한 특정한 사건이나 인간의 행동은, 혼자 있을 경우 일어나지 않았을 (또는 그렇게 쉽게는 일어나지 않았을) 매우 다양한 종류의 감정, 가령 유쾌함, 분노, 열광, 절망 그리고 모든 종류의 정열을 불러일으킬 수 있다. 그러나 이런 유의 감정유발에서는 개개인의 행동과 그가 처한 군중상황 간에 어떠한 의미 있는 관계도 (적어도 많은 경우에) 존재하지 않는다. 이런 식으로, 단순히 '군중' 상황이라는 사실 그 자체의 영향을 통해 반사적으로 그

진행과정이 야기되거나 또는 부분적으로 야기되었을 뿐인 행위, 즉 위의 상황을 어떤 의미와 연관 짓지는 않는 행위는 개념상으로 여기서 견지되는 의미에서의 '사회적 행위'는 아니다. 물론 그 차이는 지극히 유동적이다. 왜냐하면 비단 예컨대, 선동가에게만이 아니라 흔히 그의 대규모 청중 자체에게도 '군중'이라는 상황은 의미와 연관되어 있을 수 있기 때문이다. 물론 이 의미연관성은 그 정도가 다양할 수 있고 또 다양하게 해석될 수 있을 것이지만 말이다.

더 나아가 타인의 행동의 단순한 '모방'(이것의 중요성을 타르드〔G. Tarde〕는 강조하고 있는데 이는 적절하다)은 개념적으로, 만약 그것이 단순히 반사적으로 수행된다면, 즉 자신의 행동을 타인의 행동에 어떤 의미를 의식하며 준거시키지 않은 채 수행된다면, 전형적 '사회적 행위'라고 볼 수는 없다. 물론 이 경계는 너무나 유동적이라 그 구분은 흔히 거의 불가능해 보인다. 그러나 누군가가 타인에게서 알게 된 어떤 조치가 적절하다고 여겨 이제 스스로도 그런 조치를 취한다는 단순한 사실 그 자체는 우리가 의미하는 바의 사회적 행위는 아니다. 이 행위는 타인의 행동 그 자체에 준거하는 것이 아니다. 이 행위자는 단지 타인의 행동의 관찰을 통해 특정한 객관적 기회를 알게 되었고 그는 이 기회에 준거하는 것이다. 그의 행위는 인과적으로 타인의 행동에 의해 규정된 것이지 의미 차원에서 규정된 것은 아니다. 그에 반해 누군가가 타인의 행위를, 예컨대 그것이 '유행'이거나, 전통적이거나 모범적이거나 또는 신분상 '품위 있는' 것으로 간주되기 때문에 또는 유사한 이유에서 모방한다면, 이 경우에는 의미연관성이 존재한다. 이것은 모방된 자의 행동 또는 제3자의 행동 아니면 이 둘 모두의 행동과 맺는 의미연관성일 수 있다. 물론 이 두 가지 모방유형 사이에는 중간형태들이 있다. 앞서 언급한 군중규정성과 모방이라는 두 가지 현상은 고정적인 것이 아니며 사회적 행위의 경계선상에 있는 경우들인바, 우리는 이들을 예컨대 전통적 행위(제2절 참조)에서 자주 만나게 될 것이다. 두 현상이 유동적인 이유는, 다른 경우에서나 마찬가지로 여기서도, 타인의 행동에 준거하는지 그리고 행위의 의미가 무엇인지 등은 결코 항상 명확히 확인될 수 있는 것이 아니며, 게다가 의식되지도 않는 경우가 흔하며, 완벽히 의식되는 경우는 더욱더 드물기 때문이다. 타인의 행위가 단순히 '영향력을 행사'하는 것과, 본인의 행위를 타인의 행위에 의식적으로 '준거'하는 것은 이런 이유에서도 항상 확실하게 구분할 수가 없다. 그러나 개념적으로 이 둘은 서로 구분되어야 한다. 비록 순전히 '반사적'인 모방일지라도, 이것이 지니는 사회학적 함의는 본래적 의미에서의 '사회적 행위'에 속하는 모방에 적어도 버금가는 것임은 당연지사이지만 말이다. 여하튼 사회학이 전적으로 '사회적 행위'만을 대상으로 하고 있는 것은 아니며, 사회적 행위는 단지 (여기서 우리가 추진하고 있는 종류의 사회학을 위해서는) 중심적 구성요건, 즉 과학으로서의 사회학의 말하자면 성립근거를 이루는 사안일 뿐이다. 그러나 이 말이, 상기한 구성요건이 다른 구성요건들에 비해 더 중요하다는 주장을 담고 있는 것은 결코 아니다.

2. 사회적 행위를 규정하는 요인

모든 행위가 그러하듯이 사회적 행위 역시 아래와 같은 네 가지 유형의 요인에 의해 규정될 수 있다.

(1) 목적합리적으로 규정된 행위. 이 경우 행위자는 외부세계의 물적 대상의 반응 및 타인의 행동에 대해 일정한 예상을 하고, 이 예상을 자신이 성공을 염두에 두고 합리적으로 추구하는, 그리고 신중히 검토한 행위목적의 '조건' 또는 '수단'으로 활용한다.
(2) 가치합리적으로 규정된 행위. 이 경우 행위자는 자신의 행위가 순전히 그 자체로서, 그리고 성공여부와는 무관하게 절대적 고유가치 — 윤리적, 심미적, 종교적 또는 다른 어떤 성격의 고유가치 — 를 가졌다고 의식적으로 믿으며 행동한다.
(3) 정서적으로, 특히 감정적으로 규정된 행위: 그때그때의 격정과 감정상태에 의해 규정된 행위.
(4) 전통적으로 규정된 행위: 몸에 익은 습관을 통해 규정된 행위.

1) 엄격히 전통적인 행위는 — 순전히 반사적인 모방과 똑같이(앞 장 참조) — 우리가 '의미'에 준거하는 행위라고 부를 수 있는 것의 바로 그 경계선상에 있으며 흔히 그 경계선 너머에 있다. 왜냐하면 엄격히 전통적인 행위는, 익숙한 자극들에 대해 이미 습관화된 태도로 둔감하게 반응하는 것에 지나지 않는 경우가 흔하기 때문이다. 모든 습관적 일상행위의 대다수가 이 유형에 근접한다. 이 유형을 여기서 시도하는 행위분류체계에 포함시키는 이유는 비단 이 유형이 상기한 의미에서의 경계선상에 있기 때문만이 아니라, (후술하겠지만) 익숙한 것에 대한 집착은 다양한 정도와 의미에서 의식적으로 유지될 수 있기 때문이다.

이럴 경우 이 행위유형은 위에서 두 번째로 제시한 유형인 가치합리적 행위에 접근한다.

2) 엄격한 의미에서의 감성적 행동은 전통적 행위와 마찬가지로 의식적으로 '의미'에 준거하는 행위의 경계선상에 있거나 흔히 그 너머에 있다. 감성적 행동은 비일상적 자극에 대한 통제되지 않은 반응일 수 있다. 그러나 감성적으로 야기된 행위가 감정상황의 의식적인 방출로 나타날 경우, 이 행위는 승화된 행위가 된다. 이 경우 감성적 행위는 대부분 (항상 그런 것은 아니지만) 이미 '가치합리화' 또는 목적행위, 또는 둘 다의 길로 들어선 것이다.

3) 행위의 감성적 지향과 가치합리적 지향 간의 차이는, 후자에 있어서는 행위자가 자신의 행위의 궁극적인 방향을 의식적으로 분명히 하고 이 방향에 일관되고 계획적으로 준거한다는 점이다. 그 외에 이 두 행위유형은 공통점도 가지고 있다: 즉 행위의 의미가 두 경우 모두 특정한 성격의 행위 그 자체에 있지, 이 행위 너머의 결과에 있는 것이 아니라는 점이다. 따라서 감성적으로 행동하는 사람이란, 그때그때의 복수심, 쾌락, 탐닉, 명상적 열락 등등에 대한 욕구, 또는 그때그때의 격정(이것이 얼마나 조야하거나 숭고하든지 간에)의 발산욕구를 충족시키는 자이다.

순전히 가치합리적으로 행동하는 사람이란, 예견할 수 있는 결과에 대한 고려 없이, 의무, 명예, 아름다움, 종교적 지침, 외경 또는—그 어떤 성격의 과제이든—'과제'의 중대함이 그에게 명하고 있는 것에 대한 확신에서 행동하는 자이다. 우리의 개념이 의미하는바 가치합리적 행위란 항상 윤리적-종교적 '계명'에 따르거나 행위자가 자기자신에게 부과되었다고 믿는 '요구들'에 따라 행동하는 것을 뜻한다. 인간의 행위가 이러한 요구들에 준거하는 한에만 우리는 가치합리성을 거론할 수 있을 것이다. 이런 뜻에서의 가치합리적 행위는 그 빈도에 다소간 차이는 있지만 전반적으로 볼 때 극히 드물다. 앞으로 보게 되겠지만, 가치합리성은 하나의 특수유형으로 강조되어야 할 만큼 그 중요성이 크다. 비록 우리가 여기서 행위유형들의 어떤 완벽한 분류체계를 제시하려고 하는 것은 아니지만 말이다.

4) 목적합리적으로 행동하는 사람이란, 자신의 행위를 목적, 수단 그리고 예상되는 부차적 결과에 준거하여 행동하는 자이다. 이 과정에서 그는 수단을 목적에 대비해, 그리고 목적을 부차적 결과에 대비해 합리적으로 저울질하고, 그리고 끝으로 여러 가지 가능한 목적들 서로 간을 합리적으로 저울질한다. 아무튼 이 행위자는 정서적으로(특히 감정적으로) 행동하는 것도 아니며 전통적으로 행동하는 것도 아니다. 위의 숙고과정을 통해 서로 경쟁하고 충돌하는 목적들 및 결과들 간에 선택의 결단을 내리는 것은 다시금 가치합리적 근거를 가질 수 있다. 이럴 경우 이 행위는 그 수단에 있어서만 목적합리적이다. 또는 행위자는 경쟁하고 충돌하는 목적들을 '계명'과 '요구'에 가치합리적으로 준거시키지 않고 이 목적들을 단순히 주어진 주관적 욕구충동들로 간주한다. 이럴 경우 행위자는 이 욕구충동들의 긴급성을 의식적으로 견주어본 후 이에 따라 이들의 등급표를 만들고 이 등급 순서대로 욕구충동들이 가능한 한 충족될 수 있도록 자신의 행동을 조정한다('한계효용'의 원칙). 다시 말해, 행위의 가치합리적 지향은 목적합리적 지향과 다양한 방식으로 연결될 수 있다. 그러나 목적합리성의 관점에서 보면 가치합리성은 항상 비합리적인바, 이 비합리성은, 가치합리적 행위자가 자신의 행위의 준거로 삼는 가치를 절대적 가치로 승화시키면 시킬수록 더욱더 커진다. 왜냐하면 가치합리적 행위자가 행위의 고유가치(순수한 신념, 아름다움, 절대적 자비, 절대적 의무 등)만을 무조건적으로 고려하면 할수록 그는 행위의 결과에 대해서는 그만큼 더 적게 성찰할 것이기 때문이다. 그러나 절대적 목적합리성 역시 대체로 하나의 설계된 극단적 경우일 뿐이다.

5) 행위, 특히 사회적 행위가 상기한 방식 중 오로지 이 방식 또는 저 방식 등 어느 한 방식에만 지향되어 있는 경우는 매우 드물다. 또한 여기서 제시된 지향방식들이 결코 행위지향방식들에 대한 완벽한 분류가 아님은 물론이다. 이것들은 사회학적 목적을 위해 창출된, 개념적으로 순수한 유형들이며, 현실 속의 행위는 다소간 이 유형들에 근접하거나—더 흔한 일이지만—이 유형들의 혼합물이다. 이 유형들이 우리의 작업을 위해 얼마나 유용할지는 단지 그 실질적 성과만이 보여줄 수 있을 것이다.

3. 사회적 관계

사회적 '관계'란, 행동의 의미내용상, 다수가, 각각 상대방을 서로 염두에 두고 이에 준거하여 행동할 때 성립한다. 다시 말해, 사회적 관계는, 철두철미 그리고 전적으로, (의미 차원에서) 다수가 일정한 방식으로 사회적 행위를 할 개연성에만 기반하고 있다. 여기서 이 개연성이 어디에 근거하고 있는지는 일단 문제가 되지 않는다.

1) 이렇게 볼 때, 서로를 지향하는 행위가 맺게 되는 최소한의 관계가 사회적 관계의 개념적 특징이어야 한다. 이 관계의 내용은 지극히 다양할 수 있다. 투쟁, 적대관계, 성적 사랑, 우정, 경외, 시장교환, 어떤 합의의 '이행' 또는 '회피' 또는 '파기', 경제적 혹은 에로틱한 경쟁 혹은 다른 종류의 '경쟁관계', 신분적 공동체 또는 민족적 공동체 또는 계급 공동체(만약 이런 공동체들이 단순한 공통점을 넘어서 '사회적 행위'를 창출할 경우. 이에 대해서는 후술) 등이 그런 사례들이다. 이렇게 볼 때 사회적 관계라는 개념은 행위자들 간에 '유대'가 존재하는지 혹은 바로 정반대의 관계가 존재하는지 여부에 대해서는 어떤 진술도 하지 않고 있다.

2) 항상 중요한 것은 개개의 경우 실제로 또는 평균적으로, 또는 설계된 '순수'유형에 있어서, 관여된 자들이 의도한 경험적인 의미이지, 결코 규범적으로 '올바른' 의미 또는 형이상학적으로 '진리'인 의미가 아니다. 사회적 관계는, '국가', '교회', '협동조합', '혼인' 등과 같은 이른바 '사회적 제도'의 경우에 있어서도, 전적으로 그리고 단지 아래와 같은 개연성으로만 존재한다. 즉 그 의미 차원에서 일정한 방식으로 서로서로를 염두에 둔 행위가 일어났고, 일어나고 있거나 일어날 것이라는 개연성이 그것이다. 이 점은, 상기한 개념들의

'실체적' 해석을 피하기 위해서 항상 분명히 해두어야 한다. 가령 '국가'는 의미를 지향하는 특정한 종류의 사회적 행위가 진행될 개연성이 사라지는 순간 사회학적으로 '존재하기'를 그친다. 이 개연성은 클 수도 있고 지극히 적을 수도 있다. 아무튼 이 개연성이 실제로 (추정컨대) 존재했거나 존재한다는 의미에서 그리고 존재했거나 존재하는 정도만큼, 해당되는 사회적 관계도 존재했고 또 존재하는 것이다. 가령 한 국가가 아직도 존재한다 또는 더 이상 '존재'하지 않는다 라는 진술이 위와는 다른 어떤 분명한 의미를 가질 수 있다는 것은 전적으로 불가능하다.

3) 여기서 우리는 결코 아래와 같은 주장, 즉 서로서로를 염두에 둔 행위에 참여하고 있는 자들이 구체적인 경우에 있어서 동일한 의미를 사회적 관계에 부여하고 있다거나 또는 의미상 상대방의 태도에 맞게 자신의 내적인 태도를 취한다는 주장을 하고 있는 것은 아니다. 다시 말해, 이런 의미에서의 '상호성'이 사회적 관계에 존재한다고 주장하는 것은 아니다. 한쪽 편이 가지고 있는 '교우', '사랑', '경외', '계약준수의지', '민족적 공동체 감정' 등은 상대편의 전혀 다른 태도들에 맞닥뜨릴 수 있다. 이럴 경우 관여된 자들은 각각 자신의 행위에 상이한 의미를 부여하고 있는 것이다. 여기서 사회적 관계는 이런 의미에서 쌍방 모두에 있어서 객관적으로 '일방적'이다. 그러나 그럼에도 불구하고 이 사회적 관계에는 아래와 같은 점에서 상호연계성이 존재한다. 즉 행위자가 상대편이 (자신에 대해) 특정한 태도를 가지고 있을 것이라고 (아마도 전혀 또는 부분적으로 근거 없이) 전제하고 이 기대에 자신의 행동을 준거한다는 점이 그것이다. 이런 전제는 행위의 진행과정과 사회적 관계의 형성에 영향을 끼칠 수 있고 또 대부분 영향을 끼친다. 물론, 사회적 관계는 그 의미내용이 — 관련 당사자 각자의 평균적 기대를 두고 볼 때 — 서로 '상응'하는 정도만큼만 객관적으로 '상호적'이다. 예컨대 자식의 아버지에 대한 태도의 경우, 이 태도가

아버지가 (구체적으로 또는 평균적으로 또는 전형적으로) 기대하는 바에 적어도 근사치로나마 상응하는 정도만큼 이들의 사회적 관계는 상호적이다. 행위자들의 태도에 담긴 의미가 서로 완전히 그리고 남김없이 상응하는 사회적 관계란 현실에서는 특수경우일 뿐이다. 그러나 우리의 개념에 따르면, 상호성이 결여되어 있기 때문에 사회적 관계가 성립되지 않았다고 말할 수 있는 경우는 아래와 같은 경우에 한한다. 즉 사회적 관계가 실제로 서로의 행위의 쌍방향적 관련지음 없이 끝났을 경우. 여기서도 다른 경우들에서와 마찬가지로 현실에서는 온갖 종류의 이행단계들이 있기 마련이다.

4) 사회적 관계는 매우 일시적일 수도 있고 또는 지속적일 수도 있다. 지속적일 경우란, 의미를 공유하는 (더 정확히 말하자면, 의미를 공유한다고 간주하고 따라서 서로 기대하는) 행동이 계속적으로 반복될 개연성이 존재하도록 사회적 관계가 이루어질 경우이다. 이 개연성의 존재만이, 즉 한 의미공유적인 행위가 일어날 비교적 큰 개연성만이, 사회적 관계의 '존속'이라는 말이 가진 의미이며 이 '존속'이라는 말은 그 이외의 다른 어떠한 의미도 가지지 않는다. 이 점은, 잘못된 관념들을 피하기 위해 항상 염두에 두어야 한다. 따라서 어떤 '교우관계' 또는 어떤 '국가'가 존재한다 또는 존재했다 라는 말은 전적으로 그리고 유일하게 아래와 같은 것을 의미할 뿐이다. 즉 우리(관찰자)가 판단하기에, 특정한 인간들이 특정 종류의 태도를 가지고, 통상적 의도에 깔린 의미로 볼 때 짐작할 수 있는 방식으로 행동할 개연성이 존재하거나 존재했다는 것을 의미할 뿐 다른 어떤 것도 의미하지 않는다(위의 2번 참조). 다시 말해, 가령 법학적 고찰에서는 불가피한 대안, 즉 특정한 내용의 어떤 법조문이 (법적 의미에서) 타당하든지 아니면 타당하지 않든지, 특정 법적 관계는 존재하든지 아니면 존재하지 않는다는 양자택일적 대안은 사회학적 고찰에서는 통용되지 않는다.

5) 한 사회적 관계의 의미내용은 변할 수 있다. 가령 정치적 관계는 연대에서 이해갈등관계로 변할 수 있다. 이럴 경우 우리가 이 상황을 어떻게 해석할 것인가 라는 문제는 단지 개념적 적절성의 문제 그리고 변화의 지속성의 정도의 문제일 뿐이다. 즉 우리는 이런 상황에 대해 하나의 '새로운' 관계가 정립되었다고 할 수도 있고, 아니면 존속하던 이전의 관계가 하나의 새로운 '의미내용'을 얻었다고 할 수도 있다. 의미내용도 지속적일 수도 있고, 변할 수도 있다.

6) 하나의 사회적 관계를 지속하게 하는 의미내용은 '준칙들'로 표현될 수 있다. 그리고 행위당사자들은 단수의 또는 복수의 상대방이 이 준칙들을 평균적으로 또는 의미상 대략 준수할 것이라고 기대하며 그 자신 본인의 행위를 이 준칙들에 (평균적으로 또는 대략) 준거한다. 이것은 해당 행위가, 그 일반적 성격으로 볼 때, 합리적일수록 — 목적합리적 또는 가치합리적일수록 — 더욱더 그러하다. 에로틱한 관계 또는 정서적 (가령 경외) 관계 일반에서는 의도된 의미내용을 합리적으로 정식화할 수 있는 가능성이 예컨대 사업상의 계약관계의 경우보다 훨씬 적으며 이것은 사안의 성격상 당연한 일이다.

7) 한 사회적 관계의 의미내용은 상호동의를 통해 합의될 수 있다. 이것이 의미하는 바는, 관련 당사자들이 자신들의 미래의 행동에 대해 약속을 한다는 것이다(그것이 서로 간이든 아니면 제 3자에 대해서든). 그러면 관련 당사자들 A와 B 각각은 — 그들이 합리적으로 숙고한다면 — 우선 (그 확실성은 다양할 수 있지만) 상대편('A')이 내가(행위자 'B') 이해한 합의의 의미에 준거하여 행동할 것이라고 보통 기대한다. 각자는 한편으로는 목적합리적으로 이 기대에 부응하여 (다시 말해 사정 여하에 따라 다소간 주관적으로 이 기대에 '충실하게') 행동하고, 다른 한편으로는 가치합리적으로 '의무감'에서, 즉 동의한 합의를 그 자신도 그가 의도한 의미에 맞게 '지켜야 한다'는 의무감에서 행동한다. 이

문제에 대해서는 이 정도만 미리 언급하고자 한다(그 밖에 제 9절과 제 13절 참조).

4. 사회적 행위의 유형: 관례와 관습

우리는 사회적 행위 내에서 실제적 규칙성들을 관찰할 수 있다. 여기서 규칙성이란, 동일한 행위자가 그 유형상 동질적 의도에서 반복하는 행위과정, 또는(경우에 따라서는 그와 동시에) 수많은 행위자들에게 확산되어 있는 행위과정을 뜻한다. 사회학은 행위과정의 이러한 유형들을 연구하는바, 이것이 결정적으로 중요한 개별적 맥락들의 인과적 귀속을 연구대상으로 하는 역사학과의 차이점이다.

어떤 사회적 행위가 규칙적으로 발생할 실질적인 개연성이 아래와 같은 사실, 즉 한 인간집단 내에서 사람들이 그 행위를 실제로 수행하고 있다는 단지 그 사실에만 근거할 경우, 그리고 그런 경우에 한하여, 우리는 이 규칙성을 관례라 부르고자 한다. 그런데 이 실제적 수행이 오랫동안의 습관에 기반할 경우 우리는 관례를 관습이라 부르고자 한다. 그에 반해 관습의 경험적 존속개연성이 단지 아래와 같은 조건에만, 즉 개개인이 동질적 기대들에 순전히 목적합리적으로 준거하여 행동한다는 조건에만 달려 있을 경우 우리는 이 관습이 '이해관계상황에 의해 규정되었다'(이해관계에 기반하고 있다)라고 표현할 것이다.

1) '유행'도 관례에 속한다. '유행'이란 '관습'과는 달리 이 새롭다는 이유로 우리가 그 행동을 우리 행위의 준거로 삼는 경우를 일컫는다(따라서 이것은 관습의 경우와는 정반대이다). 유행은 '인습'에 근접해 있는바, 왜냐하면 유행은 (대부분의 경우) 인습과 마찬가지로 신분적 위세에 대한 관심에서 생겨나기 때문이다. 유행은 여기서 더 상세히 다루지 않겠다.

2) 관습은, '인습' 및 '법'과는 달리, 외적으로 보장되지 않은 규칙을 뜻한다. 행위자는 자발적으로 — 그저 별다른 '생각 없이'든, '편리'해서

든, 아니면 다른 어떤 이유에서든 간에 — 이 규칙을 사실상 준수하며 그는 자신의 주변집단에 속하는 다른 사람들도 이 규칙을, 자기와 비슷한 동기에서, 아마도 준수할 것이라고 기대할 수 있다. 따라서 이런 의미에서의 '관습'은 규범적-법적으로 '타당한 어떤 것'은 아니다. 어느 누구도 관습에 동참하라고 요구받지는 않는다. 물론 관습과 타당한 인습 및 법 사이의 경계선은 전적으로 유동적이다. 어디서나, 사실상 전승된 것이 타당한 것의 아버지였다. 예컨대 우리가 매일 아침 대충 특정방식의 아침식사를 하는 것은 오늘날 '관습'이다. 그러나 이런 방식의 아침식사에 대한 '의무'는 없으며(호텔 투숙객의 경우는 예외겠지만), 이것이 항상 관습이었던 것도 아니다. 그에 반해 옷차림 방식은, 설사 그것이 '관습'에서 태어났다 하더라도, 오늘날 상당 부분 더 이상 관습이 아니라 인습이다. 관례와 관습에 대해서는 예링(Jhering)의 《법에 있어서의 목적》(*Zweck im Recht*) 제 2권에 수록된 해당 항목이 오늘날까지도 읽어볼 만한 가치가 있다. 외르트만(P. Oertmann)의 《법질서 체계와 교류관습》(*Rechtsordnung und Verkehrssitte*, 1914)도 참조할 것. 그리고 최근 것으로는 바이게린(E. Weigelin)의 《관습, 법 그리고 도덕》(*Sitte, Recht und Moral*, 1919)을 참조할 것(바이게린은 나와는 입장을 같이 하면서 슈탐러〔Stammler〕에 대해서는 비판적이다).

3) 사회적 행위, 특히 경제적 행위(물론 이것만은 아니다)의 진행과정이 가진 매우 눈에 띄는 수많은 규칙성은 결코 어떤 '타당하다'고 간주되는 규범의 준수에 기인하는 것도, 그렇다고 '관습'에 기인하는 것도 아니다. 오히려 경제적 행위의 이런 규칙성은 단지 다음과 같은 사실에 기인한다. 즉 경제활동에 참여하는 자들은, 경제활동의 본질상, 자신들의 통상적인, 주관적으로 평가된 이해관계에 평균적으로 가장 잘 부합하는 방식으로 사회적 행위를 하며 따라서 이들의 행동은 이해관계에 대한 이러한 주관적 견해와 지식에 준거한다. 가령 '자유'시장에서 일어나는 가격형성의 규칙성이 그러하다. 즉 시장참여자들은

자신의 행동을 자신의 경제적 이해관계 실현이라는 전형적 주관적 '목적'에 대한 '수단'으로 삼고, 자신이 타인들의 예상되는 행동에 대해 품고 있는, 역시 전형적인 기대를 상기한 목적달성과정에 주어진 '조건'으로 고려하는 것이다. 이들이 이와 같이 엄격히 목적합리적으로 행동하면 할수록 이들은 주어진 상황에 대해 더욱더 유사하게 반응하며 이로 인해 태도와 행위의 동일성, 규칙성 그리고 지속성이 생겨난다. 그런데 경제적 행위의 이러한 규칙성은, 행위가 일군의 사람들이 '구속력이 있다'고 간주하는 규범과 의무에 준거할 경우의 규칙성보다 흔히 훨씬 더 안정적이다. 이런 현상, 즉 적나라한 본인의 그리고 타인의 이해관계상황에 준거하는 것이, 규범적 규제를 통해 강제로 얻고자 하는 안정성 효과들—많은 경우 이런 강제적 시도는 성과가 없다—에 버금간다는 현상은 특히 경제적 영역에서 큰 주목을 받아왔다. 이 현상이야말로 과학으로서의 국민경제학을 탄생시킨 원천 중의 하나였다. 그러나 이 현상은 행위의 다른 모든 영역에서도 유사한 방식으로 나타난다. 의도성 및 내적 자유에 기반한 이러한 이해관계 지향성은, 익숙한 '관습'에 대한 단순한 순응이 야기하는 모든 종류의 내적 구속과는 극명한 대조를 이루며 다른 한편 가치합리적으로 신봉되는 규범들에 대한 헌신과도 극명한 대조를 이룬다. 행위의 '합리화 과정'이 가진 하나의 본질적인 요소는 익숙한 관습에 내적으로 순응하는 자세가 이해관계상황에 대한 체계적 적응으로 대체되는 것이다. 물론 이런 대체가 행위의 '합리화 과정'이라는 개념의 전모를 포착하고 있는 것은 아니다. 왜냐하면 합리화 과정은 그 외에도 긍정적으로는 의식적인 가치합리화 방향으로 진행될 수 있고, 부정적으로는 비단 관습뿐 아니라 정서적 행동도 희생양으로 삼을 수 있으며, 끝으로 가치합리적으로 구속력 있는 행위를 희생시키면서 가치불신적이고 순전히 목적합리적 행위를 선호하는 방향으로 진행될 수도 있기 때문이다. 행위의 '합리화 과정'이라는 개념이 가진 이러한 다의성은 앞으로 자주 논의의 대상이 될 것이다(이에 대한 개념적 논의는 〈결론〉을 참조!).[5)]

4) (단순한) '**관습**'이 가진 안정성은 상당 부분 아래와 같은 사실에 기반하고 있다. 즉 관습을 따르지 않고 행동하는 자는 '부적절하게' 행동하는 자로서, 그의 주변의 다수가 관습의 존재를 고려하고 관습에 맞추어 행동하는 한, 그는 크고 작은 불편함과 피해를 감수해야 한다는 사실이 그것이다.

이와 유사하게 '**이해관계상황**'의 안정성은 아래와 같은 사실에 기반하고 있다. 즉 타인들의 이해관계에 자신의 행위를 준거시키지 않고 타인들을 '고려하지' 않는 자는 이들의 반발을 야기시키거나 또는 자신이 원하지 않았고 예상하지 못했던 결과를 낳게 되며 따라서 자기 자신의 이해관계가 손상될 위험을 안게 된다는 사실이 그것이다.

---

5) 강조체로 쓰고 느낌표까지 붙은 이 '결론'이 저서의 어느 부분을 지칭하는지는 분명하지 않다. 아마도 베버가 계획했으나 집필하지 못한 〈합리성〉 문제의 이론적 체계화 작업을 뜻하지 않을까 추측할 수 있을 뿐이다.

5. 〈정당한 질서체계〉 개념

행위, 특히 사회적 행위 그리고 더 나아가 특히 사회적 관계에 참여하는 자들은 자신의 행위를 어떤 정당한 질서체계의 존재에 대한 관념에 준거할 수 있다. 이것이 실제로 일어날 수 있는 개연성을 우리는 해당 규칙의 '타당성'이라고 부르고자 한다.

1) 따라서 우리의 관점에서 한 '질서체계'의 '타당성'이란 사회적 행위과정이 가진, 단순히 관습 또는 이해관계상황에 의해 규정된 규칙성 이상을 의미한다. 가령 가구운반회사가 정기적으로 이사철에 광고를 낸다면, 이 규칙성은 '이해관계상황'에 의해 규정되어 있다. 한 소매상인이 매달 또는 매주 일정한 날짜에 한 특정한 고객집단을 방문하면, 이것은 정착된 관습이거나 또는 그의 이해관계상황의 산물일 것이다(자신의 영업 관할구역의 순회). 그러나 한 관료가 매일 일정한 시각에 사무실에 출근한다면, 이것은 단순히 몸에 익은 습관(관습)만이 아니며(물론 그렇기도 하지만), 본인이 임의로 따르거나 혹은 따르지 않을 수 있는 그런 유의 자신의 이해관계상황에 의해 규정된 것만도 아니다(물론 그렇기도 하지만). 그의 정시출근은 (대개는, 위에서 언급한 이유 이외에도) (근무수칙이라는) 질서체계가 가진, '명령'으로서의 '타당성'을 통해서도 규정된 것이다. 다시 말해, 그는 단순히 이 명령의 위반이 불이익을 초래할 수 있다는 이유 때문에서만이 아니라—대개의 경우—'의무감'에서 가치합리적으로 이런 위반을 기피하게 되는 것이다(물론 이런 가치합리성의 작용 정도는 지극히 다양하겠지만 말이다).

2) ① 우리는 한 사회적 관계의 의미내용을, 행위가 일정한 '준칙들'에 (평균적으로 그리고 대략) 준거하고 있을 경우에만 '질서체계'라 부르고자 한다. ② 우리는 이 질서체계를 아래와 같은 경우에만 '타당하다'

라고 부를 것이다. 즉 사람들이 상기한 준칙을 실제로 따르는 이유 중에는 이 준칙이 행위를 위해 타당하다고, 다시 말해 구속력이 있거나 모범적이라고 간주한다는 이유도(실질적으로 괄목할 만한 정도로) 최소한 함께 포함될 경우에만 이 질서체계를 '타당하다'라고 부를 것이다. 현실적으로 볼 때, 관련 당사자들은 매우 다양한 동기에서 자신의 행위를 한 질서체계에 준거하며 이것은 당연한 일이다. 그러나 다른 동기들과 함께 적어도 행위자들의 일부가 특정 질서체계가 모범적이거나 구속력이 있는 것, 즉 당위적으로 마땅히 타당한 것이라고 여긴다면 이것은 이들의 행위가 이 질서체계에 준거할 개연성을 당연히 증대시키며, 그것도, 많은 경우, 큰 폭으로 증대시킨다. 순전히 목적합리적 동기에 의해서만 준수되는 질서체계는 단지 관습, 즉 행동의 습관화—이것은 모든 내적인 태도들 중 가장 흔한 형태이다—의 결과로 이루어지는 질서체계 준수정도 보다 일반적으로 훨씬 더 불안정하다. 그러나 습관에 의해 준수되는 질서체계는 모범성 또는 구속성이라는 위광을 가진, 말하자면 정당성을 가진 질서체계 보다는 또 한층 더 불안정하다. 물론 현실에서는, 단순히 전통적 또는 단순히 목적합리적 동기에서 질서체계를 준수하는 것과 정당성-믿음(에 의거한 질서체계 준수) 간의 경계는 매우 유동적이다.

3) 사람들은 한 질서체계의 (평균적으로 이해된) 의미를 '준수'함으로써만 자신의 행위를 이 질서체계의 타당성에 '준거'하는 것은 아니다. 한 질서체계의 (평균적으로 이해된) 의미의 '회피'나 '위반'의 경우에도 이 질서체계가 어떤 정도로든 가진 타당성은 (구속력 있는 규범으로서) 작용할 개연성이 있는 것이다. 우선은 순전히 목적합리적으로 작용할 수 있다. 도둑은 자신의 절도행위를 숨김으로써 형법의 '타당성'에 자신의 행위를 준거한다. 즉 질서체계가 한 인간집단 내에서 '타당하다'는 것은 도둑이 질서위반을 숨겨야만 한다는 바로 그 사실에서 표현되는 것이다. 그러나 이런 특수한 경우를 제외하면, 질서의 위반은 매

우 흔히 다소간 사소한 많은 위반들에 한정된다. 또는 사람들은 위반을 정당한 것으로 주장하기도 한다. 물론 그 진정성의 정도는 다양하지만 말이다. 또는 실제로 질서체계의 의미에 관해서 다양한 견해들이 서로 병존하고 있는바, 이럴 경우—사회학의 시각에서 보면—각각의 견해는 그것이 사람들의 실제 행동을 규정하는 정도만큼 '타당한' 것이다. 사회학은, 동일한 인간집단 내에서 다양하고 서로 모순되는 질서체계들이 각각 타당성을 가지고 병존한다는 사실을 인정하는 데 조금도 어려움이 없다. 왜냐하면 심지어 한 개인도 자신의 행위를 서로 모순되는 질서체계들에 준거할 수 있기 때문이다. 이것은 비단, 일상적으로 일어나듯이, 순차적인 행동들에서만 그런 것이 아니라 동일한 행동 내에서도 그럴 수 있다. 결투를 벌이는 자는 그의 행위를 명예규범에 준거한다. 그러나 그가 이 행위를 숨기거나 또는 반대로 법원에 자수할 경우, 그는 자신의 행위를 형법에 준거하는 것이다. 물론, 한 질서체계의 (평균적으로 믿어지는) 의미의 회피와 위반이 정상적인 것으로 되어버렸다면, 이 질서체계는 그저 제한적으로만 타당하거나 결국에는 더 이상 타당하지 않게 된다. 다시 말해, 법학의 경우와는 달리(법학의 불가피한 목적 때문에 그러하지만), 사회학의 입장에서 보면 한 특정한 질서체계의 타당성과 비타당성 간에 절대적 양자택일은 존재하지 않는다. 오히려 이 두 사안 간에는 유연한 이행관계가 존재하며, 이미 언급했듯이, 서로 모순되는 질서체계들이 병렬적으로 '타당'할 수 있는 것이다. 여기서 이 말이 의미하는 바는, 각각의 질서체계는 행위가 그것에 실제로 준거할 개연성이 존재하는 정도만큼 타당하다는 것이다.

관련문헌에 정통한 사람들은 이 글의 머리말(204쪽)에서 인용한 슈탐러(R. Stammler)의 저서에서 '질서체계' 개념이 하는 역할을 기억할 것이다. 슈탐러의 저서는—그의 모든 다른 저작과 마찬가지로—탁월한 문체로 씌어졌지만, 그러나 철저히 실패한 저서이며 문제들을 치명적으로 뒤엉키게 하고 있다(이에 대해서는 이 글 서문에 실린 나의 비판을 참조. 이 비판은 그가 야기한 혼란에 대한 나의 불만 때문에 유감스럽게도 그 형식에 있어서 좀 모질기는 하다). 슈탐러는 비단 경험적 타당성과 규범적 타당성을 서로 구분하지 않고 있을 뿐 아니라, 더 나아가 그는 사회적 행위가 '질서체계들'에만 준거하는 것은 아니라는 점을 간과하고 있다. 무엇보다도, 그는 논리적으로 전혀 잘못된 방식으로 질서체계를 사회적 행위의 '형식'으로 만들고는 이 형식이 '내용'에 대해 하는 역할을 '형식'이 인식론적 의미에서 하는 역할과 유사한 것으로 서술하고 있다(여기서 다른 오류들은 논외로 하겠다). 현실을 보면, 가령 (그 기본성격이) 경제적인 행위는(이 글의 제 2장 참조),[6] (상정된) 수요에 비해 수요충족에 필요한 특정한 가용수단이 부족하다는 관념 및 현재의 그리고 미래의 예상된 제 3자들—이들 역시 동일한 수단을 가지려고 한다—의 행위에 준거한다. 그러나 경제적 행위자는 이 과정에서 자신의 '경제적' 조치들을 선택할 때, 상기한 점들 이외에, 그 자신 '타당한 것'으로 알고 있는 법과 인습과 같은 '질서체계들'에 준거하는 것은 물론이다. 즉 그는 만약 그가 이런 질서체계들을 위반할 경우 제 3자가 특정한 반응을 보일 것이라는 것을 알고 있는 것이다. 이 단순하기 그지없는 경험적 사안을 슈탐러는 완전히 절망적인 방식으로 뒤엉켜 놓았으며, 특히 그는 '질서체계'와 실재적 행위 간의 인과관계는 개념적으로 불가능하다고 주장한다. 물론 질서체계의 법률적-교리적, 규범적 타당성과 어떤 경험적 과정 간에는 인과관계가 성립하지 않는다는 것은 사실이며, 이 두 사안의 관계에 대해서는 단지 아래와 같은 문제제기가 가능할 뿐이다. 즉 이 경험적 과정은 (올바르게 해석된) 질서체계에 법적으로 '저촉'되는가? 다시 말해 이 질서체계는 이 과정에 대해 (규범적으로) 당위적 타당성을 가져야 하는가? 그리고 만약 그렇다면 이 질서체계는, 무엇이 이 과정에 대해 규범적으로 당위적 타당성을 지녔다고 말하고 있는가? 그러나 평균적으로 이렇게 또는 저렇

6) 《경제와 사회》 제 2장 〈경제행위의 사회학적 기본범주〉를 지칭하며, 이 역서에는 포함되지 않았다.

게 이해된 어떤 질서체계의 타당성에 대한 관념에 행위를 준거할 개연성과 경제적 행위 간에는 두말할 나위도 없이 (사안에 따라서는) 지극히 통상적 의미에서의 인과관계가 존재한다. 그러나 어쨌든 사회학에 있어서는 단지 이 관념에 준거할 그 개연성만이 타당한 질서체계 '그 자체'이다.

6. 정당한 질서체계의 종류: 인습과 법

한 질서체계의 정당성은 아래와 같이 보장될 수 있다.

(1) 순전히 내면적으로. 다시 말해

① 순전히 감성적으로: 감정적인 헌신에 의거한 정당성 보장.

② 가치합리적으로: 질서체계를 궁극적이고 구속력 있는 가치(도덕적, 심미적 또는 다른 어떤 가치)의 표현으로 보며 따라서 질서체계의 절대적 타당성에 대한 믿음이 정당성 보장의 근거이다.

③ 종교적으로: 구원 획득이 질서체계의 준수 여부에 달려 있다는 믿음을 통한 정당성 보장.

(2) 질서체계는 또한 특정한 외적인 결과들에 대한 기대를 통해(또는 이 기대만으로), 즉 이해관계상황을 통해 보장될 수 있다. 그러나 여기서 기대는 특수한 성격의 기대이다.

어떤 질서체계가 다음과 같은 여건을 갖추었을 경우 각각 인습 그리고 법이라 부르고자 한다.

(1) 인습: 여기서는 질서체계의 타당성이 아래와 같은 개연성을 통해 외적으로 보장되어 있다. 즉 질서를 위반할 시 일정한 인간집단 내에서 (비교적) 광범위하고 실제로 느낄 수 있는 비난을 받을 개연성.

(2) 법: 여기서는 질서체계가 아래와 같은 개연성을 통해 외적으로 보장되어 있다. 즉 질서체계의 준수를 강요하거나 그 위반을 처벌하는 업무를 전담하는 인적 집행부의 (신체적 또는 심리적) 강제권 행사의 개연성.

인습에 대해서는 앞서 언급한 예링(Jhering), 바이게린(Weigelin) 외에 퇴니에스(F. Tönnies)의 저서《관습》(1909)을 참조.

1) 인습은 한 인간집단 내에서 '타당하다'고 인정된 '관습'으로서, 그 위반에 대한 비난을 통해 보장된다. (여기서 사용되는 의미에서의) 법과는 달리 준수의 강제를 위해 특별히 설치된 인적 집행부는 없다. 슈탐러는 복종의 절대적 자발성을 기준으로 인습과 법을 구분하려고 하는데, 이것은 일반적 언어용법과 일치하지 않으며 또한 자신의 사례들에도 적용되지 않는다. (통상적 의미에서의) '인습'의 준수는 — 가령 통상적인 인사, 단정하다고 간주되는 복장, 교류의 형식상 그리고 내용상의 제한 등 — 개개인에게 의무적 또는 모범적 규범으로 매우 진지하게 '요구'되는 것이며 — 가령 자신의 요리를 특정한 방식으로 조리하는 것 같은 단순한 '관습'과 같이 — 전적으로 자의에 맡겨지는 것은 아니다. 인습('신분관습')의 위반은 흔히 신분구성원들이 가하는 사회적 보이콧이라는 지극히 효과적이고 가혹한 결과를 초래하며, 이를 통해 어떤 법적 강요가 할 수 있는 것보다 더 강하게 처벌받는다. 다만 여기서는, 인습 준수를 보장하는 행위를 전담하도록 특별히 설치된 특수한 인적 집행부(우리의 경우, 판사, 검사, 행정관료, 집달리 등)가 결여되어 있을 뿐이다. 그러나 제재방식의 이러한 차이는 유동적이다. 한 질서체계의 인습적 보장과 법적 보장 간의 경계선상에 있는 제재형태는 형식을 갖추고 조직적 보이콧을 위협하는 제재이다. 이런 보이콧은 우리의 개념상으로는 이미 법적 강제수단이다. 인습이 단순한 비난 이외에 다른 수단을 통해서도 (가령 반인습적 행동에 대한 주택불가침권 사용) 보호된다는 사실은 우리의 관심대상이 아니다. 왜냐하면 결정적인 것은 이 경우에도 인습적인 비난에 의거하여 이런 (흔히 극단적인) 강제수단을 사용하는 것은 개인이지, 제재목적을 위해 별도로 설치된 인적 집행부는 아니기 때문이다.

2) 우리의 시각에서 볼 때 '법' 개념의 결정적 요소는 법 준수 강요-집행부의 존재이다(다른 목적을 위해서는 법 개념을 전혀 달리 규정할 수도 있다). 이 집행부는 물론 우리가 오늘날 익숙한 그런 형태와 동일할 필

요는 전혀 없다. 특히, '재판 법정'이 존재해야 할 필요는 없다. 친족집단도(피의 복수나 결투 등에서), 만약 이 집단의 대응방식에 대해 어떤 종류의 규칙들이 적용되고 있다면, 상기한 바와 같은 의미의 집행부이다. 물론 이 경우는 우리가 '법적 강요'라고 부를 수 있는 것의 최극단 경계선에 간신히 위치해 있다. 주지하다시피 '국제법'은 흔히 법으로서의 특성을 부인 당하는바, 왜냐하면 국제법에는 초국가적인 강제권이 결여되어 있기 때문이다. 여기서 우리가 (편의상) 선택한 용어를 기준으로 볼 때 실제로 아래와 같은 질서체계는 '법'으로 규정되기 어려울 것이다. 즉 외적으로 단지 피해자의 비난과 보복에 대한 기대만으로 보장되는 질서체계, 다시 말해 인습과 이해관계상황을 통해 보장되는 질서체계, 그래서 전적으로 이 질서체계의 유지를 전담하는 인적 집행부가 존재하지 않는 질서체계. 법률적 용어에서는 그럼에도 불구하고 이와는 다른 견해가 유효할 수 있다. 강제의 수단은 중요하지 않다. 많은 종파에서 죄인에 대한 부드러운 강요의 첫 수단으로 흔히 쓰였던 '형제애적 훈계'도 이런 수단에 속한다. 비록 이런 훈계는 규칙으로 정해져 있었으며 집행부가 수행하기는 했지만 말이다. 이와 마찬가지로 가령 '도덕적' 규범들을 보장하는 수단으로서의 검열적 질책 역시 여기에 속한다. 그리고 교회 고유의 징벌수단을 통한 '심리적' 강요는 두말할 나위도 없다. 다시 말해, '법'에는 교권적으로 또는 정치적으로 보장된 법, 조직 규약 또는 가문 권위 또는 협동조합과 서약동맹에 의해 보장된 '법'도 있음은 물론이다. 또한 이 개념정의에 따르면 '대학생 간의 예법'에 담긴 규칙들도 '법'으로 간주된다. 민사소송법 제888조 제2항(집행 불가능한 법들)의 경우도 물론 여기에 속한다. '불완전한 법'과 '소송권이 없는 현물채무'는 법률언어의 형식들로서, 여기서는 강제의 적용의 한계 또는 조건이 간접적으로 표현되어 있다. 강제로 시행되는 '교통관습'은 그런 의미에서 법이다(민법 157, 242조). '미풍양속'(용인할 만하고 따라서 법이 인정하는 관습)에 대해서는 루메린(Max Rumelin)의 *Schäb. Heimatgabe für Th. Häring*(1918)에 실린 논문 참조.

3) 모든 타당한 질서체계가 반드시 일반적이고 추상적인 성격을 지니고 있는 것은 아니다. 가령 타당한 '법규'와 어떤 구체적 경우에 대한 '법 판결'은 우리가 오늘날 정상적인 것으로 간주하고 있는 그런 방식으로 항상 서로 구분되었던 것은 결코 아니다. 다시 말해, 어떤 '질서체계'는 단지 하나의 구체적인 사안의 질서체계로 등장할 수 있는 것이다. 더 이상 자세한 사항은 법사회학의 영역에 속한다. 우리는, 달리 언급하지 않는 한, 우선 편의상 법규와 법 결정에 대한 오늘날의 사고방식을 따라 작업할 것이다.

4) '외적으로' 보장된 질서체계는 그 외에 '내적으로'도 보장되어 있을 수 있다. 법, 인습 그리고 '윤리' 간의 관계는 사회학으로서는 전혀 문제가 없다. 사회학에 있어서 하나의 '윤리적' 기준이란, 인간의 가치합리적 믿음의 한 특정한 종류를 규범으로서 인간의 행위에 적용함을 의미하는바, 이 행위는 이를 통해 '도덕적으로 선한 것'이라는 평판을 얻게 된다. 이것은 '아름답다'라는 평판을 얻는 행위가 심미적 기준에 따라 평가되는 것과 마찬가지이다. 이런 의미에서의 윤리적 규범관념은 행위에 아주 강한 영향을 미칠 수 있지만 그러면서도 어떠한 외부적인 보장도 필요로 하지 않을 수 있다. 후자의 상황은 윤리적 규범의 위반이 타인의 이해관계에 저촉되지 않을 때 형성되는 것이 상례이다. 그러나 윤리적 규범관념은 (여기서 사용되는 의미에서) 인습적으로 보장될 수도 있고 (위반의 비난과 보이콧), 형법적 또는 치안적 조치 또는 민사상의 조치를 통해 법적으로 보장될 수도 있다. 실제적으로 — 사회학적 의미에서 — '타당한' 모든 윤리는 대부분 위반에 대한 비난의 가능성을 통해, 즉 인습적으로 보장되는 것이 상례이다. 그러나 다른 한편으로는 인습적으로 또는 법적으로 보장된 모든 규칙이 윤리적 규범의 성격을 내걸고 있는 것은 아니다(적어도, 반드시 그런 것은 아니다). 법적인 — 흔히 순전히 목적합리적으로 제정된 — 규칙들은 전반적으로 인습적 규칙들보다 윤리적 규범적 성격이 훨씬 적다. 그

런데 경험적 사회학 쪽에서 사람들 사이에 퍼져 있는 타당성 관념이 '윤리'의 영역에 속하는지 아닌지 (즉 '단순한' 인습인지 아니면 '단순한' 법규범인지) 여부를 결정할 수 있는 유일한 길은, 해당 인간집단에서 실제적으로 타당했거나 타당한 '윤리성' 개념을 따르는 것이다. 따라서 경험적 사회학은 이에 대해 일반적 진술을 할 수는 없다. 지는 내부적 폐쇄 역시 매우 다양한 형태를 띨 수 있다. 예컨대 대외적으로 폐쇄된 카스트, 길드 또는 증권거래단체는 자신의 구성원들에게 모든 독점된 기회에 대한 서로 간의 자유로운 경쟁을 허용할 수도 있고 아니면 개개 구성원의 권한을 특정한 기회로 엄격히 한정할 수 있다. 가령 특정 고객집단 또는 사업대상 등에 대한 사업권한을 그에게 평생 또는 (특히 인도가 그러하다) 세습적이고 양도 가능한 방식으로 전유하게 하는 식으로 한정할 수 있다. 대외적으로 폐쇄된 촌락공동체는 구성원들에게 공유농지의 자유로운 이용을 허용하고 보장할 수도 있고 아니면 엄격히 개별가구에 지정된 할당량만을 허용하고 보장할 수도 있다. 대외적으로 폐쇄된 정주집단은 토지의 자유이용 또는 지속적으로 전유된 고정적 농지지분을 허용하고 보장할 수 있다. 이 모든 현상들 간에는 온갖 종류의 이행형태들과 중간단계들이 존재한다. 가령 역사적으로 볼 때 영지, 봉록 그리고 관직에 대한 계승권의 대내적 폐쇄와 상기한 직책들의 소유자에 의한 이 권리의 전유는 지극히 다양한 형태를 취해 왔다. 이와 유사하게 일자리의 계승권 및 일자리 소유권은 — 경영참여근로자 대표협의회의 발전이 그 첫걸음이 될 수 있다(그러나 반드시 그래야 하는 것은 아니다) — 클로즈드 숍(closed shop: 노동조합원만을 고용하는 사업소)에서 시작해 개개 일자리에 대한 권리로 나아갈 수 있다(그 전조: 관련노동자 전부의 동의 없는 해고의 금지). 모든 세부사항은 객관적인 개별분석의 영역에 속한다. 지속적 전유가 최고봉에 달하는 경우란, 개인에게 (또는 가구공동체, 친족, 가족 등과 같은 개인들의 특정한 집합체에게) 전유기회들이 아래와 같은 방식으로 보장될 때이다. ① [당사자의] 사망 시 이 기회들이 다른 특정한

7. 정당한 질서체계의 타당성 근거: 전통, 믿음, 규약

행위자가 한 질서체계에 정당한 타당성을 부여하는 근거는 아래와 같다.

(1) 전통에 근거(*kraft*): 항상 존재했던 것의 타당성.

(2) 정서적 (특히 감정적) 믿음에 근거: 새로이 계시(啓示)된 것 또는 모범적인 것의 타당성.

(3) 가치합리적 믿음에 근거: 절대적으로 타당한 것으로 밝혀진 것의 타당성.

(4) 그 합법성을 신뢰할 수 있는 실정법에 근거: 관련당사자들은 이 합법성을 아래와 같은 근거로 정당한 것이라 간주할 수 있다.

(4-1) 이 합법성에 대한 이해당사자들의 합의를 근거로.

(4-2) (인간의 인간에 대한 지배 — 정당하다고 간주되는 지배 — 에 의거해서 이루어지는) 강요와 순종(아래 제13절 참조)을 근거로.

다른 모든 세부적 사안들(앞으로 정의내릴 몇 가지 개념들을 제외하면)은 지배사회학 및 법사회학 영역에 속한다. 여기서는 단지 아래와 같은 점만 지적하고자 한다.

1) 질서체계의 타당성이 전통의 신성화를 통해 확보되는 것은 가장 보편적이고 가장 원초적인 현상이다. 마술적 불이익에 대해 사람들은 불안해했으며 이 불안 때문에 사람들은 행위의 정착된 관습들에 가해질 어떤 변화에 대해서도 심리적으로 강하게 저항했다. 또한 기존의 타당한 질서체계에 사람들이 계속 순종하는 것에서 득을 보는 자들의 다양한 이해관계는 그 질서체계의 존속에 유리하게 작용했다. 이에 대해서는 제3장 참조.[7]

---

7) 《경제와 사회》 제3장 〈지배유형론〉을 지칭하며, 이 역서에는 포함되지 않

2) 질서체계를 의식적으로 새로이 창조하는 과정은 원래 거의 항상 예언적 신탁 또는 적어도 예언에 의해 인가된, 그 자체로서 신성한 것으로 믿어진 선포에 근거해 일어났으며, 이것은 고대 그리스의 아이심네텐의 정관에 이르기까지 그러하다. 여기서 순종은 예언자의 정당성에 대한 믿음에 기반한다. 질서의 새로운 계시가 없이 엄격한 전통주의가 적용되던 시대에서는 새로운 질서의 탄생, 달리 말해 '새롭다'고 간주되는 질서의 탄생은 아래와 같은 방식, 즉 이 새로운 질서는 사실은 예로부터 타당했던 질서이며 단지 지금까지 옳게 인식되지 못했거나 한동안 묻혀 있다가 이제 다시 발견된 것으로 취급하는 방식으로만 가능했다.

3) 가치합리적 타당성의 가장 순수한 유형은 '자연법'이다. 비록 자연법은 자신의 이상적인 요구에 비하면 그 역할이 제한되어 있기는 했지만, 그럼에도 불구하고 자연법이 논리적으로 개발한 원칙들은 인간의 행위에 결코 적지 않은 실질적 영향을 행사했다는 점은 부인할 수 없으며, 이 원칙들은 계시된 법, 실정법뿐 아니라 전통적 법과도 구분되어야 한다.

4) 오늘날 가장 잘 알려진 정당성 형태는 합법성-믿음이다. 즉 형식상 정확하게 그리고 통상적인 형태로 성립된 규약들에 대한 순응. 여기서 협정을 통해 성립된 질서체계와 강요된 질서체계 간의 차이는 상대적일 뿐이다. 왜냐하면, 협정된 질서체계의 타당성이 일치된 합의—이런 일치된 합의는 과거에 흔히 진정한 정당성을 위해서 필요한 조건으로 간주되었다—에 기반하는 것이 아닐 수도 있기 때문이다. 가령 한 인간집단 내에서 다수가 이 질서체계에 동의하면, 이 질서체계에 동의하지 않는 사람들도 실제로는 이에 순응하게 되고 그로

았다.

인해 이 질서체계의 타당성이 확보되기도 한다. 그리고 이것은 흔히 있는 일이다. 이럴 경우 실제로는 소수집단에 대한 강요가 일어나는 것이다. 다른 한편, 폭력적이고 각별히 무자비하고 목적의식이 강한 소수집단이 질서체계를 강요하고, 그 결과 원래 저항했던 집단들도 이 질서체계를 정당한 것으로 간주하는 사례는 매우 흔하다. '표결'이 질서 창출 또는 변경의 합법적 수단으로 정착된 경우를 보면, 흔히 소수의 의지가 형식적 다수를 획득하고 다수는 이에 순응하는데, 따라서 이 경우 다수결 승리란 허상에 불과하다고 볼 수 있다. 협정된 질서체계의 합법성에 대한 믿음은 먼 과거로까지 소급되는바 가끔 우리는 이것을 이른바 원시민족들에게서도 발견할 수 있다. 그러나 이 경우 합법성 믿음은 거의 항상 신탁의 권위를 통해 보완된다.

5) 질서체계의 강요에 대한 개개인 또는 다수의 순응은, 만약 단순한 공포나 목적합리적 동기가 결정적 요인이 아니라 합법성 관념이 작용한다면, 단수 또는 복수의 강요자가 가진 어떤 의미에서건 정당한 지배권력에 대한 믿음을 전제로 한다. 따라서 이에 대해서는 별도로 논의할 것이다(아래 제13절, 제16절 그리고 제3장 참조).

6) 질서준수는 대부분의 경우 지극히 다양한 종류의 이해관계상황 이외에 전통의 구속성과 합법성 관념의 혼합에 기인한다. 물론 전적으로 새로운 규약일 경우에는 그렇지 않지만 말이다. 그러나 순응하는 자들은 매우 많은 경우 이 질서가 관습인지, 인습인지 또는 법인지를 의식조차 하지 못하는 것은 물론이다. 이럴 경우 사회학의 과제는 타당성의 전형적인 성격을 밝혀내는 것이다.

8. 투쟁 개념

투쟁이란 하나의 사회적 관계로서, 이 사회적 관계에서 행위자는 자신의 의지를 하나 또는 여럿인 상대편의 저항에도 불구하고 관철하겠다는 의도에 따라 행동한다. '평화적' 투쟁수단이란, 즉각적 물리적 폭력성을 동반하지 않는 투쟁수단을 의미한다. '평화적' 투쟁이, 타인들도 원하는(*begehren*) 기회에 대한 자신의 처분권을 얻기 위해 형식상 평화적으로 상호 겨루는 형태를 띨 경우, 이 평화적 투쟁을 '경쟁'이라고 부르고자 한다. 경쟁이 그 목적과 수단에 있어서 하나의 질서체계에 준거해 진행될 경우, 그것을 '규제된 경쟁'이라 부르고자 한다. 개개인 또는 특정 유형의 사람들이 의식적 투쟁의지 없이 생활여건 또는 살아남을 기회를 두고 서로에 대해 벌이는 (잠재적) 생존경쟁은 '도태과정'이라 부르고자 한다. 그런데 이 과정이 현실에서 살아가는 인간들의 생존기회를 두고 진행된다면 '사회적 도태과정', 유전질의 생존기회를 두고 진행된다면 '생물학적 도태과정'이라 부르고자 한다.

1) 투쟁의 다양한 형태를 나열해보자면: 어떤 투쟁규칙도 거부하며 상대편의 생명을 빼앗기 위해 벌이는 혈투, 인습적 규칙에 따르는 기사단 전투(폰테노이 전투 개시 전 프랑스 전령관의 포고: "영국인들이여, 먼저 공격을 받으시오"), 규칙에 따라 하는 시합(스포츠), 한 여성의 호의에 대한 구애자들 간의 규칙 없는 '경쟁', 교역기회를 두고 시장질서체계에 의거하여 벌어지는 각축, 예술적 '경쟁' 또는 '선거운동' 등등. 이 모든 투쟁들 간에는 지극히 다양한 종류의 빈틈없는 이행형태들이 존재한다. (비)폭력적 투쟁을 개념적으로 따로 설정하는 것은 이 투쟁의 통상적인 수단이 가진 특성 및 이 특성이 투쟁 발생의 사회학적 결과들에 부여하는 특수성 때문이다.

2) 전형적으로 그리고 대량으로 발생하는 모든 투쟁과 경쟁은, 그 많은 결정적인 우연과 운명적 요소들에도 불구하고, 길게 보면 결과적으로 아래와 같은 '도태'과정으로 이끈다. 즉 투쟁에서 승리하는 데 일반적으로 중요한 개인적 자질을 더 많이 소유한 자의 선택. 이 자질이 어떤 것인지: 가령 더 많은 신체적 힘 또는 파렴치한 교활, 더 강력한 정신적 실행력 또는 폐활량, 선동기술, 상사에 대한 더 많은 헌신 아니면 자기편을 만들고 싶은 대중에 대한 더 많은 헌신, 더 많은 독창적 능력 아니면 더 많은 사회적 적응력, 더 많은, 비상하다고 간주되는 능력 아니면 더 많은, 대중적 평균을 넘어서지 않는다고 간주되는 능력 등등. 이 중 어느 자질이 투쟁에서의 승리에 더 유리한지에 대해서는 투쟁 및 경쟁조건들이 결정한다. 그런데 이 조건들에는 생각할 수 있는 모든 개인적 자질과 대중적 자질들 이외에도 투쟁행위가 준거로 삼은 질서체계들도 속한다. 그 준거동기가 전통적인 것이든, 가치합리적인 것이든 또는 목적합리적인 것이든 간에 말이다. 이 질서체계들 각각은 사회적 도태의 가능성(*Chance*)에 영향을 끼친다.

모든 사회적 도태가 우리가 의미하는 바의 '투쟁'은 아니다. 오히려 '사회적 도태'란 일단은 다음과 같은 것을 의미할 뿐이다. 즉 행동의 특정한 유형과, 경우에 따라서는, 개인적 자질이 한 특정한 사회적 관계('애인', '남편', '국회의원', '관료', '사장', '성공적인 기업가' 등등)에서 승리하는 데 유리하다는 것이다. 이러한 사회적 유리함이 '투쟁'을 통해서 실현되는지, 더 나아가 이런 유리함이 특정 유형의 생물학적 '생존가능성'을 개선하는지 아니면 그 정반대인지 여부에 대해서 사회적 도태개념은 원칙적으로 어떤 함의도 내포하지 않고 있다.

단지 진정으로 경쟁이 일어나는 곳에서만 우리는 '투쟁'을 거론할 것이다. 그리고 '도태'라는 의미에서만 투쟁은, 지금까지의 모든 경험으로 미루어 볼 때, 사실상 축출 불가능하며, 생물학적 도태라는 의미에서만 투쟁은 원칙적으로 축출 불가능하다. 도태가 '영원한' 이유는,

그것을 완전히 축출할 수 있는 어떤 수단도 생각해낼 수 없기 때문이다. 초강경파 평화주의적 체제도 항상 투쟁수단, 투쟁대상 그리고 투쟁방향 중 특정한 것을 배제하는 방식으로 투쟁을 조정할 수 있을 뿐이다. 이것이 의미하는 바는, 초강경파 평화주의적 체제하에서도 배제되지 않은 다른 수단들이 (개방된) 경쟁에서 승리로 이끌 것이며, 그리고 이 경쟁마저 배제되었다고 생각한다면(이것은 유토피아적 이론적으로만 가능한 일이지만), 그럼에도 이 다른 수단들은 여전히 생활여건 또는 생존기회를 두고 벌어지는 (잠재적인) 도태과정에서 승리로 이끌 것이며, 이 수단을, 유전자로든 아니면 교육의 결과로든, 소유한 자들을 선호할 것이다. 사회적 도태과정은 투쟁을 축출할 수 없는 경험적 근거이며 생물학적 도태과정은 투쟁을 축출할 수 없는 원칙적 근거이다.

3) 생활여건 또는 생존기회를 위한 개개인의 투쟁과, 사회적 관계들 간의 투쟁과 도태는 서로 구분되어야 하는 것은 당연하다. 사회적 관계의 경우에는 단지 비유적인 의미에서만 투쟁과 도태의 개념을 사용할 수 있다. 왜냐하면 '관계들'이란 단지 특정한 의미내용을 가진 인간 행위로만 존재하기 때문이다. 따라서 관계들 간의 투쟁과 도태가 의미하는 바는, 특정한 종류의 행위가 시간이 지남에 따라—동일한 사람의 또는 타인들의—다른 종류의 행위에 의해 축출된다는 것이다. 이것은 다양한 방식으로 일어날 수 있다.

① 인간은 행위를 통해 의식적으로 아래와 같은 목표를 지향할 수 있다. 즉 특정한 구체적 사회관계 또는 특정한 성격의 일반적 사회관계, 더 정확히는 이러한 사회적 관계의 의미내용을 기반으로 진행되는 행위를 방해하거나 그 행위의 발생이나 존속을 저지하려는 목표를 지향할 수 있다(어떤 '국가'를 전쟁이나 혁명을 통해 교란하거나 어떤 '음모'를 무자비한 억압을 통해 저지하거나, '내연관계'를 치안적 조치를 통해 저지하거나, '고리대금업적' 사업관계를 법적 보호의 거부나 처벌을 통해 저

지하거나 등등). 또는 특정 범주의 행위의 존속을 장려하고 다른 범주의 행위는 불리하게 함으로써 우리는 의식적으로 행위에 영향을 미치려고 할 수 있다. 이런 목표는 한 개인 아니면 서로 연대한 개인들이 설정할 수 있다.

② ①에서와 같은 의식적인 목표설정을 통해서가 아니라 사회적 행위의 진행이 낳는 의도되지 않은 부산물 및 이에 결정적으로 작용한 온갖 종류의 조건들을 통해 상기한 사회적 관계의 도태과정이 일어날 수도 있다. 즉 특정한 구체적인 사회적 관계 또는 특정한 성격의 관계(늘 그렇듯이, 더 정확히는 해당행위)가 계속 존속하거나 새로이 발생할 개연성이 점점 줄어드는 것이다. 모든 종류의 자연조건 및 문화조건들은 변화가 일어날 경우 어떤 방식으로든 극히 다양한 성격의 사회적 관계들의 상기한 존속개연성에 변화를 가져오는 것이다. 여기서 만약 누군가가 ('더 잘 적응된 자'라는 의미에서의) '더 강한 자'가 승리하는 경우에 대해서도 사회적 관계(가령 국가조직들)의 '도태'가 일어난다고 주장한다면 그것은 그의 재량이다. 다만 아래와 같은 점은 확인해 둘 필요가 있다. 즉 이와 같은 소위 '도태'라는 것은 인간유형들의 도태와는 사회적인 의미에서도 생물학적인 의미에서도 전혀 무관하다는 점, 그리고 모든 개별적 경우마다 우리가 물어야 할 것은, 어떤 원인이 사회적 행위와 사회적 관계의 특정형태의 가능성이 변동하도록 했는가, 또는 어떤 원인이 한 사회적 관계를 파괴하거나 아니면 그것이 다른 사회적 관계와의 대립에서 계속 존속할 수 있도록 하였는가 라는 점이다. 또한 이 원인들은 너무나 다양하기 때문에 이들에 대한 하나의 통일된 표현은 부적절한 것으로 보인다는 점 역시 확인해둘 필요가 있다. 이 문제와 관련해서는 항상 아래와 같은 위험이 도사리고 있다. 즉 통제되지 않은 가치판단들을 경험적 연구에 유입시킬 위험, 그리고 무엇보다도, 구체적 사례에서 흔히 순전히 개별적 원인을 가진 성공, 그리고 그런 의미에서 '우연적인' 성공을 옹호할 위험. 최근 몇 년간 그리고 현재에도 이런 사례들은 넘칠 만큼 많이 관찰할 수 있

다. 이것이 문제인 까닭은, 하나의 (구체적 또는 정성적으로 구체화된) 사회적 관계가 순전히 구체적 원인들에 의해 도태되었다는 사실 그 자체는 이 사회적 관계가 일반적으로 적응도가 낮다는 증거가 결코 될 수 없기 때문이다. 세계가 가진 동질적 전통에 의해 창출된 것이다—은 상호이해 즉 모든 사회적 관계의 형성을 고도로 용이하게 한다. 그러나 이 공통점 그 자체는 아직 공동체적 결사를 의미하는 것은 아니며, 그것은 단지 해당 집단들 간의 교류, 즉 이익중심적 결속의 발생을 용이하게 할 뿐이다. 즉 공통언어는 일단은 동일언어 사용자들로서가 아니라 다른 종류의 이해관계 당사자들로서 개인들 간의 이익중심적 결속을 용이하게 하는 것이다. 다시 말해 언어는 일차적으로 상호이해의 수단일 뿐이지 사회적 관계의 의미내용은 아니다. 제3집단에 대한 의식적인 대립관계의 발생이 비로소 언어공동체 참여자들에게 하나의 동질적인 상황, 공동체 감정 및, 공통 언어가 명백한 존립근거인 이익중심적 결사들을 발생하게 한다.

반면에 '시장'(이 개념에 대해서는 제2장 참조)에의 참여는 또 다른 성격을 가지고 있다. 시장참여는 교역 당사자들 간에 이익중심적 결속을 발생시키며 교역 및 구매희망자들 간에 사회적 관계(특히 '경쟁' 관계)를 발생시키는바, 이들은 자신들의 행동을 상호적으로 준거할 수밖에 없는 것이다. 그러나 이를 벗어나서 이익중심적 결속이 이루어지는 경우란 단지 아래와 같은 경우, 즉 몇몇 참가자들이 더 성공적인 가격경쟁을 위해 합의를 보거나, 또는 참가자 모두가 교류의 조정과 보장에 대해 합의를 보는 경우뿐이다(덧붙이자면 시장 및 이에 기반한 교류경제는 적나라한 이해관계상황을 통해 참여자들의 행위가 상호영향을 주고받는 경제양식의 가장 중요한 유형이며, 이것은 근대경제의 특징이다).

9. 공동체적 결속과 이익중심적 결속

'공동체적 결속'이란, 사회적 행위자들의 관계가 — 개개의 경우 또는 평균적으로 또는 순수유형에서 — 관련당사자들이 주관적으로 느끼는(정서적 또는 전통적) 연대감에 기반하고 있는 사회적 관계를, 그리고 이러한 사회적 관계만을 일컫는다.

'이익중심적 결속'이란, 사회적 행위자들의 관계가 합리적(가치합리적 또는 목적합리적) 동기에서 이루어진 이해관계 조정에 기반하거나 또는 역시 합리적 동기에서 이루어진 이해관계 제휴에 기반하고 있는 사회적 관계, 그리고 이러한 사회적 관계만을 일컫는다. 전형적인 이익중심적 결속은 특히 상호동의를 통한 합리적 합의에 기반할 수 있다(그러나 이것에만 기반하는 것은 아니다). 이럴 경우 이익중심적 결속행위는, 만약 합리성이 전제된다면, 두 가지에 준거하게 된다: ① 가치합리적으로 자기 자신의 의무에 대한 믿음에 준거. ② 목적합리적으로 상대편의 성실성에 대한 기대에 준거.

1) 위 개념들은 퇴니에스(F. Tönnies)가 그의 주요저서인 《공동체와 이익 사회》(*Gemeinschaft und Gesellschaft*)에서 수행한 구분을 연상시킨다. 그러나 퇴니에스는 자신의 목적을 위해 이 구분에 곧바로 하나의 훨씬 더 특수한 의미를 부여하였는바, 이것은 여기서 우리의 목적에 유용한 정도를 넘어서는 의미부여이다. 이익중심적 결속의 가장 순수한 유형들은 ① 시장에서 이루어지는 엄격히 목적합리적이고 자유로이 협정된 교역: 이것은, 서로 상반되지만 그러나 상호보완적 이해관계를 가진 당사자들이 그때그때의 현안에 대해 도달한 타협의 산물이다. ② 자유로이 협정된 순수한 목적단체, 즉 그 의도와 수단에 있어서 순전히 구성원들의 객관적(경제적 또는 다른) 이해관계의 추구라는 목적을 위해 지속적으로 행동하겠다는 합의에 바탕한 단체. ③ 가

치합리적 동기에 기반한 이념단체: 합리적 종파가 그런 경우이다. 다만, 이 종파가 감정적 정서적 관심사의 진흥은 도외시하고 단지 종교적 '대의'에만 헌신할 경우에 한하여 그러하다(물론 이것은 전적으로 순수한 유형에서 특별한 경우에만 일어나는 일이다).

2) 공동체적 결속은 모든 종류의 정서적, 감정적 또는 전통적 기초에 터할 수 있다. 가령 영적인 교회, 동지애적으로 결속된 군부대 등. 가족공동체가 가장 쉽게 떠오르는 유형이다. 그러나 사회적 관계의 대부분은 한편에는 공동체적 결속의 성격을, 다른 한편에는 이익중심적 결속의 성격을 가지고 있다. 제아무리 목적합리적이고, 냉철하게 조직되었고, 목적지향적인 사회적 관계(가령 고객)라고 하더라도 이런 사회적 관계 역시 예외 없이 의도된 목적을 벗어나는 감정적 요소를 생성시킬 수 있다. 가령 동일한 병영, 학급, 사무실, 작업장에서의 이익중심적 결속과 같이, 목적단체에 관련된 그때그때의 행위를 넘어서 비교적 장기적 관계를 전제로 하는 이익중심적 결속, 그리고 동일한 사람들 간의 사회적 관계가 지속되고 애초부터 실무적 개별성과에만 한정되지 않는 이익중심적 결속은 어떻게든 위와 같은 감정적 요소를 생성시키는 경향을 보인다. 물론 그 정도는 지극히 다양하지만 말이다. 이와는 정반대로, 그 통상적인 의미로 볼 때는 공동체적 결속관계인 사회적 관계도 모든 또는 일부 관련자들에 의해 전적으로 또는 부분적으로 목적합리적 지향을 가지는 관계로 전환될 수 있다. 예컨대 가족집단이 그 당사자들에 의해 얼마만큼 '공동체'로 느껴지는지 아니면 얼마만큼 '이익중심적 결속관계'로 이용당하는지는 매우 다양하게 나타난다. '공동체적 결속관계' 개념은 여기서 의도적으로 매우 일반적으로, 즉 상당히 이질적인 사안들을 포괄하는 방식으로 정의되었다.

3) 공동체적 결속은 그 의미상 일반적으로 '투쟁'과는 가장 반대되는 현상이다. 그러나 이것이 아래와 같은 점을 간과하게 해서는 안 된다.

즉 현실에서는, 심지어 가장 친밀한 공동체 내에서도 정신적으로 더 유순한 자들에 대한 온갖 종류의 억압이 비일비재하다는 점, 그리고 공동체 내에서도 유형들의 '도태'는 일어나며 이는 생활여건 및 생존기회의 상이성을 야기하는바, 이것은 여타 영역의 사정과 전적으로 동일하다.

다른 한편, 이익중심적 결속은 매우 흔히 서로 상충하는 이해관계들 간의 타협에 불과한데, 이 타협은 투쟁대상이나 투쟁수단의 한 부분만을 배제할 뿐(또는 배제하려고 시도할 뿐), 이해관계 대립 그 자체 및 기회에 대한 경쟁은 그대로 존속시킨다. '투쟁'과 공동체는 상대적 개념들이다. 투쟁은, 그 수단에 있어서나 (폭력적 또는 '평화적' 수단) 이 수단 사용의 무자비성에 있어서나 정말 매우 다양한 방식으로 형성된다. 그리고 이미 언급했듯이 사회적 행위의 모든 질서체계는, 그 성격이 어떻든 간에, 생존기회에 대한 다양한 인간유형들 간의 경쟁이 낳는 순전히 현실적인 도태를 어떤 형태로든 존속시킨다.

4) 상황 또는 행동의 질의 공통점이 모두 공동체적 결속인 것은 결코 아니다. 가령 우리가 '인종' 특성이라고 간주하는 그런 생물학적 유전질은 그 자체로서는 이런 특성을 가진 자들의 공동체적 결속을 의미하는 것은 전혀 아니다. 이런 특성을 가진 자들은 주변세계가 부과하는 교역과 통혼의 제한을 통해 하나의 동질적인 — 이 주변세계로부터 유리된 — 상황에 이를 수 있다. 그러나 설사 이들이 이런 상황에 동질적으로 대응한다고 하더라도, 이것은 아직 공동체적 결속이 아니다. 그리고 공통적 상황 및 이의 결과에 대한 단순한 '감정' 역시 공동체적 결속을 창출하는 것은 아니다. 이들이 이러한 감정을 근거로 자신들의 행동을 어떻게든 서로 준거시킬 때 비로소 그들 간에는 하나의 사회적 관계가 형성된다. 그리고 이 사회적 관계가 하나의 실감된 연대감을 보여줄 때 비로소 하나의 '공동체'가 형성된다. 가령 유대인들의 경우 이런 공동체적 연대감은 상대적으로 매우 미약한 편이며, 심

지어 많은 유대인들은 이것을 거부하기까지 한다. 물론 시온주의적 지향을 가진 집단과 유대인 이해관계를 위해 결성된 다른 몇몇 이익중심적 결사체의 행동을 제외한다면 말이다. 언어의 공통점 — 이것은 가족과 이웃 주변세계가 가진 동질적 전통에 의해 창출된 것이다 — 은 상호이해 즉 모든 사회적 관계의 형성을 고도로 용이하게 한다. 그러나 이 공통점 그 자체는 아직 공동체적 결사를 의미하는 것은 아니며, 그것은 단지 해당 집단들 간의 교류, 즉 이익중심적 결속의 발생을 용이하게 할 뿐이다. 즉 공통언어는 일단은 동일언어 사용자들로서가 아니라 다른 종류의 이해관계 당사자들로서 개인들 간의 이익중심적 결속을 용이하게 하는 것이다. 다시 말해 언어는 일차적으로 상호이해의 수단일 뿐이지 사회적 관계의 의미내용은 아니다. 제3집단에 대한 의식적인 대립관계의 발생이 비로소 언어공동체 참여자들에게 하나의 동질적인 상황, 공동체 감정 및, 공통 언어가 명백한 존립근거인 이익중심적 결사들을 발생하게 한다.

반면에 '시장'(이 개념에 대해서는 제2장 참조)에의 참여는 또 다른 성격을 가지고 있다. 시장참여는 교역 당사자들 간에 이익중심적 결속을 발생시키며 교역 및 구매희망자들 간에 사회적 관계(특히 '경쟁' 관계)를 발생시키는바, 이들은 자신들의 행동을 상호적으로 준거할 수밖에 없는 것이다. 그러나 이를 벗어나서 이익중심적 결속이 이루어지는 경우란 단지 아래와 같은 경우, 즉 몇몇 참가자들이 더 성공적인 가격경쟁을 위해 합의를 보거나, 또는 참가자 모두가 교류의 조정과 보장에 대해 합의를 보는 경우뿐이다(덧붙이자면 시장 및 이에 기반한 교류경제는 적나라한 이해관계상황을 통해 참여자들의 행위가 상호영향을 주고받는 경제양식의 가장 중요한 유형이며, 이것은 근대경제의 특징이다).

10. 개방적 관계와 폐쇄적 관계

(공동체적 결속이든 이익중심적 결속이든 간에) 사회적 관계는 아래와 같은 경우 대외적으로 '개방적'이라 부르고자 한다. 즉 만약 이 관계의 의미내용에 준거하는 상호적 사회적 행위 — 이것이 이 관계를 구성한다 — 에 실제로 참여할 능력과 의사가 있는 사람이면 누구든 간에, 이 관계의 유효한 규칙에 따라, 그 참여가 허용되는 경우. 그에 반해 한 사회적 관계의 의미내용 또는 그것의 유효한 규칙이 참여를 배제하거나 제한하거나 또는 조건을 내세울 경우, 그리고 이렇게 하는 정도만큼, 이 사회적 관계는 대외적으로 '폐쇄적'이라 부르고자 한다. 개방성과 폐쇄성은 전통적 또는 정서적, 가치합리적 또는 목적합리적 요인에 근거할 수 있다. 합리적 폐쇄는 특히, 한 사회적 관계가 참여자들에게 내적 또는 외적 이해관계의 충족에 대한 기회를 열어줄 수 있을 경우 성립할 수 있다. 이런 기회는 이 사회적 관계의 목적 또는 성과에 따라 제공될 수 있으며 아니면 연대적 행위 또는 이해관계 조정을 통해 제공될 수 있다. 만약 참여자들이 이 사회적 관계의 보급을 통해 자기 자신의 기회의 향상 — 그 정도, 종류, 확실성 및 가치 차원에서의 향상 — 을 기대할 수 있다면, 그들은 이 관계의 개방에 관심을 가질 것이며, 반대로 이 관계의 독점에서 자신의 기회의 향상을 기대한다면 대외적 폐쇄에 관심을 가질 것이다.

폐쇄적인 사회적 관계는 독점화된 기회를 참여자들에게 세 가지 방식으로 보장할 수 있다. ① 무상으로, 또는 ② 독점화 기회의 정도와 종류를 규정하거나 할당하는 방식, ③ 개개인에게 또는 이들 중의 특정집단에게 전유권(專有權)을 부여하는 방식(이것은 내부적 폐쇄이다). 전유된 기회는 '권리'라 부르고자 한다. 여기서 이 전유권은 지속적이고 상대적일 수도 있고 아니면 전적으로 회수 불가능한 것일 수도 있다. 전유권은 규정에 따라 아래와 같이 부여될 수 있다.

(1) 특정한 공동체 — 가령 가족공동체 — 와 단체에 속한 자에게.

(2) 개인에게. 이 경우에는 ① 순전히 본인에게만 또는 ② 본인 사망 시 지금까지 전유권을 소유했던 자와 사회적 관계 또는 혈연관계를 통해 연계된 단수 혹은 복수의 사람들이 전유권을 승계하거나 또는 전유권자가 지정한 단수 혹은 복수의 타인들이 전유기회를 승계할 수 있다 (세습적 전유).

(3) 끝으로, 전유권 소유자가 전유기회를 ① 특정한 사람에게 아니면 ② 임의의 타인들에게 다소간 자유로이 양도할 수 있다(양도 가능한 전유권).

폐쇄적인 사회적 관계에 참여하는 자는 **동반자**라 부르고자 하며, 그러나 만약 참여가 법적으로 규제되고, 이 규제에 의거해 참여자가 전유기회를 얻게 된다면, 우리는 그를 **법적 동반자**라 부르고자 한다. 상속을 통해 개인에게 또는 상속공동체 내지 상속단체에 양도된 기회들은 (개인 또는 해당 공동체 또는 단체의) **소유권**이라 부르고자 하며, 양도를 통해 전유된 기회들은 **자유로운** 소유권이라 부르고자 한다.

위와 같은 상황들에 대해, 일견 아무 소용도 없어 보이지만 이렇게 '공들여' 정의를 내리는 이유가 있다: 우리는 특히 (일상적으로 익숙하기 때문에) '자명한 것'은 매우 소홀히 '사고'하는 경향이 있다는 사실을 예시하기 위해서다.

1) (1) 전통적 요인에 의해 폐쇄적 경향을 가지는 공동체는, 예컨대, 그 소속자격이 가족관계에 기반하는 공동체이다.

(2) 사적인 감정관계(가령 에로틱한 관계 또는 — 흔히 — 외경〔畏敬〕 관계)는 감정적 요인에 의해 폐쇄적 경향을 가지는 것이 상례이다.

(3) 엄격한 신앙공동체는 가치합리적 요인에 의해 (상대적으로) 폐쇄적 경향을 가지는 것이 상례이다.

(4) 독점적 또는 금권주의적 성격의 경제조직은 전형적으로 목적합리적 요인에 의해 폐쇄적이다.

아래에서는 임의로 몇 가지 예를 들고자 한다.

언어결사체의 개방성 또는 폐쇄성은 그 의미내용에 달려 있다(대화는 은밀한 속내 이야기 또는 사업상의 보고와는 다르다).

시장관계는 적어도 많은 경우 우선 개방적인 것이 상례이다.

우리는 수많은 공동체적 결속과 이익중심적 결속에서 확대보급과 폐쇄 간의 교체를 관찰할 수 있다. 가령 동업자조합, 고대 및 중세의 민주적 도시 등에서 그러한 현상을 볼 수 있다. 후자의 경우 그 구성원들은 한때는 권력을 통해 자신들의 기회를 확보하기 위해 구성원을 최대한 늘리려고 했고, 또 다른 시기에는, 자신들의 독점 가치를 지키기 위해 구성원 수를 제한하려고 했다.

같은 현상을 우리는 수도사 공동체와 종파에서도 드물지 않게 발견한다. 이들은 윤리적 기준을 높이 유지하기 위해서든 아니면 물질적 이유에서든 간에 종파 선교에서 종파 폐쇄 쪽으로 넘어가곤 했다.

마찬가지로 거래 증대를 위한 시장의 확대와 시장의 독점주의적 제한은 병존한다.

과거에 드물지 않았던, 신분적으로 폐쇄적이었던 비밀언어들과는 대조적으로 오늘날에는 출판업자 및 문필가들의 이해관계의 당연한 결과로 언어개방이 진행되고 있다.

2) 규제와 대외적 폐쇄의 정도와 수단은 매우 다양할 수 있으며 따라서 개방에서 규제와 폐쇄로의 이행은 유동적이다. 예컨대 특정요건의 충족과 연수기간 이수에 의거한 가입 또는 조건부로 구매될 수 있는 구성원 지분에 의거한 가입, 모든 가입 허가에 대한 비밀투표 시행, 세습지위가 소속성 또는 가입 여부를 결정하는 경우 또는 특정한 성과에 따라 누구에게나 허용되는 자유로운 참여 또는—폐쇄와 내부적 전유의 경우—전유된 권리의 취득을 통한 가입 등등, 우리는 참여조건의 지극히 다양한 단계를 확인할 수 있다. 다시 말해 '규제'와 대외적 '폐쇄성'은 상대적 개념들이다. 고급클럽과 입장권을 가지면 들어

갈 수 있는 연극공연, 홍보를 위한 당 집회, 누구나 참여할 수 있는 예배의식과 종파의 예배의식, 비밀결사단의 비밀종교의식 등 간에는 온갖 종류의 이행형태들이 존재한다.

3) 관련자들 내에서 그리고 이들의 상호관계에서 이루어지는 내부적 폐쇄 역시 매우 다양한 형태를 띨 수 있다. 예컨대 대외적으로 폐쇄된 카스트, 길드 또는 증권거래단체는 자신의 구성원들에게 모든 독점된 기회에 대한 서로 간의 자유로운 경쟁을 허용할 수도 있고 아니면 개개 구성원의 권한을 특정한 기회로 엄격히 한정할 수 있다. 가령 특정 고객집단 또는 사업대상 등에 대한 사업권한을 그에게 평생 또는 (특히 인도가 그러하다) 세습적이고 양도 가능한 방식으로 전유하게 하는 식으로 한정할 수 있다. 대외적으로 폐쇄된 촌락공동체는 구성원들에게 공유농지의 자유로운 이용을 허용하고 보장할 수도 있고 아니면 엄격히 개별가구에 지정된 할당량만을 허용하고 보장할 수도 있다. 대외적으로 폐쇄된 정주집단은 토지의 자유이용 또는 지속적으로 전유된 고정적 농지지분을 허용하고 보장할 수 있다. 이 모든 현상들 간에는 온갖 종류의 이행형태들과 중간단계들이 존재한다. 가령 역사적으로 볼 때 영지, 봉록 그리고 관직에 대한 계승권의 대내적 폐쇄와 상기한 직책들의 소유자에 의한 이 권리의 전유는 지극히 다양한 형태를 취해 왔다. 이와 유사하게 일자리의 계승권 및 일자리 소유권은 — 경영참여근로자 대표협의회의 발전이 그 첫걸음이 될 수 있다(그러나 반드시 그래야 하는 것은 아니다) — 클로즈드 숍(closed shop: 노동조합원만을 고용하는 사업소)에서 시작해 개개 일자리에 대한 권리로 나아갈 수 있다(그 전조: 관련노동자 전부의 동의 없는 해고의 금지). 모든 세부사항은 객관적인 개별분석의 영역에 속한다. 지속적 전유가 최고봉에 달하는 경우란, 개인에게 (또는 가구공동체, 친족, 가족 등과 같은 개인들의 특정한 집합체에게) 전유기회들이 아래와 같은 방식으로 보장될 때이다. ①〔당사자의〕 사망 시 이 기회들이 다른 특정한

사람에게 넘어가는 과정이 규약에 의해 규정되고 보장되어 있는 경우, ② 이 기회의 소유자가 이 기회를 자유롭게 임의의 제3자에게 양도할 수 있는 경우. 이 제3자는 이를 통해 사회적 관계의 참여자가 된다. 따라서 이런 사회적 관계는, 상기한 바와 같이 내부적으로 완벽한 전유가 이루어질 경우, 동시에 대외적으로는 (비교적) 개방된 관계가 된다(단, 이 관계가 다른 법적 동반자들의 동의를 구성원 자격획득의 조건으로 삼지 않는 한).

4) 폐쇄의 동기로는 아래와 같은 점을 들 수 있다.

(1) 구성원들의 자질과 (경우에 따라 이에 근거한) 위신의 고수, 그리고 위신에 따르는 명예와 (경우에 따라서는) 이득의 고수. 이러한 동기에 의거한 폐쇄적 조직들의 예를 들자면: 금욕주의자, 수도승(특히 가령 인도에서는 탁발수도승) 등의 교단, 전사조직, 공훈귀족 및 다른 관료조직 그리고 (가령 고대 그리스-로마에서 보는 바와 같은) 정치적 시민조직, 수공업자조합 등.

(2) (소비)수요에 비해 〔소비〕기회가 부족해지는 상황('식량수급' 문제): 소비독점(원형: 공유농지조합).

(3) 영리기회가 줄어드는 상황('영리폭'의 문제): 영리독점(원형: 동업자조합, 또는 고대 어업조합 등).

대부분의 경우 (1)의 동기들은 (2) 또는 (3)의 동기들과 결합되어 있다.

11. 행위의 책임귀속. 대표관계

사회적 관계는 전통적 질서체계 또는 제정된 질서체계에 따라 참여자들에게 아래와 같은 결과를 초래할 수 있다.

(1) 사회적 관계 참여자 개개인의 특정한 종류의 행위가 모든 참여자들의 행위로 간주된다는 결과(연대책임동지).

(2) 특정한 참여자('대표자')의 행위가 다른 참여자들('대표된 자들')의 행위로 간주되는 결과.

이 두 가지 사안을 통해 발생하는 기회 및 결과가 참여자들에게 이로울 수도 있고 짐이 될 수도 있다. 대표권('전권')은 타당한 규칙에 따라 아래와 같은 방식으로 부여될 수 있다.

(1) 모든 종류와 정도의 대표권이 전유된다(독자전권: *Eigenvollmacht*). 또는

(2) 대표권의 특징에 따라 지속적으로 혹은 일시적으로 배정된다. 또는

(3) 참여자들 혹은 제 3자의 특정한 결의서를 통해 지속적 또는 일시적으로 양도된다(규정에 의거한 전권).

사회적 관계(공동체 또는 이익결사체)를 어떤 조건하에서는 연대관계로, 어떤 조건하에서는 대표관계로 다루어야 할지에 대해, 일반적인 관점에서는, 단지 다음과 같은 점만을 지적할 수 있을 뿐이다. 즉 참여자들의 행위가 어느 정도까지 ① 폭력적 투쟁 아니면 ② 평화적 교환을 목적으로 하는지가 상기 문제의 분석에 결정적이라는 점, 그러나 그 밖에도 수많은 사례분석에서만 비로소 확인할 수 있을 특수상황들 역시 매우 중요했고 또 중요하다는 점. 당연한 일이지만, 상기한 결과들은 순수히 이념적인 자산을 평화적 수단으로 추구하는 자들에게서 가장 적게 발생한다. 대외적 폐쇄성의 정도와 함께 연대와 대표권은 흔히 병행하기도 하지만, 그러나 늘 그런 것은 아니다.

1)'책임소재'라는 말은 실제적으로 아래와 같은 의미를 지닐 수 있다.

(1) 수동적이고 능동적인 연대: 한 참여자의 행위에 대해 모두가 그 행위자와 똑같이 책임을 진다. 다른 한편 모두가 그의 행위가 확보한 기회들을 그와 똑같이 이용할 자격을 가지게 된다. 책임은 유령을 비롯한 혼백에 대한 책임 또는 신들에 대한 책임일 수 있는바, 즉 종교적 지향을 가질 수 있으며 아니면 인간에 대한 책임일 수도 있다. 이 경우에는 법적 동지들을 지원할 그리고 그들을 응징할 인습적 책임일 수 있으며 또는 법적 책임일 수도 있다. 인습적 책임의 예로는 친족에 대한 그리고 친족을 통한 피의 복수, 가해자가 속한 도시와 국가의 시민에 대한 보복을 들 수 있다. 법적 책임의 예로는 친척, 가구 구성원, 교구 구성원에 대한 처벌, 가구 구성원들과 출자자들의 상호 간의 개인적인 채무보증 및 이들을 위한 채무보증 등을 들 수 있다. 신들에 대한 연대 역시 역사적으로 (고대 이스라엘, 초기 기독교, 초기 청교도 등의 교구에서) 매우 중요한 결과를 초래하였다.

(2) 다른 한편 연대는 단지 아래와 같은 것을 의미할 수도 있다(최소한의 의미!). 즉 전통적 질서체계 또는 제정된 질서체계에 따라 특정 폐쇄적 관계에 참여한 자들은 대표자가 어떤 종류의 기회이든 기회들(특히 경제적 기회들)에 대해 취하는 조치를 자기 자신의 행동에 있어서도 합법적인 것이라고 간주한다(한 '조직'의 '이사회'가 취한 조치들의 '적법성' 또는 한 정치적 내지 경제적 조직의 대표자가, 규칙에 따르면 '조직의 목적'에 쓰여져야 할 물적 재화에 대해 내리는 조치들의 합법성 등이 그러한 예일 것이다).

2)'연대'라는 상이 전형적으로 존재하는 경우란 아래와 같다.

(1) 전통적 혈연공동체 또는 생활공동체(유형: 가구와 친족).

(2) 독자적 폭력행사권을 통해 독점적 기회를 유지하는 패쇄적 관계(유형: 특히 과거의 정치적 조직들이 그러했지만, 그러나 현대의 정치적 조직들도 대부분 마찬가지며 특히 전쟁의 경우 그러하다).

(3) 참여자들이 직접 운영하는 사업체를 가진 영리-이익결사체(유형: 개방 상업회사).

(4) 경우에 따라서는 노동조직(유형: 러시아 노동조합).

'대표'라는 구성요건은 목적조직과 규약에 근거한 조직에서 전형적으로 확인된다. 특히 '목적자산'(이에 대해서는 나중에 법사회학에서 다룰 것이다)이 축적되고 관리되는 경우가 그러하다.

3) 대표권이 '특성'에 따라 배정된다는 것은, 가령 대표권이 나이 순 또는 이와 유사한 요건에 따라 부여되는 경우를 뜻한다.

4) 이 주제에 대한 모든 세부사항들은 일반론적으로가 아니라 사회학적 개별분석에서 비로소 서술될 수 있다. 이 주제에 속하는 가장 오래되고 가장 일반적인 사실은 보복조치로서, 이것은 복수 그리고 담보물 강제회수 등의 형태를 띨 수 있다.

12. 조직개념과 조직의 종류

조직은 규제를 통해 대외적으로 제한되어 있거나 폐쇄되어 있는 사회적 관계를 일컫는바, 이 관계의 특징은 조직질서체계의 유지가 이를 전담하도록 채용된 특정 인간들, 즉 **통솔자**와, 경우에 따라서는, **행정집행부**의 행동을 통해 보장된다는 것이다. 이들은 사안에 따라서는 동시에 대표권도 가지는 것이 보통이다. 통솔업무의 관장 또는 행정집행부 활동에의 참여권—즉 '**통치권**'—은 아래와 같은 방식으로 배정될 수 있다. ① 전유된다. 또는 ② 타당한 조직규칙에 의해 규정된 사람 또는 일정한 특징에 따라 혹은 일정한 형태로 선발된 사람들에게 지속적으로 아니면 일시적으로 또는 특정한 경우들을 위해 배정된다.

'조직행위'란 ① 행정집행부 자체가 수행하는 행위로서, 이 행위는 질서체계의 관철에 관련되는 행위이고 통치권 또는 대표권에 의해 정당화된 행위이다. '조직행위'는 또한 ② 조직참여자들의 (조직관련: 아래 3번 참조) 행위를 일컫는바, 이 행위는 행정집행부가 지시에 의거하여 **통솔**한다.

1) 한 조직이 공동체적 결사인지 아니면 이익중심적 결사인지는 조직개념에 있어서는 일단 무관한 것으로 간주하고자 한다. 예컨대 가장(家長), 단체의 중역, 사무총장, 군주, 국가원수, 교회수장 등과 같이 조직질서의 집행을 전담하는 '통솔자'가 존재하면 그것으로 충분하다. 왜냐하면 이 특별한 종류의 **행위**, 즉 단순히 질서체계에 준거할 뿐 아니라 이 질서체계의 **강요**를 목적으로 하는 행위는 사회학적으로 폐쇄된 '사회적 관계'에 하나의 실질적으로 중요한 새로운 특징을 추가하기 때문이다. 그도 그럴 것이 폐쇄된 공동체적 결속 또는 이익중심적 결속 그 자체가 모두 '조직'인 것은 아니기 때문이다. 가령 에로틱

한 관계 또는 통솔자가 없는 친족공동체는 그렇지 않다.

2) 조직의 존립은 전적으로 통솔자와, 사정에 따라서는, 행정집행부가 '실제로 존재한다'는 사실에 달려 있다. 더 정확히 표현하자면, 일정한 사람들이 그 의미상 조직의 질서체계를 관철할 목적으로 수행하는 행위가 일어날 개연성의 존재에 달려 있다. 즉, 필요할 경우 이 목적을 위해 행동할 '자세를 갖춘' 인간들의 존재에 달려 있다. 이런 자세가 무엇에 근거하는지는 개념적으로는 일단 무관하다: 그것은 전통적, 정서적 또는 가치합리적 헌신(봉토의무, 관직의무, 복무의무)에 근거할 수도 있고 또는 목적합리적 이해관계(봉급이해관계 등)에 근거할 수도 있다. 다시 말해, 사회학적으로 볼 때, 우리의 개념상 조직은 상기한 행위가 상기한 방식으로 진행될 개연성이 있을 때만 '존재'할 뿐이다. 만약 특정한 인적 집행부(또는 특정한 개인)가 위와 같이 행동할 개연성이 부재할 경우, 우리의 개념상으로는 단지 하나의 '사회적 관계'가 존재할 뿐, '조직'은 존재하지 않는다. 그러나 상기한 행위의 개연성이 존재하는 한, 자신의 행위를 해당 질서체계에 준거하는 사람들이 교체되더라도 사회학적으로 볼 때 그 조직은 계속 '존속'한다(바로 이 구성요소를 조직개념에 곧바로 포함시키기 위해 위와 같은 방식으로 정의를 내렸다).

3) (1) 행정집행부 자체의 행위 또는 집행부의 통솔하의 행위 이외에 다른 참여자들의 특정한 행위, 즉 조직질서체계에 준거하며 (가령 납세, 모든 종류의 공출제적 개인적 부역, 배심원 업무, 군복무 등과 같은) 질서체계 유지를 보장하기 위한 행위도 전형적인 방식으로 진행될 수 있다.

(2) 타당한 질서체계에는, 조직참여자들이 조직질서체계 자체의 유지문제와는 다른 사안들에서 자신의 행위의 준거로 삼아야 하는 그런 규범들이 포함되어 있을 수 있다(가령 국가조직에서는 사경제적 행위가

그러한 경우인데, 이 행위는 조직질서체계의 타당성을 강제하는 데 기여하는 것이 아니라 개별적 이해관계의 실현에 기여하는 행위로서 '민사'법에 준거한다).

우리는 (1)의 경우는 '조직 연관적 행위', (2)의 경우는 조직에 의해 규제된 행위라고 부를 수 있다. 이와는 달리 '조직행위'라는 개념은 단지 행정집행부 자체의 행위 및 그 외에 이 집행부가 체계적으로 주도하는 모든 조직관련적 행위만을 일컫는 개념으로 규정하고자 한다. 예컨대 한 국가가 '수행하는' 전쟁은 모든 참여자들에게 '조직행위'일 것이며 또는 한 단체의 이사회가 의결 처리하는 '청원서', 지도자가 체결하고 조직 구성원들에게 그 '유효성'을 강요하고 책임을 공유하게 하는 (제 11절 참조) '조약', 더 나아가 모든 '사법판결' 과정과 '행정' 과정도 '조직행위'이다(제 14절도 참조).

한 조직은 ① 자율적이거나 타율적일 수 있으며, ② 집행부는 자율적으로 임명될 수도 타율적으로 임명될 수도 있다. 자율이란, 타율에서와는 달리, 외부 사람들이 아니라 조직 구성원들이 구성원 자격에 의거하여 (이 자격이 어떻게 발생하든 간에) 조직질서체계를 제정하는 것을 뜻한다. 집행부 자율임명제란, 타율임명제에서와는 달리, 지도자와 조직집행부가 외부 사람들에 의해서가 아니라 조직 자체의 규칙에 따라 임명되는 것을 뜻한다(이 임명이 어떻게 이루어지든 간에).

집행부 타율임명제는 가령 (캐나다 중앙정부에 의한) 캐나다 주지사 임명에서 드러난다. 타율임명제 조직도 자율적일 수 있으며 자율임명제 조직도 타율적일 수 있다. 한 조직은, 이 두 가지 관점 모두에서, 한편에서는 자율적이고 다른 한편에는 타율적일 수도 있다. 자율임명제인 독일 연방주들은 이 자율성에도 불구하고 연방소관 사항에 관해서는 타율적이며, 그 자신의 소관사항(교회 및 교육영역)에 관해서는 자율적이다. 엘자스-로트링겐은 독일에서(1918년 이전까지는) 제한적으로 자율적이었지만, 그러나 집행부 임명에서는 타율적이었다(황제가 총독을 임명했다). 이 모든 요소들은 개개 경우마다 그중 일부만이 존재할 수도 있다. 완벽히 타율적이면서 동시에 타율임명제적인 조직은 (가령 육군조직 내의 연대) 일반적으로 더 포괄적인 조직 내의 한 '부분'으로 지칭되어야 할 것이다. 그러나 이것이 실제로 그러한지는, 개개의 경우에서 행위지향의 독립성의(*Selbständigkeit*) 실제적인 정도에 달려 있으며, 어떤 개념을 쓸지 여부는 여기서 전적으로 유용성의 문제일 뿐이다.

13. 조직의 질서체계

이익결사체의 제정된 질서체계는 ① 자유로운 합의에 의해 또는 ② 강요와 순응을 통해 성립될 수 있다. 한 조직 내의 지배권력은 새로운 질서체계의 강요에 필요한 정당한 권력을 요구할 수 있다. 한 조직의 체제상황이란, 현존하는 지배권력층의 강요권력에 대해 조직 구성원들이 실제로 순응할 개연성이 어느 정도인지, 그리고 순응의 성격과 그 전제조건들이 무엇인지를 아우르는 개념이다. 순응의 전제조건들로는, 특히, 타당한 규칙에 따라 진행되는 청문절차, 또는 특정 집단의 동의 아니면 조직참여자들 중 소수의 동의를 들 수 있으며 그 외에도 물론 지극히 다양한 조건들이 있다.

한 조직의 질서체계는 구성원들 이외에 특정한 요건을 갖춘 비구성원들에게도 강요될 수 있다. 이런 요건은 특히 영토연관성(체류 여부, 출생, 한 영토 내에서의 특정한 행동의 수행 등)을 그 내용으로 할 수 있다. 이것은 '영토효력'이다. 그 질서체계가 원칙적으로 영토효력을 강요하는 그러한 조직을 우리는 영토조직이라고 부르고자 한다. 여기서 이 조직의 질서체계가 내부적으로도, 즉 조직 구성원들에게도 어느 정도로 단지 영토효력만을 요구하는지 여부는(이것은 가능하고 적어도 제한된 정도로는 일어난다) 중요하지 않다.

1) 여기서 사용하는 의미에서의 '강요된' 질서체계란 관여자들 전체의 직접적이고 자유로운 동의 없이 성립된 모든 질서체계를 일컫는다. 따라서 소수집단이 순응하는 '다수결' 역시 강요된 질서체계이다. 이런 이유에서 다수결의 정당성은(차후의 지배사회학 및 법사회학 참조) 오랫동안 (중세 신분계급에서까지도, 그리고 현대 러시아의 지방자치단체에 이르기까지) 흔히 인정되지 않았거나 논쟁거리였다.

2) 형식상 '자유로운' 합의도, 일반적으로 잘 알려져 있다시피, 매우 흔히 사실은 강요된 것이다(가령 러시아의 지방자치단체의 경우가 그렇다). 그럴 경우 사회학에서는 단지 실제적인 사정만이 중요하다.

3) 여기서 사용된 '체제상태' 개념은 라살레(Lassale)도 사용한 그 개념이다. 이 개념은 '성문'헌법, 법률적 의미에서의 헌법 일반과는 일치하지 않는다. 사회학적 문제는 단지 아래와 같은 것일 뿐이다. 즉 언제, 어떤 대상에 대해 그리고 어떤 한계 내에서, 또한 — 경우에 따라서는—어떤 특별한 조건하에서 (가령 신들 내지 사제들의 승인 또는 선거인단의 동의 등) 조직 구성원들이 지도자에게 순응하고 또 그 지도자가 '지시를 내릴 때', 특히 질서체계를 강요할 때, 과연 행정집행부와 구성원들의 조직행위를 자신의 뜻대로 관장할 수 있는가 하는 점이다.

4) 강요된 '영토효력'의 주된 유형은 정치적 조직에서의 형법규범 그리고 많은 다른 '법규들'로서, 이들에 있어서는 조직영토 내에서의 체류, 출생, 범죄현장, 수행장소 등이 질서 적용의 전제조건이다(기르케-프로이스〔Gierke-Preuss〕의 개념인 '영토법인체'〔*Gebietskörperschaft*〕를 참조).

14. 행정규칙체계 및 규제규칙체계

조직행위를 조정하는 규칙은 행정규칙체계라 부르고자 한다. 다른 사회적 행위를 조정하고 이 조정을 통해 열리게 된 기회들을 행위자들에게 보장하는 규칙은 규제규칙체계라 부르고자 한다. 한 조직이 전자의 규칙체계에만 준거할 경우 그것을 행정조직이라고 부르고자 한다. 한 조직이 단지 후자의 규칙체계에만 준거할 경우 그것을 규제조직이라고 부르고자 한다.

1) 물론, 모든 조직의 절대다수는 행정조직이면서 동시에 규제조직이다. 단지 규제만 하는 조직은 이론적으로 생각할 수 있는, 절대적 자유방임주의의 순수한 '법치국가'일 것이다(물론 이것은 화폐제도의 규제를 순수한 사경제에 맡긴다는 것을 전제로 한다).

2) '조직행위'의 개념에 대해서는 제 12절 3번을 참조. '행정규칙체계' 개념은 '조직과는 구분되는' — 통상적으로 이렇게 표현한다 — 행정집행부 및 구성원들의 행동에 적용되는 모든 규칙을 포괄한다. 다시 말해, 조직의 질서체계가 이 조직의 행정집행부 및 그 구성원들의 행위를 명확히 규정하고 체계적으로 조정하고 있는 것과는 달리 '행정규칙체계'는 이들의 행위를 통해 확실히 달성하고자 하는 목적들에 적용되는 규칙들 모두를 포괄한다. 완벽히 공산주의적인 경제조직에서는 거의 모든 사회적 행위가 이 범주에 속할 것이다. 다른 한편 완벽한 법치국가에서는 단지 판사, 경찰부서, 배심원, 군인의 업무 그리고 입법자 및 유권자로서의 활동만이 이 범주에 속할 것이다. 일반적으로는 — 그러나 개별적 경우에는 항상 그렇지는 않지만 — 행정규칙체계와 규제규칙체계는 우리가 정치적 조직에서 '공법'과 '사법'을 구분하는 것과 일치한다(더 상세한 논의는 법사회학 제 1절 참조).[8]

15. 경영과 경영조직, 협회와 공공조직

경영이란 특정한 종류의 지속적 목적행위를 일컬으며, 경영조직이란 지속적으로 목적행위를 수행하는 행정집행부를 가진 이익결사체를 일컫는다.

협회란 합의에 바탕한 조직을 일컫는바, 협회의 제정된 규칙은 개인적인 가입을 통해 구성원이 된 자들에게만 타당성을 가진다.

공공기관이란, 그 제정된 규칙들이, 일정한 영향권 내에서, 특정한 속성들에 부합하는 모든 행위에 (비교적) 성공적으로 강요될 수 있는 조직을 일컫는다.

1) '경영' 개념에는 물론 정치적 업무 그리고 교회조직의 업무, 협회업무 등도 속하는바, 단 이것이 목적지향적 지속성이라는 특성을 지니는 한 그러하다.

2) '협회'와 '공공기관'은 둘 다 합리적으로(체계적으로) 제정된 규칙을 가진 조직이다. 혹은 더 정확하게 표현하자면: 한 조직이 합리적으로 제정된 규칙을 가지고 있는 한, 그것을 협회 또는 공공기관이라 부르고자 한다. '공공기관'의 대표적 사례는 국가 및 집행부가 타율적으로 임명되는 모든 국가조직들이며, 그 규칙들이 합리적으로 제정되어 있는 한, 교회 역시 공공기관이다. '공공기관'의 규칙은 특정한 속성(출생, 체류, 특정기구 이용권 등)을 갖춘 모든 사람에게 적용된다. 여기서 해당인이 — 협회의 경우와 같이 — 개인적으로 가입한 것이든 아니든, 더욱이 그가 규칙제정에 참여했던 안했던, 그런 것은 상관이

---

8) 《경제와 사회》 제 2부 제 7장 〈법사회학〉, 제 1절 〈객관적 법영역들의 분화과정〉을 지칭한다.

없다. 따라서 이 규칙들은 매우 특수한 의미에서 강요된 규칙들이다. 공공기관은 특히 영토조직일 수 있다.

3) 협회와 공공기관의 차이는 상대적이다. 협회규칙들은 제3자의 이해관계에 저촉될 수 있으며, 이럴 경우 이 제3자들에게 협회규칙의 효력인정이 강요될 수 있다. 이 강요는 찬탈과 협회의 독자권력을 통해서 이루어질 수도 있고 합법적으로 제정된 규칙(가령 주식법)을 통해서 이루어질 수도 있다.

4) 강조할 필요도 없는 일이지만, '협회'와 '공공기관'이 생각 가능한 모든 조직의 총체를 남김없이 모두 포괄하고 있는 것은 아니다. 또한 이들은 단지 '양극적' 대립개념들일 뿐이다(가령 종교적 영역에서 '종파'와 '교회'가 그러하듯이 말이다).

16. 권력과 지배

권력이란 한 사회적 관계에서 자신의 의지를 저항이 있음에도 관철시킬 수 있는 모든 가능성을 뜻하는바, 여기서 이 가능성이 무엇에 근거하는지는 상관없다.

지배란 특정한 내용의 명령에 대해 일정한 사람들에게서 복종을 받을 수 있는 가능성을 일컫는다. 규율이란, 일정한 다수에게서 특정명령에 대해 이들의 습관화된 태도에 의거하여 즉각적이고 자동적이며 도식적인 복종을 받을 수 있는 가능성을 일컫는다.

1) '권력' 개념은 사회학적으로 무정형적(無定形的)이다. 인간의 생각 가능한 모든 자질과 생각 가능한 모든 상황구도가 누군가로 하여금 자신의 의지를 한 특정한 상황에서 관철시키도록 할 수 있다. 이렇게 볼 때 사회학적 개념인 '지배'는 좀더 엄밀한 개념이어야 하며 지배는 단지 어떤 명령에 대해 복종을 받을 수 있는 가능성을 의미한다고 보아야 할 것이다.

2) '규율' 개념은 무비판적이고 무저항적인 대중복종의 '습관성'도 포함한다.

지배의 구성요건은 타인들에게 성공적으로 명령을 내리는 특정한 인간이 현존한다는 점에 달려 있지, 행정집행부와 조직의 존재에 달려 있는 것은 아니다. 그렇지만 물론 —적어도 모든 통상적인 경우에 있어서는— 이 두 요소 중 하나의 존재는 전제된다. 한 조직의 구성원들이 이 소속성으로 인해 지배관계에 — 그 조직의 타당한 질서체계에 따라 — 예속되어 있을 경우 그런 조직을 우리는 지배조직이라고 부르고자 한다.

1) 가장은 행정집행부 없이 지배한다. 바위 위에 세운 자신의 요새를 지나가는 모든 대상(隊商)과 사람들 및 재화들에 대해 통행세를 거두는 베두인 추장은 이 사람들을 지배한다. 물론 그는, 수시로 바뀌고 서로 연계되어 있지도 않은 불특정다수인 이들이 특정한 상황 즉 이 요새를 지나간다는 상황에 들어서는 순간 그리고 이 상황에 머무는 동안만 이들을 지배한다. 여기서 베두인 추장은 자신의 추종자들을 이용해 이 지배를 행사하는바, 이들은 경우에 따라서는 행정집행부로 이러한 강제징수에 동원된다(이론적으로는 행정집행부가 전혀 없는 특정 개인의 차원에서도 그러한 지배를 상정할 수 있을 것이다).

2) 조직은 행정집행부의 존재로 인해 항상 어느 정도는 지배조직이다. 다만 지배조직 개념은 상대적이다. 통상적인 지배조직은 그 자체로 행정조직이기도 하다. 관리를 담당하는 인간집단의 성격, 관리되는 대상 그리고 지배타당성의 효력범위가 조직의 특성을 규정한다. 그러나 첫 두 개의 구성요건은 지배의 정당성 근거의 성격에 의해 결정적으로 규정된다(이에 대해서는 아래 제 3장 I 참조).[9]

9) 《경제와 사회》 제 3장 〈지배유형론〉을 지칭하며, 이 역서에는 포함되지 않았다.

17. 정치적 조직, 신권정치적 조직

지배조직은 아래와 같은 요건을 갖추었을 경우 그리고 그런 경우에만 정치적 조직이다. 즉 일정한 지리적 영토 내에서 행정집행부가 물리적 강제의 사용과 또 그것의 위협을 통해서 지배조직의 존속과 그 질서체계의 타당성을 보장하는 경우 또 그런 경우에만 이 지배조직은 정치적 조직이다. 국가란, 그 행정집행부가 질서체계의 관철에 필요한 정당한 물리적 강제력을 성공적으로 독점한 — 그리고 독점한 경우만의 — 정치적 공공기관을 일컫는다.

사회적 행위는, 특히 조직행위도 포함하여, 아래와 같은 요건을 갖추는 한 '정치적으로 지향되었다'고 부르고자 한다. 즉 이 행위가 비폭력적인 방식으로 (아래 2번 참조) 한 정치적 조직의 지도부에 영향을 끼치려고 하거나, 특히 통수권을 전유, 박탈하거나 그것을 새로이 분배 또는 배정하려고 할 경우 이 행위는 '정치적으로 지향되었다'고 할 것이다.

신권(神權)정치적 조직이란 아래와 같은 요건을 갖춘 지배조직을 일컫는다. 즉 조직의 질서체계를 보장하기 위해 구원기회의 제공 또는 거부를 통해 심리적 강제(신권정치적 강제)를 사용하는 — 그리고 사용하는 경우만의 — 지배조직이 신권정치적 조직이다. 교회란 그 행정집행부가 정당한 신권정치적 강제권을 독점한 — 그리고 독점한 경우만의 — 신권적 공공기관이다.

1) 정치적 조직에 있어서 물리적 폭력이 유일한 행정수단도, 정상적 행정수단도 아님은 물론이다. 오히려, 정치적 조직의 지도자들은 자신의 목적을 관철시키기 위해 가능한 모든 수단을 활용하였다. 그러나 폭력사용의 협박과, 경우에 따라서는, 폭력의 실제 사용은 정치적 조직 특유의 수단이며, 다른 수단들이 실패할 경우, 어디서나 마지막 수단으로 동원된다. 정치적 조직만이 폭력을 정당한 수단으로

사용하였고 또 사용하고 있는 것은 아니다. 친족, 가정, 서약공동체 등 그리고, 중세의 경우, 사정에 따라서는 모든 무기소유권 보유자도 그러했다. 정치적 조직을 특징짓는 것은, 폭력이 (최소한 폭력도 함께) '질서체계'의 보장을 위해 사용된다는 사실 이외에, 행정집행부의 지배권한 및 조직질서체계의 지배권한을 한 특정한 영토에 대해 주장한다는 점이다. 폭력을 사용하는 조직들이 이 특징을 지니고 있다면 어떤 경우든—가령 촌락공동체 또는 심지어 개별가구공동체 혹은 동업자조합조직 또는 노동자조직(노동자평의회)—이 특징이 존속하는 한 이 조직들은 정치적 조직으로 지칭되어야 한다.

2) 정치적 조직을—'국가'의 경우도 마찬가지다—그 조직행위의 목적을 중심으로 정의 내린다는 것은 불가능하다. 식량공급에서부터 예술보호에 이르기까지 정치적 조직이 기회가 닿을 때마다 추구하지 않은 목적은 없으며, 다른 한편 사적인 안전보장에서 사법판결에 이르기까지, 예외 없이 모든 정치적 조직이 추구한 목적도 없다. 따라서 우리는 한 조직의 '정치적' 성격을 단지 수단—경우에 따라서는 목적 그 자체로까지 승화되는—을 통해서만 정의내릴 수 있는바, 그것은 바로 폭력이라는 수단이다. 이 수단은 국가에만 고유한 것은 아니지만, 그러나 국가 특유의 것이며 국가의 본질의 필수부가결한 요소이다. 정치적 조직에 대한 이런 개념정의는 일반적 언어관용에는 딱히 부합하지 않는다. 그러나 정치적 조직개념은 이런 엄밀화 없이는 쓸모가 없다. 우리는 제국은행의 '외환정치(정책)', 협회지도부의 '재정정치(정책)', 지역구의 '학교정치(정책)'[10]를 거론하는데, 이때 우리가 의미하는 바는 한 특정한 객관적 사안의 체계적 심의와 관리이다. 이보다는 훨씬 더 특징적인 방식으로 우리는 어떤 사안 또는 관계되는 인간, 문제 및 과정의 '정치적' 측면과 함의를 그 외의 다른 측면들, 가령 경제적 문

10) 독일어에서는 '정치'와 '정책'을 동일한 단어 즉 Politik으로 표현한다.

화적 종교적 측면과 성격으로부터 구분한다. 예컨대 '정치적' 관료, '정치적' 신문, '정치적' 혁명, '정치적' 협회, '정치적' 파당, '정치적' 결과 등과 같은 표현들이 이를 보여준다. 이런 표현들로 우리가 의미하는 바는, (우리의 용어에 따른) '정치적' 조직 내에서의, 특히 국가 내에서의 지배상황과 연관된 모든 것들이다. 즉 이 지배상황의 유지, 변동, 전복을 유도하거나 저지하거나 촉진할 수 있는 모든 것들이다. 그에 반해 위의 표현들은 이런 사안과 관련이 없는 사람, 문제 그리고 과정은 배제한다. 다시 말해, 이러한 언어관행에서도 공통적인 것은, 정치적 지배가 실현하고자 하는(*dient*) 목적은 배제하고 '지배'의 수단에, 즉 국가권력이 지배를 행사하는 방식에 주목하고 있다는 점이다. 따라서 우리가 여기서 기초로 삼는 정의는 단지 언어관행의 엄밀화를 담고 있을 뿐이라고 말할 수 있는바, 다시 말해 이 정의는 실제로 중요한 것 즉 (현존하는 또는 잠재적인) 폭력을 강하게 강조하고 있을 뿐이다. 물론 언어관행은 정당하다고 간주되는 폭력의 담지자 자체만이 아니라 가령 정치적 조직행위에 대해 (분명히 비폭력적 방식으로도) 영향을 미치려는 정당과 클럽 등도 '정치적 조직'이라고 부르고 있다. 우리는 이러한 성격의 사회적 행위를 '정치적으로 지향된' 행위라고 부르고자 하며 이것을 진정한 의미에서의 '정치적' 행위(즉 제 12절 3번에서 논의된 의미에서의 정치적 조직의 조직행위 그 자체)와는 구분하고자 한다.

3) 완숙하게 발전한 국가는 전적으로 근대적 현상이므로, 국가개념을, 한편으로는 이러한 현대적 유형을 고려하면서, 그러나 다른 한편으로는 바로 지금 우리가 경험하고 있는 바와 같은 국가의 가변적 목적들의 내용은 도외시한 채 정의내리는 것이 바람직하다. 현대국가의 형식적 특징은, 법령을 통해 변경시킬 수 있는 행정 및 사법질서체계로서, (역시 법령을 통해 관리되는) 행정집행부의 조직운영은 이 질서체계에 준거하며 이 질서체계는 비단 국가조직 구성원들—이들은 대부분 출생을 통해 국가조직에 소속된다—뿐 아니라 통치영토 내에서

일어나는 모든 행위에 대해 효력을 가진다(다시 말해, 국가는 영토기반 공공조직이다). 현대국가의 또 하나의 특징은, '정당한' 폭력은 오늘날 국가질서체계가 허용하거나 규정하는 범위 내에서만 존재한다는 점이다(예컨대 호주에게 '체벌권리'를 허용하는 것. 이것은 가장이 과거에 자식이나 노예에 대해 가졌던, 그 자체로 정당했던 폭력권—여기에는 생사여탈권도 포함되었다—의 잔재이다). 국가의 폭력지배의 이러한 독점적 성격은 국가질서체계의 현재상황의 본질적 특징일 뿐 아니라 이 질서체계의 합리적 공공기관적 속성 그리고 지속'경영'의 속성도 내포하고 있다.

4) 신권정치적 조직개념에 있어서는 약속된 구원기회의 성격—현세적, 내세적, 내적, 외적 등—은 결정적 특징이 아니며, 결정적인 것은 이 구원기회의 제공이 성직자의 인간에 대한 지배의 기초가 될 수 있다는 사실이다. 그렇지만 '교회' 개념의 경우는 다르다. 즉, 통상적인 (그리고 적절한) 언어관행에 따르면 교회의 특징은 그 질서체계의 성격과 행정집행부의 성격에서 표현되는 (상대적으로) 합리적, 공공기관적 그리고 경영조직적 속성과 독점주의적 지배권 확보이다. 교회 기구의 통상적인 지향을 기준으로 보면, 이 기구는 신권정치적 영토지배와 (교구적) 지역분할을 그 특징으로 하고 있다. 물론 여기서 어떤 수단을 통해 이러한 독점주장이 뒷받침되는가 라는 질문에 대한 답은 개별 경우에 따라 달라진다. 그러나 실제적인 영토지배권 독점은 교회의 경우에는 역사적으로 볼 때 정치적 조직의 경우에서만큼 본질적인 것은 아니었으며 오늘날은 더더구나 그렇지 않다. 교회의 공공기관적 성격, 특히 사람들은 교회 '속으로 태어난다'(즉, 출생과 함께—가령 유아세례 등을 통해—자동적으로 교인이 된다)는 사실은 교회를 '종파'와 구분하는 요소이다. 종파의 특징은 그것이 '협회'이며 단지 종교적으로 자격을 갖춘 자들만을 개인적으로 가입시킨다는 점이다(더 상세한 논의는 종교사회학에 속한다).